# ম্যানেজমেন্ট এবং কর্পোরেট গুরু চাণক্য



হিমাংশু শেখর

ডায়মণ্ড বুক্স

প্রকাশক : ডায়মণ্ড বুক্স (প্রা.) লিমিটেড
X - 30, ওখলা ইণ্ডাস্ট্রিয়াল এরিয়া, ফেজ - II
নূতন দিল্লী - 110 020
ফোন : 011-40712200
ই-মেল : sales@dpb.in
ওয়েবসাইট : www.diamondbook.in
বঙ্গানুবাদ : সমীর দে
টাইপ সেটিং : ল্যাঙ্গুয়েজট্রন

---

**MANAGEMENT AND CORPORATE GURU CHANKAYA (BENGALI)**

by : Himanshu Shekher

# সমর্পণ

সেই সব ব্যক্তির উদ্দেশ্যে, যাঁরা প্রত্যক্ষ এবং পরোক্ষ রূপে
আমার লেখার কাজে গতি প্রদান করেছেন।
এছাড়া মহান চিন্তক আচার্য চাণক্যের উদ্দেশ্যে,
যাঁর বিচারধারা আজও লোকেদের সঠিক পথ প্রদর্শনের
কাজ করে চলেছে এবং ভবিষ্যতেও করে চলবে!

# ভূমিকা

প্রতিটি পুস্তকের সাথেই একটা প্রশ্ন যুক্ত হয়ে থাকে। সেই প্রশ্নটা অত্যন্ত গুরুত্বপূর্ণ হয়। সেই প্রশ্নটা হচ্ছে এই যে, এই পুস্তক কেন প্রকাশিত করা হয়েছে ? এই প্রশ্নের উত্তরই এক প্রকারে সেই পুস্তকটার জন্য একটা প্ল্যাটফর্ম প্রস্তুত করার কাজ করে। এর মাধ্যমেই পাঠকবৃন্দ এটা বুঝতে পারেন যে, পুরো পুস্তক পড়ার পরে ওনারা কি প্রাপ্ত করবেন ? কিন্তু উত্তর দেওয়ার আগে আচার্য চাণক্যের জীবনের ওপরে একবার দৃষ্টি দেওয়াটা আমার কাছে জরুরী বলে মনে হয়।

মৌর্য্যযুগে চন্দ্রগুপ্ত মৌর্য্য শাসক ছিলেন। সেই সময় চাণক্য বিশাল মগধ রাজ্যের সম্রাট চন্দ্রগুপ্তের রাজনৈতিক গুরু ছিলেন। উনি চন্দ্রগুপ্তকে রাজ সিংহাসন পর্যন্ত পৌঁছে দেওয়ার কাজ করেছিলেন। ওনার সেই রণনীতিক কৌশল আর রাজনৈতিক বুদ্ধিমত্তার কারণেই আজ চাণক্যকে এক কুশল রাজনৈতিক বিশারদের নামে ডাকা হয়ে থাকে। চাণক্য এক সংগঠিত আর সম্পূর্ণ আর্যাবর্তের স্বপ্ন দেখেছিলেন। উনি এমন এক অদ্ভূত, বিরল এবং কুশল রাজনীতিজ্ঞ ছিলেন যে, উনি মগধ দেশ থেকে নন্দ রাজাদের শাসন ক্ষমতার সর্বনাশ করে মৌর্য্য রাজ্যের স্হাপনা করেছিলেন।

চাণক্যের ছোটবেলার নাম বিষ্ণুগুপ্ত ছিল। কিন্তু ওনার অত্যন্ত কুশাগ্র বুদ্ধির কারণে উনি *'চাণক্য'* নামে পরিচিত হন। কুটিল রাজনৈতিক বিশারদ হওয়ার কারণে ওনাকে *'কৌটিল্য'* নামেও সম্বোধিত করা হত। চাণক্যের জন্মস্হানের সম্বন্ধে সঠিক তথ্য ইতিহাস দিতে পারেনি। মহান চাণক্যের শিক্ষা-দীক্ষা তক্ষশিলা বিশ্ববিদ্যালয়ে হয়েছিল। চাণক্য আর চন্দ্রগুপ্তের যুগ একটাই ছিল... সেটা ছিল খ্রীষ্টপূর্ব 325 ! চাণক্য অত্যন্ত সরল-সাধাসিধে জীবন কাটাতেন। উনি শহরের বাইরে এক পর্ণকুটীরে বাস করতেন !

ওনার পিতার নাম চণক ছিল। আচার্য চাণক্য রাজনায়কদের রাজনীতির শিক্ষা প্রদান করার উদ্দেশ্যে অর্থশাস্ত্র, লঘু চাণক্য, বৃদ্ধ চাণক্য, চাণক্য নীতি ইত্যাদি গ্রন্থের রচনা করেছিলেন। চাণক্যের মতানুসারে আদর্শ রাজ্য সংস্হা হচ্ছে সেটা... যার যোজনা প্রজাদের তাদের ভূমি, ধন-ধান্যাদি প্রাপ্ত করার প্রাথমিক অধিকার থেকে বঞ্চিত করবে না আর লম্বা-চওড়া যোজনার নামে প্রজাদের করের ভারে আক্রান্ত করে তুলবে না। দেশের বিকাশের যোজনা রাজকীয় খরচ-খরচা থেকে সঞ্চয় করেই চালানো উচিত। রাজার জন্য একটা অংশকে সুনিশ্চিত করে প্রজাদের বঞ্চিত করে লম্বা-চওড়া যোজনা শুরু করাকে চাণক্য প্রজা-উৎপীড়ন হিসেবে মানতেন। আচার্য চাণক্যের সাহিত্য ছিল সমাজে শান্তি, ন্যায়, সুশিক্ষা আর সমগ্র উন্নতির পথ প্রদর্শক বিশাল জ্ঞান ভাণ্ডার ! এমনিতেও রাজনৈতিক শিক্ষার এটাই দায়িত্ব হয় যে, সেটা মানব সমাজকে রাজ্য সংস্হাপন, সঞ্চালন আর সংরক্ষণের কাজও শেখাবে।

এবার আবার একবার সেই প্রশ্নে ফিরে যাওয়া যাক যে, এই পুস্তকের

প্রকাশন কেন করা হয়েছে ? এটা ঠিক যে, চাণক্যের কথাগুলো রাজনৈতিক ক্ষেত্রের পক্ষে অত্যন্ত উপযোগী... কিন্তু উনি এমন বেশ কিছু কথা বলেছেন, যেগুলো প্রয়োগ করে সফলতা প্রাপ্ত করা যেতে পারে। আজকাল তো বাজারে ম্যানেজমেন্ট গুরুদের বন্যা এসে গেছে। নতুন যুগের এই সব তথাকথিত ম্যানেজমেন্ট গুরুরা নিজেদের ভাষণের জন্য লোকেদের থেকে টাকা-পয়সাও আদায় করেন। প্রতিটি ব্যক্তি আজ এই ব্যাপারে অস্থির হয়ে উঠেছেন যে, তাঁরা নিজেদের জীবনের ব্যবস্থাপনা কি ভাবে করবেন ? লোকেরা এই বিষয়ে চিন্তিত যে, জীবনের পথে কি ভাবে এগিয়ে চলা যায় ?

এই সব প্রশ্নে অস্থির হয়ে ওঠার পরিবর্তে এই সব সমস্যার সমাধান খোঁজার চেষ্টা করা প্রয়োজন আর এখানেই আচার্য চাণক্য আজকের যুগেও প্রাসঙ্গিক হয়ে ওঠেন। উনি কোন সাধারণ ব্যক্তি ছিলেন না... বরং যেসব ব্যক্তি মহান হয়ে উঠেছেন, তাঁরা প্রত্যেকে অত্যন্ত বড় ভবিষ্যদ্রষ্টাও ছিলেন। আচার্য চাণক্যের ক্ষেত্রেও এমনটাই বলা যেতে পারে। উনি যেসব কথা বলেছেন, সেগুলো সেই যুগেও ঠিক ততটাই প্রাসঙ্গিক ছিল... যতটা আজ! সঠিক অর্থে বলতে গেলে আচার্য চাণক্যের বিচারধারাকে যদি বুঝতে পারা যায়... তাহলে সেগুলো আজ থেকে হাজার বছর পরেও ঠিক এতটাই প্রাসঙ্গিক হয়ে থাকবে।

এমনটাও নয় যে, লোকেরা আচার্য চাণক্যের বিচারধারার প্রাসঙ্গিকতার ব্যাপারে জানেন না। লোকেরা ওনার বিচারধারাকে বোঝেন। আর সেজন্যই 2009 - 2010 সালের পূর্ণ বাজেট পেশ করার সময় কেন্দ্রীয় অর্থমন্ত্রী শ্রী প্রণব মুখার্জী একবার নয়... তিন-তিন বার আচার্য চাণক্যের কথনের উল্লেখ করেছেন। উনি এর মাধ্যমে এটা জানানোর চেষ্টা করেছেন যে, দেশের আর্থিক নীতি প্রস্তুত করার কাজে আচার্য চাণক্যের নীতিগুলো থেকে প্রেরণা গ্রহণ করা হয়েছে।

আসলে হয় কি যে, আমরা নিজেদের কাছের জিনিষকে ছেড়ে দিই আর দূরের জিনিষের প্রতি পাগল হয়ে উঠি। বিদেশীদের বিচারধারার উদাহরণ প্রায়ই দেওয়া হয়ে থাকে... কিন্তু দেশী বিদ্বানদের ব্যাপারে ততটা আলোচনা করা হয় না। সঠিক অর্থে বলতে গেলে আচার্য চাণক্য দুনিয়ার সব থেকে প্রচীন ম্যানেজমেন্ট গুরু ছিলেন। উনি জীবনের প্রতিটি ক্ষেত্রের ব্যবস্থাপনার পথ প্রদর্শন করেছেন। ওনার দ্বারা বলা কথাগুলোর ভিত্তিতে আজও নিজেদের জীবনের কি ভাবে ব্যবস্থাপনা করে জীবনকে সফল করে তোলা যায়, সেটাকেই এই পুস্তকের মাধ্যমে জানানোর চেষ্টা করা হয়েছে।

এমন এক পুস্তক প্রস্তুত করার বিচার সর্বপ্রথম এই পুস্তকের প্রকাশক শ্রী নরেন্দ্র বর্মা জী-র মনে আসে আর তারপর আমরা সকলে মিলে ওনার সেই চিন্তাধারাকে সাকার করার কার্য করেছি। এই পুস্তকের প্রকাশনের বিচার এবং পুস্তক প্রকাশ করার জন্য ওনাকে আমার কৃতজ্ঞতা জানাই!

আপনাদের পরামর্শের অপেক্ষায় রইলাম!

**হিমাংশু শেখর**

এস - 33, চতুর্থ তল, স্কুল ব্লক

শকরপুর, দিল্লী - 92

ই-মেল : hshekhar.iimc@gmail.com

ওয়েবসাইট : www.himanshushekhar.in

# বিষয় সূচী

01

# ব্যক্তির পরিচিতি

**যে** কোন ব্যক্তির সফলতা আর ব্যর্থতা এই জিনিষটার ওপরে অনেকটা নির্ভর করে যে, তিনি সঠিক ব্যক্তি চিনে নিতে সক্ষম কি না ? যদি কেউ সঠিক ব্যক্তি পেয়ে যান, তাহলে তাঁর কাজ অনেকটাই সহজ হয়ে পড়ে আর তিনি অত্যন্ত দ্রুত সফলতার পথে অগ্রসর হয়ে চলেন। ঠিক তেমনই ভুল ব্যক্তির সঙ্গ কারো জীবনকে ব্যর্থ করে তোলার পক্ষে পর্যাপ্ত হয়। আচার্য চাণক্যের গোটা জীবন আর ওনার দ্বারা জানানো সূত্রগুলোয় সঠিক ব্যক্তির পরিচিতির ক্ষেত্রে বিশেষ সতর্কতা অবলম্বন করার বার্তা প্রদান করে। এছাড়া আচার্য চাণক্য সঠিক ব্যক্তির পরিচিতির ব্যাপারে নিজস্ব স্তরে কিছু জিনিষ মাথায় রাখার পরামর্শও দিয়েছেন। যদি ওনাঁর পরামর্শগুলোকে মাথায় রেখে কোন কাজের জন্য ব্যক্তির নির্বাচন করা হয়, তাহলে সফলতার পথ আরও সহজ হয়ে ওঠাটা নিশ্চিত বলে মনে হয়।

আচার্য চাণক্যের মধ্যে সঠিক ব্যক্তি চিনে নেওয়ার এক অদ্ভূত ক্ষমতা ছিল। যখন চাণক্য এই শপথ নিয়েছিলেন যে, উনি নন্দের রাজত্বকে শেষ করে তবে স্বস্তির নিঃশ্বাস নেবেন আর তারপরই নিজের খোলা শিখা বাঁধবেন... সেই সময় ওনার কাছে এমন কোন উপযুক্ত পাত্র ছিল না – যাকে উনি রাজা হওয়ার প্রশিক্ষণ দিতে পারেন। উপযুক্ত পাত্রের সন্ধানে উনি সেই সময় এদিক-ওদিক ঘুরে বেড়াচ্ছিলেন। ঘুরতে-ঘুরতে যখন উনি হিমালয়ের পাশে পিপলী বন গ্রামে পৌঁছলেন... সেখানে উনি কিছু ছেলেকে রাজা আর প্রজার খেলা খেলতে দেখলেন। সেখানেই উনি রাজা সাজা বালককে চিনে নিলেন। চাণক্য দেখলেন রাজা সাজা বালকের মধ্যে সেই সমস্ত লক্ষণ মজুদ রয়েছে... যেগুলো এক রাজা আর কুশল প্রশাসক হওয়ার জন্য অনিবার্য হয়। উনি তৎক্ষনাত মনে-মনে এমনটা নিশ্চিত করে নিলেন যে, এমনই বালক ভারতবর্ষের সম্রাট হতে পারে।

চাণক্য খেলার ছলেই সেই বালকের পরীক্ষা নিলেন আর সেই পরীক্ষায় সেই বালক অর্থাৎ চন্দ্রগুপ্ত মৌর্য্য সফলও হয়ে উঠলেন। চাণক্য যখন এটা নিশ্চিত করে নিয়েছিলেন যে, এই বালকের মধ্যে রাজা হওয়ার সমস্ত গুণ বিদ্যমান রয়েছে...

তখন উনি নিজেও সেই বাচ্চাদের খেলায় শামিল হয়ে পড়লেন আর রাজা সাজো বালকের থেকে দান ভিক্ষা করলেন। সেই বালক সেখানে চরে বেড়াতে থাকা সমস্ত গরু আচার্য চাণক্যকে দান করে দিল। এই দেখে চাণক্য বললেন যে, এই সব গরু তো অন্যদের। চাণক্য এইটুকু বলতেই সেই বালক নিজের তলোয়ার বার করে আনল আর বলল – "*আমার এই তলোয়ার তোমার রক্ষা করবে, ব্রাহ্মণ! তুমি হয়তো জানো না যে, আমার পিতা বলতেন – যদি কোন রাজ্যে ব্রাহ্মণদের সম্মান না করা হয় অথবা কোন ব্রাহ্মণ যদি কোন রাজ্য থেকে খালি হাতে ফিরে যায়... তাহলে এমনটা ধরে নেওয়া যেতে পারে যে, সেই রাজ্যের অস্ত যাওয়ার সময় এসে পড়েছে!*" বালকের এই কথা শুনে চাণক্য পরিস্কার বুঝতে পেরে গেলেন যে, উনি নিজের পরিকল্পনাকে সফল করে তোলার জন্য সঠিক পাত্রেরই নির্বাচন করেছেন। এর পরের কাহিনী আমরা সকলেই জানি। চাণক্যের পথ প্রদর্শনে আর ওনার পরিকল্পনা অনুসারে কাজ করে চন্দ্রগুপ্ত মৌর্য্য মগধের রাজা হয়ে উঠেছিলেন।

আচার্য চাণক্য ব্যক্তির পরিচিতির জন্য বেশ কিছু সূত্র প্রদান করেছেন। সেই সব সূত্রগুলো যদি আমরা নিজেদের জীবনে লোক চেনার কাজে প্রয়োগ করি... তাহলে সঠিক ব্যক্তি চিনে নেওয়াটা অত্যন্ত সহজ হয়ে উঠবে। চাণক্য সূত্র দিয়েছেন –

**ज्ञानानुमानैश्च परीक्षा कर्तव्या।**

এর তাৎপর্য হচ্ছে – *জ্ঞান আর অনুমানের ভিত্তিতে পরীক্ষা নেওয়া উচিত।*

কোন কাজের জন্য যদি কোন ব্যক্তির নির্বাচন করতে হয়, তাহলে সবার আগে তো সেই ব্যক্তির জ্ঞানের পরীক্ষা নেওয়া উচিত। তাঁকে যে কাজের দায়িত্ব দেওয়া হচ্ছে, সেই কাজের সম্বন্ধে তাঁর কোন জ্ঞান আছে কি না দেখা উচিত। এছাড়া তাঁর দ্বারা করা আগের কার্যের ভিত্তিতে এই অনুমান লাগানো উচিত যে, তাঁকে যে কাজের দায়িত্ব দেওয়া হচ্ছে... তিনি সেই কাজ করতে সক্ষম কি না? যদি কোন ব্যক্তির কাজের ব্যাপারে জ্ঞান না থাকে আর তিনি যদি এর আগে সেই বিষয়ের সঙ্গে যুক্ত কোন কাজ না করে থাকেন... তাহলে স্বাভাবিক রূপে তাঁর পক্ষে সেই বিষয়ে সফল হওয়াটা অত্যন্ত মুশকিল হয়ে ওঠে। এজন্য যে কোন কাজের জন্য ব্যক্তি নির্বাচন করার সময় সেই বিষয়ে তাঁর জ্ঞান আর অভিজ্ঞতাকে বিশেষ রূপে পরীক্ষা করা উচিত।

ব্যক্তি পরিচিতির সম্বন্ধে আচার্য চাণক্য চাণক্য নীতিতে এক জায়গায় বলেছেন –

**जानीयात्प्रेषणेभृत्यान् बान्धवान्व्यसनाऽऽगमे।**
**मित्रं याऽऽपत्तिकालेषु भार्या च विभवक्षये।।**

এর মাধ্যমে কৌটিল্য এটা পরিস্কার করে দিয়েছেন যে, সময় এলে আত্মীয়দের

পরীক্ষা হয়। উনি বলেছেন যে. কোন গুরুত্বপূর্ণ কাজের দায়িত্ব দেওয়ার সময় সেবকের পরীক্ষা হয়। দুঃখের সময় বন্ধু-বান্ধবদের পরীক্ষা হয়। বিপত্তির সময় সত্যিকারের মিত্রের পরিচয় পাওয়া যায় আর ধন নস্ট হয়ে পড়লে পত্নীর পরীক্ষা হয়।

যদি এই সূত্রের মাধ্যমে মহান চাণক্যের বক্তব্যকে বিস্তার প্রদান করা হয়... তাহলে এটা বুঝতে পারা যায় যে, সেবকের আসল পরিচিতি একমাত্র সেই সময় পাওয়া যায়, যখন তাকে কোন বিশেষ কাজের দায়িত্ব দিয়ে কোথাও পাঠানো হয়। এছাড়া তার পরিচিতি হয় না... কারণ এই বিশেষ কাজ পূরণ করার মাধ্যমেই প্রভুর প্রতি তার নিস্ঠার পরীক্ষা হয়। এমন সময় যে সেবক নিজের প্রাণ আর সম্মানের বাজী লাগিয়েও নিজের প্রভুর প্রতি নিস্ঠাবান হয়ে থাকে, সঠিক অর্থে তাকেই সেবক বলা যেতে পারে।

দ্বিতীয় কথা হচ্ছে এটা যে, দুঃখের সময়েই বন্ধু-বান্ধবদের পরিচিতি হয়। আসলে, আজ দুনিয়া অত্যন্ত দ্রুত গতিতে স্বার্থ ভিত্তিক হয়ে উঠছে। বেশীর ভাগ লোক অত্যন্ত স্বার্থপর হয়ে উঠেছে। এজন্য ঠিক আর ভুল লোকেদের মধ্যে প্রভেদ করাটা অত্যন্ত মুশ্কিল হয়ে উঠেছে। এই দুই ধরণের লোকেদের মধ্যে প্রভেদ করার জন্য আচার্য চাণক্য এক সুন্দর পথ দেখিয়েছেন। ওনার বক্তব্য অনুসারে ভালো সময়ে তো আপনার পাশে সকল প্রকারের লোকেরা থাকে... কিন্তু যখন আপনার ভালো সময় কেটে যায় আর খারাপ সময় শুরু হয়... তখন এমনটা দেখতে পাওয়া যায় যে, আপনার অত্যন্ত কাছের লোকেরাও আপনার পাশ থেকে সরে যায়। এমন পরিস্থিতিতেই সঠিক মিত্র আর বন্ধু-বান্ধবদের পরিচিতি হয়।

এজন্য কখনোই এমন পরিস্থিতিতে ধৈর্য্য হারানো উচিত নয়... বরং এই সব ঘটনাগুলোকে নিজের জীবনে এক নতুন অভিজ্ঞতা প্রাপ্ত করার সুযোগ হিসেবে দেখা উচিত। যেসব লোক আপনার খারাপ সময়েও আপনার পাশে থাকেন, তাঁরাই হচেছন আপনার সত্যিকারের হিতৈষী! এজন্য এমন লোকেদের ওপরেই বিশ্বাস কায়েম করা উচিত আর যেসব ব্যক্তি এমন সময়ে আপনার পাশ থেকে দূরে সরে যায়, তাদের ওপরে ভবিষ্যতে কখনোই আর বিশ্বাস করা উচিত নয়।

এখানে প্রশ্ন এটা ওঠে যে, সত্যিকারের বিশ্বাসী লোকেদের পরিচিতি কি ভাবে প্রাপ্ত হবে ? প্রশ্ন এটাও ওঠে যে, বিশ্বাসী লোকেদের পরিচয় কি কিছু নির্দিস্ট আর বিশেষ লক্ষণের মাধ্যমে পাওয়া যেতে পারে ? এই প্রসঙ্গেও আচার্য চাণক্য পথ দেখিয়েছেন। উনি চাণক্য নীতির এক জায়গায় বলেছেন –

**नखीनां न नदीनां च शृंगीणां शस्त्रपाणिनाम्।**
**विश्वासो नैव कर्तव्यः स्त्रीषु राजकुलेषु च॥**

এখানে আচার্য চাণক্য বিশ্বসনীয়তার লক্ষণগুলোর ব্যাপারে আলোচনা করে বলেছেন – লম্বা নখযুক্ত হিংস্র পশু, নদী, বড়-বড় শিংযুক্ত পশু, শস্ত্রধারী, স্ত্রী আর রাজ পরিবারের লোকেদের ওপরে কখনো বিশ্বাস করা উচিত নয়... কারণ এরা কখন আঘাত করে বসবে, কখন হামলা করে বসবে – সেটা কেউ নিশ্চিত করে বলতে পারে না।

এই জিনিষটাকে বুঝতে কারো কোন অসুবিধা হওয়া উচিত নয় যে, লম্বা নখযুক্ত সিংহ, ভাল্লুক অথবা বাঘ ইত্যাদির ওপরে কখনো ভরসা করা চলে না। কারণ এই সব জংলী জানোয়াররা অত্যন্ত হিংস্র হয় আর এই সব হিংস্র জানোয়ারদের ওপরে ভরসা করাটা নিজেই নিজের জন্য মুশ্কিল ডেকে আনার সমান হয়। এজন্য এমন জানোয়ারদের থেকে সাবধান থাকাটাই বুদ্ধিমত্তার পরিচায়ক হয়।

আমাদের বক্তব্যের তাৎপর্য হচেছ এই যে, যে কোন ব্যক্তির ওপরে ভরসা করার আগে তার ব্যাপারে সম্পূর্ণ তথ্য সংগ্রহ করে নেওয়া উচিত। কারো ওপরে চোখ বন্ধ করে বিশ্বাস করে নিলে সেটার গুরুতর পরিণামও ভুগতে হতে পারে।

নিজের কাজের জন্য যে ব্যক্তির ওপরে বিশ্বাস করতে হবে, তার পরিচিতির জন্য কৌটিল্য চাণক্য নীতিতে এক জায়গায় পরিস্কার করে বলেছেন –

**यथा चतुर्भिः कनकं परीक्ष्यते, निर्घषणच्छेदन तापताडनैः।**
**तथा चतुर्भिः पुरुषः परीक्ष्यते, त्यागेन शीलेन गुणेन कर्मणा॥**

আচায চাণক্য বলেছেন যে, পুরুষদের পরিচয় তাদের গুণের দ্বারাই হয়। অর্থাৎ *ঘষলে, কাটলে, গরম করলে আর পিটলে যেমন সোনার শুদ্ধতার পরীক্ষা হয়... সেই প্রকার ত্যাগ, শীল, গুণ আর কর্ম দ্বারা পুরুষদের পরীক্ষা হয়।*

এই জিনিষটা আমরা সকলেই জানি যে, সোনার শুদ্ধতা পরীক্ষা করার জন্য প্রথমে সেটাকে ঘষা হয় আর তারপর সেটাকে কাটা হয়। এর পরে সেটাকে আগুনের ওপরে রেখে গলানো হয় আর সব শেষে সেটাকে পেটা হয়। এই প্রকার কোন কুলীন ব্যক্তির পরীক্ষাও তাঁর ত্যাগ আর স্বভাব দ্বারা করা হয়ে থাকে। এছাড়া ব্যক্তির পরীক্ষা তাঁর গুণ আর কার্য দ্বারা হয়ে থাকে। ভালো ব্যক্তি ভালো গুণে যুক্ত হয়ে থাকেন আর তাঁর কার্যও অত্যন্ত ভালো হয়। এজন্য এমন লোকেদের ওপরে ভরসা করা যেতে পারে।

ব্যক্তির পরিচিতি নিয়ে আচার্য চাণক্য আর একটি বড়ই গুরুত্বপূর্ণ সূত্র দিয়েছেন। উনি বলেছেন –

**अज्ञानिना कृतमपि न बहु मन्तव्यम्।**

ওনার বক্তব্যের তাৎপর্য হচেছ – *অজ্ঞানীদের দ্বারা করা কার্যকে কখনো গুরুত্ব দেওয়া উচিত নয়।*

কোন ব্যক্তিকে চেনার সময় এই জিনিষটাকে বিশেষ রূপে মাথায় রাখা উচিত। এমনও হতে পারে যে, কখনো কোন কাজ হয়তো কোন ব্যক্তি দ্বারা তাঁর অজান্তে হয়ে পড়েছে। তিনি হয়তো নিজেই এটা জানেন না যে, সেই কাজটা তাঁর দ্বারা কি করে হয়ে পড়ল! যদি কোন বাঁদরকে কম্প্যুটারে বসিয়ে দেওয়া হয় আর কী-বোর্ডের ওপরে তার হাতের নাড়াচাড়ায় যদি কোন সুন্দর কবিতার রচনা হয়ে পড়ে... তাহলে সেটার অর্থ এই নয় যে, সেই বাঁদর এক ভালো কবি হয়ে পড়েছে। এটাকে এক সংযোগমাত্র বলা যেতে পারে। এটাকে তার প্রবৃত্তি বলা যেতে পারে না। এজন্য কোন ব্যক্তির পরিচিতি কোন একটা নির্দিষ্ট কাজের ভিত্তিতে করা উচিত নয়... বরং তাঁর কাজের নিরন্তরতার ভিত্তিতেই করা উচিত। যদি কোন ব্যক্তি দীর্ঘ সময় পর্যন্ত কোন ভালো কাজ করে চলেন... তাহলে এমনটা মানা যেতে পারে যে, তিনি সেই কার্য বিশেষে বিশেষজ্ঞ আর তাঁর ওপরে সেই কাজের জন্য ভরসা করা যেতে পারে। আসলে যদি কোন কাজের জন্য কোন ভুল লোককে বেছে নেওয়া হয়, তাহলে সেই কাজের সফলতার সম্বন্ধে সন্দেহ থেকেই যায়... এছাড়া নিজের আত্মবিশ্বাসের ওপরেও স্বাভাবিক রূপেই নেতিবাচক প্রভাব পড়ে।

আচার্য চাণক্য কেবলমাত্র সমস্যারই ব্যাখ্যা করেননি... বরং এক ম্যানেজমেন্ট গুরুর মত সঠিক ব্যক্তি চিনে নেওয়ার উপায়ও জানিয়েছেন। উনি সঠিক ব্যক্তি চেনার জন্য এক সূত্র দিয়েছেন –

**मर्यादातीतं न कदाचिदपि विश्वसेत्।**

এর অর্থ হচ্ছে – *যে ব্যক্তি সমাজের নিয়মগুলোকে মানে না, এমন চরিত্রহীন ব্যক্তির ওপরে কখনো বিশ্বাস করা উচিত নয়... কারণ সে যে কোন কাজ করতে পারে।*

আচার্য চাণক্যের এই সূত্রের পালন করলে সঠিক ব্যক্তি চিনে নেওয়াটা অত্যন্ত সহজ হতে পারে। সঠিক ব্যক্তি হচ্ছেন তিনি, যিনি সমাজের নিয়মগুলোর প্রতি সম্মান প্রদর্শন করেন। সমাজ তো এমনি-এমনি নিয়ম-কানুন বানায়নি... বরং দীর্ঘ সময়ের আচার-ব্যবহারের ভিত্তিতে পুরো সমাজের কল্যাণকে মাথায় রেখে সমাজের নিয়ম-কানুন বানানো হয়েছে। এর থেকে এটা অত্যন্ত পরিস্কার যে, যে ব্যক্তি সমাজের নিয়ম মানে না, সেই ব্যক্তি অহংকারে পরিপূর্ণ হয়ে থাকে। সে স্বাভাবিক হিসেবে নিজেকে সমাজের উর্দ্ধে রাখে। এমন ব্যক্তির ওপরে ভরসা করা নিজের প্রয়োজনের সাথে-সাথে নিজের লোকসান করাই প্রমাণিত হয়। যে কোন কাজের সফলতা সেটার সঠিক ব্যবস্থাপনার ওপরে নির্ভর করে। অন্য দিকে ব্যবস্থাপনার সফলতায় এই জিনিযটার গুরুত্বপূর্ণ অবদান থাকে যে, সঠিক ব্যক্তি চিনে নেওয়া হোক্ আর তাকে তার যোগ্যতা অনুসারে কাজের দায়িত্ব দেওয়া হোক্।

ম্যানেজমেন্ট গুরু চাণক্য সঠিক ব্যক্তি চিনে নেওয়ার উপায়কে আরও স্পষ্ট করে সূত্র প্রদান করেছেন –

**अप्रियेणं कृतं प्रियमपि द्वेष्यं भवति।**

*এর অর্থ হচ্ছে – যদি শত্রু কোন প্রিয় কাজও করে... তবুও তার থেকে সাবধানে থাকা উচিত।* উনি বলেছেন যে, এমনটার পেছনে কোন-না-কোন রহস্য অবশ্যই লুকিয়ে থাকে। আচার্য চাণক্য বলেছেন যে, এই প্রকারের ব্যবহারকে শত্রুতা করারই কোন চাল হিসেবে মনে করা উচিত। আচার্য চাণক্যের এই বক্তব্য একেবারে স্বাভাবিক। আমাদের সকলকে নিজেদের জীবনে কখনো-না-কখনো এমন অভিজ্ঞতার মুখোমুখি হতেই হয়। কোন ব্যক্তির সাথে আপনার যদি ঝগড়া হয়ে পড়ে, তাহলে সেই ব্যক্তি অনেক বার আপনার শুভাকাংখী হওয়ার নাটক করে আপনার কাছে আসে আর আপনার কাজে সততার সাথে সহায়তা করার অভিনয় করে। আপনি যদি সেই ব্যক্তির ওপরে বিশ্বাস করে নেন, তাহলে সে আপনার কাজ নিজের হাতে তুলে নেয়... কিন্তু সে সেই কাজটা করার পরিবর্তে বিগড়ে দেওয়ার কাজেই তৎপর হয়ে পড়ে। এর পরিণাম এটাই হয় যে, আপনি আরও একবার ছলনার শিকার হয়ে পড়েন। আপনি তো শত্রুতা ভুলে গিয়ে বন্ধুত্ব স্থাপন করতেই চেয়েছিলেন... কিন্তু আপনার সামনের ব্যক্তি বন্ধুত্বের আড়ালে শত্রুতা মেটাতে সফলতা অর্জন করে নেয়। এজন্য এই জিনিষটার প্রতি বিশেষ দৃষ্টি রাখা উচিত যে, যে ব্যক্তির সঙ্গে কোন কারণে আপনার শত্রুতা রয়েছে... তার সরল মুখে ভুলে গিয়ে তার ওপরে বিশ্বাস করা উচিত নয়। এতে শেষ পর্যন্ত ক্ষতি আপনারই হয়। আচার্য চাণক্য এই জিনিষটার সঙ্গে খুবই ভালোমতন পরিচিতি ছিলেন... সেজন্যই উনি এমন সূত্র প্রদান করেছেন।

এমনটাও হতে পারে যে, কখনো কোন শত্রুর মনেও বন্ধুত্বের ভাব উৎপন্ন হয়ে পড়তে পারে। এমন পরিস্থিতিতে সঠিক পদ্ধতিতে সেটার পরীক্ষা হওয়া উচিত। এমন ব্যক্তিকে প্রথমে কোন কম গুরুত্বের কাজ দেওয়া উচিত। সে যদি সেই কাজটা সততার সাথে শেষ করে, তাহলে তারপর তাকে আরও কাজ দেওয়া উচিত। এর সাথে-সাথে প্রতিটি পদক্ষেপে তার ওপরে বিশেষ দৃষ্টি রাখা উচিত... যাতে সে যদি সেই কাজটার মাধ্যমে আপনার কোন ক্ষতি করার প্ল্যানও এঁটে থাকে, তাহলেও সে যেন নিজের উদ্দেশ্যে সফল না হতে পারে।

আচার্য চাণক্য এই প্রসঙ্গে আরও একটা অত্যন্ত গুরুত্বপূর্ণ সূত্র দিয়েছেন। উনি বলেছেন –

**अविश्वस्तेषु विश्वासो न कर्तव्यः।**

এর অর্থ হচ্ছে – *অবিশ্বাসীদের ওপরে কখনো বিশ্বাস করা উচিত নয়।* অর্থাৎ এমন লোকেদের ওপরে ভরসা করাটা বিরাট ঝুঁকিপূর্ণ কাজ হয়... যাদের সঠিক ভাবে পরীক্ষা করা হয়নি। ভালো করে পরীক্ষা না করেই কোন ব্যক্তির ওপরে ভরসা করার সোজাসুজি অর্থ হচ্ছে নিজের হাতে নিজের ক্ষতি ডেকে নিয়ে আসা। এমন লোক আপনার কাজের ক্ষতি তো করেই... তার সাথে-সাথে আপনার কোন ব্যক্তিগত ক্ষতিও করতে পারে। এজন্য এমন লোকেদের প্রতি বিশেষ সাবধানতা অবলম্বন করার পরামর্শ চাণক্য দিয়েছেন। আসলে, চাণক্যের গোটা জীবন জ্ঞান আর অভিজ্ঞতার আগুনে তপ্ত হয়ে ছিল। এজন্য উনি যখন কোন সূত্র প্রদান করেন, তাতে ওনার জ্ঞানের সাথে-সাথে ওনার ব্যবহারিক অভিজ্ঞতারও স্পষ্ট ঝলক দেখতে পাওয়া যায়। ওনার অনেক কথা তো প্রথম দৃষ্টিতে কটু বলে মনে হয়... কিন্তু যদি নিজেদের ব্যবহারিক জীবনে সেই সব কথাকে প্রয়োগ করে দেখা হয়, তাহলে সেগুলো 100% সঠিক বলেই মনে হয়।

ম্যানেজমেন্ট গুরু চাণক্য মূর্খদের প্রতি বিশেষ সতর্কতা অবলম্বন করার কথা সব জায়গাতেই বলে এসেছেন। উনি এক সূত্রে বলেছেন –

**उपकर्तर्यपकर्तुमिछत्यबुध:।**

এর অর্থ – *মূর্খ উপকারক ব্যক্তিরও অপকার করে।* অর্থাৎ উনি এমনটা পরিস্কার ভাবে বলেছেন – আপনি যদি এটা বুঝতে পেরে যান যে, আপনার সামনের ব্যক্তি মূর্খ... তাহলে তার ওপরে ভুল করেও কখনো ভরসা করা উচিত নয়। এমনটা করা আর নিজের অপমান ডেকে নিয়ে আসার মধ্যে কোন পার্থক্য থাকে না। প্রায়ই এমনটা হয় যে, আমরা লোক চিনতে ভুল করে বসি আর তারপর লোকসান হওয়ার দোষ অন্যদের ওপরে চাপিয়ে দিতে থাকি। যখন কি সেই লোকসানের জন্য আমরা নিজেরাই দায়ী হই... অন্য কেউ নয়। এর ঠিক উল্টোটা, যদি সঠিক ব্যক্তি চিনে নিয়ে তাকে কোন কাজের দায়িত্ব দেওয়া হয়, তাহলে সেই ব্যক্তি স্বাভাবিক রূপেই সেই কাজকে সঠিক ভাবে শেষ করতে সফল হবে আর তাতে আমাদেরও লাভ হবে। মূর্খ ব্যক্তিদের নিজের সঙ্গে এজন্যও যুক্ত করা উচিত নয়... কারণ মূর্খ ব্যক্তিরা স্বভাবতই নেতিবাচক প্রবৃত্তির হয়। এই কারণে যে ব্যক্তি মূর্খদের উপকার করেন, মূর্খরা সেই উপকারী ব্যক্তির অপকারই করে। এজন্যই আচার্য চাণক্য বার-বার মূর্খদের থেকে দূরে থাকারই পরামর্শ দিয়েছেন।

সঠিক ব্যক্তিকে চিনে নেওয়ার সময় ম্যানেজমেন্ট গুরু চাণক্য পাপীদের থেকে দূরে থাকার পরামর্শ দিয়ে এক সূত্র প্রদান করেছেন –

**न पापकर्मणामाक्रोशभयम्।**

এর অর্থ হচ্ছে – *পাপীদের নিন্দার ভয় থাকে না।* এই বক্তব্য একেবারে সঠিক। এটাকে এই ভাবে বোঝা যেতে পারে যে, পাপীরা শুরুতে তো নিন্দাকে ভয় পায় আর পাপ কর্ম করতে কিছুটা সংকোচও অনুভব করে। কিন্তু যেই সে নিজের মনের মধ্যে এই ভ্রম ঢুকিয়ে নেয় যে, এতে কি এমন তফাৎ হবে – ব্যস্... সে নিন্দাকে ভয় পাওয়া বন্ধ করে দেয়। এমন লোকেদের মানসিক দেউলিয়াপনের অনুমান এই জিনিষটা থেকে লাগানো যেতে পারে যে, সে তখন বদনামীকেই গৌরবের ব্যাপার বলে মনে করতে থাকে। এজন্য সফলতা প্রাপ্ত করার জন্য এটা অত্যন্ত জরুরী হয় যে, এমন লোকেদের এড়িয়ে চলা যাক। এমন লোকেদের না তো কোন কাজের দায়িত্ব দেওয়া উচিত আর না-ই এমন লোকেদের সাথে মিলে কোন কাজ করা উচিত... কারণ এমন লোকেদের নিজেদের তো সফলতা-ব্যর্থতার ব্যাপারে কোন পরোয়া থাকে না... কিন্তু এরা অন্যদেরও নিজেদের সঙ্গে ডুবিয়ে ছাড়ে। নিন্দার ভয় থেকে মুক্ত এমন লোকেদের নিজেদের তো কোন ক্ষতি হয় না... কিন্তু এদের সাথে যুক্ত হওয়া সঠিক ব্যক্তির লোকসান অবশ্যই হয়ে পড়ে।

এমন লোকেদের ব্যাপারে সতর্ক করে দিয়ে চাণক্য আরও একটা সূত্র প্রদান করেছেন –

## **মিকৃতিপ্রিয়া নীচাঃ।**

এর অর্থ হচ্ছে – *নীচ লোকেদের স্বভাবই সজ্জন ব্যক্তিদের দুঃখ প্রদান করা হয়।* এমন লোকেরা তাদের ভালো করা ব্যক্তিদেরও ক্ষতি করতে পেছপা হয় না। আচার্য চাণক্য বলেছেন যে, এমন লোকেদের প্রতি বিশেষ রূপে সতর্ক থাকা উচিত।

চাণক্যের এই বক্তব্য থেকে এটা অত্যন্ত পরিস্কার যে, আপনি যদি সফল হতে চান, তাহলে নীচ লোকেদের সঙ্গতে ভুল করেও কখনো পড়বেন না... কারণ এমন লোকেরা নিজেদের উপকার করা লোকেদেরও ক্ষতি করার চেস্টায় লেগে থাকে। **এজন্য যদি কোন ব্যক্তির আচার-ব্যবহার দ্বারা এটা জানতে পারা যায় যে, সে নীচ... তাহলে তার ওপরে ভরসা করা উচিত নয়। এমন লোকেদের ওপরে কোন গুরুত্বপূর্ণ কাজের দায়িত্বও দেওয়া উচিত নয় আর না-ই এমন লোকেদের সঙ্গে মিলে কোন কাজ করা উচিত। কারণ এমনটা করা প্রত্যক্ষ রূপে নিজের দুঃখকে আমন্ত্রিত করার সমান হয় আর স্বাভাবিক রূপে এর জন্য দায়ী সেই ব্যক্তির থেকে আমরা নিজেরা বেশী হই।**

এক ভালো ম্যানেজমেন্ট গুরুর রূপে আচার্য চাণক্য এক সূত্রের মাধ্যমে এই ব্যাপারটা একেবারে পরিস্কার করে দিয়েছেন যে, নীচ লোকেরা কখনো কিছু শিখতেও চায় না। উনি বলেছেন –

## নীচস্য মতির্ন দাতব্যা।

এর অর্থ হচ্ছে – *নীচ ব্যক্তিকে উপদেশ দেওয়া উচিত নয়।* আচার্য বলেছেন যে, নীচ ব্যক্তি সর্বদা নীচই থাকে। তাকে বোঝানোর চেষ্টা করাটা বৃথাই হয়।

নীচ ব্যক্তিকে জ্ঞান দিলে তার পরিবর্তে তার থেকে খারাপ ব্যবহারই প্রাপ্ত হয়। ঠিক যে প্রকার সাপকে দুধ পান করালেও সাপের বিষ শেষ হয় না। এজন্য এমন লোকেদের বোঝানোর চেষ্টায় নিজের শ্রম আর সময় নষ্ট করার পরিবর্তে কোন সঠিক আর যোগ্য ব্যক্তির সন্ধান করা উচিত। তাতে যদি কিছুটা বেশী সময়ও লাগে, তবুও আমাদের সেই চেষ্টাই করা উচিত।

আচার্য চাণক্যের সূত্রগুলোর ভিত্তিতে সঠিক ব্যক্তি চিনে নেওয়ার যেসব উপায় এখানে বলা হয়েছে, সেগুলোকে যদি ব্যবহারিক জীবনে প্রয়োগ করা হয়... তাহলে সফলতার পথ মুশকিল হয় না। কারণ ম্যানেজমেন্ট গুরু চাণক্যের শিক্ষা কেবলমাত্র পুঁথিগত বিদ্যা নয়! উনি যেসব সূত্র প্রদান করেছেন, সেগুলো উনি নিজের জ্ঞানের সাথে-সাথে নিজের অভিজ্ঞতার পাঠশালা থেকে প্রদান করেছেন। এজন্য নিজেদের জীবনে সেগুলো প্রয়োগ করলে ইতিবাচক পরিণাম পাওয়াটা নিশ্চিত!

❑

## 02

# নেতৃত্ব ক্ষমতা

**যে** কোন ক্ষেত্রে সফলতা প্রাপ্ত করার জন্য ব্যক্তির ভেতরে নেতৃত্ব ক্ষমতা থাকাটা এক অনিবার্য গুণ হয়। যে ব্যক্তির মধ্যে এই ক্ষমতা থাকে, তিনি সফলতার সিঁড়ি বেয়ে তর-তর করে ওপরের দিকে উঠে যেতে থাকেন। নেতৃত্ব প্রদান করার ক্ষমতাসম্পন্ন ব্যক্তি জীবনের প্রতিটি ক্ষেত্রেই সফল হন। কার্যগুলোর ম্যানেজমেন্টের দৃষ্টিতে দেখলে এই ক্ষমতার গুরুত্ব আরও বেড়ে ওঠে। আচার্য চাণক্য নেতৃত্ব ক্ষমতা বিকশিত করার জন্য বেশ কিছু সূত্র প্রদান করেছেন। যদি ওনার দ্বারা প্রদান করা সেই সব সূত্রকে জীবনে প্রয়োগ করা যায়, তাহলে স্বাভাবিক রূপে এই ক্ষমতার বিকাশ হবে। আর একবার সেটা হয়ে পড়লে সফলতার পথ আরও সহজ হয়ে উঠবে।

আচার্য চাণক্য সূত্র প্রদান করেছেন –

**यो यस्मिन् कर्मणि कुशलस्तं तस्मिन्ने व योजयेत्।**

এর অর্থ হচ্ছে – *যে ব্যক্তি যে কার্যে নিপুণ, তাকে সেই কার্যের দায়িত্ব দেওয়া উচিত।* নেতৃত্ব ক্ষমতার ক্ষেত্রে এটা অত্যন্ত গুরুত্ব হয়। প্রায়ই লোকেরা এই মামলায় ব্যর্থ হয়ে পড়েন। ভুল ব্যক্তিকে কোন কাজের দায়িত্ব দেওয়ার পরিণাম এটাই হয় যে, সেই কাজ সম্পন্ন হতে পারে না। আর যদি সম্পন্ন হয়-ও, তাহলেও সেটা দেরীতে আর ভুল পদ্ধতিতে সম্পন্ন হয়। এমন পরিস্থিতিতে সেই ব্যক্তির তুলনায় নেতৃত্ব করতে থাকা ব্যক্তির বেশী বদনামী হয়। ব্যর্থতার সমস্ত দোষ নেতৃত্ব প্রদানকারী ব্যক্তির ওপরেই চাপিয়ে দেওয়া হয়। এজন্য আপনারা যদি এমনটা চান যে, আপনাদের নেতৃত্ব সঠিক হোক্ আর সেটার পরিণামও ভালো হোক্... তাহলে আপনাদের নিজেদের ভেতরে উপযুক্ত ব্যক্তি চিনে নেওয়ার ক্ষমতাকে বিকশিত করে তুলতে হবে। এই জিনিষটার দুটো লাভ হয়। প্রথমতঃ, কাজ সঠিক ভাবে সম্পন্ন হয়ে পড়ে আর আপনাদের নেতৃত্বের প্রশংসা হয়। আর দ্বিতীয়তঃ, যে ব্যক্তি সেই কাজটা করেন... তাঁরও বিকাশ হয়। সঠিক ভাবে কাজ করার জন্য তাঁর আত্মবিশ্বাস বেড়ে ওঠে আর সাধারণতঃ তিনি এর জন্য নেতৃত্ব প্রদানকারী ব্যক্তিকেই কৃতিত্ব দেন। এর ফলে নেতৃত্ব প্রদানকারী ব্যক্তির ইজ্জত নিজের টীমের মধ্যে আর

টিমের বাহিরে আরও বেড়ে ওঠে।

নেতৃত্ব প্রদানকারী ব্যক্তির স্বভাবের ব্যাপারে ম্যানেজমেন্ট গুরু চাণক্য এক সূত্র প্রদান করেছেন –

## आश्रितैरप्यवमनसते मृदुस्वभाव:।

এই সূত্রের তাৎপর্য হচ্ছে – *মৃদু স্বভাবের ব্যক্তি আশ্রিতদের দ্বারাও অপমানিত হন।* আচার্য চাণক্য অত্যন্ত স্পষ্টতার সঙ্গে বলেছেন যে, মধুর স্বভাবের হওয়াটা কোন দোষের হয় না। কিন্তু রাজনীতি আর সরকারী কাজ বা কোন সংগঠনের সঞ্চালনের ক্ষেত্রে এই জিনিষটার ভালো প্রভাব পড়ে না। সাধারণতঃ মূর্খ ব্যক্তিরা নেতৃত্ব প্রদানকারী ব্যক্তিদের এই গুণটাকে তাঁদের দুর্বলতা হিসেবে মনে করতে থাকেন। এমন লোকেরা সুযোগ পাওয়ামাত্র নেতৃত্ব প্রদানকারী ব্যক্তিদের অপমান করতে ছাড়েন না। এজন্য নেতৃত্ব দিতে থাকা ব্যক্তিদের পক্ষে এটা অত্যন্ত আবশ্যক হয়ে ওঠে যে, তাঁরা মূর্খ লোকেদের নিজেদের নিয়ন্ত্রণে রাখবেন। এমন লোকেদের প্রতি সৌহার্দ্যপূর্ণ আচরণ করাটা সঠিক হয় না। তেমনটা করলে মূর্খ লোকেরা সেই আচরণের অনুচিত লাভ ওঠানোর চেস্টা করতে থাকে। এজন্য নেতৃত্ব দিতে থাকা ব্যক্তিদের প্রয়োজন অনুসারে কড়া আচরণ করা উচিত। আবশ্যকতা হলে কড়া ফয়সালা নিতেও কোন প্রকারের সংকোচ করা উচিত নয়... কারণ এমন ফয়সালা গোটা সংগঠনের সামনে এক উদাহরণ পেশ করে আর সেটার প্রভাব সেই সংগঠনের প্রতিটি ব্যক্তির ওপরে স্বাভাবিক রূপে পড়ে।

এই ব্যাপারে আচার্য চাণক্য ঠিক কোন ম্যানেজমেন্ট গুরুর মতই এক অত্যন্ত গুরুত্বপূর্ণ সূত্র প্রদান করেছেন –

## तीक्ष्णदण्ड: सर्वैरूद्वेनीयो भवति।

এই সূত্রের তাৎপর্য হচ্ছে – *কড়া শাস্তি দেওয়া রাজাকে সকলেই ঘৃণা করে।* এর আগের সূত্রে ম্যানেজমেন্ট গুরু চাণক্য বলেছেন যে, নেতৃত্ব প্রদানকারী ব্যক্তির স্বভাব মৃদু হওয়া উচিত নয়। আর এই সূত্রে উনি জানিয়েছেন যে, কড়া শাস্তি দেওয়া রাজাকে সকলেই ঘৃণা করে। সাধারণতঃ এই দুই সূত্রের মধ্যে বিরোধাভাষ লক্ষ্য করা যায়। কিন্তু বস্তুতঃ তেমন কিছুই নেই।

এই সূত্রের মাধ্যমে আচার্য চাণক্য নেতৃত্ব দিতে থাকা ব্যক্তির গুণের বিকাশ করার কথা বলেছেন। ওনার বক্তব্যের তাৎপর্য হচ্ছে এই যে, যদি আপনার নেতৃত্বে কাজ করতে থাকা ব্যক্তি কোন ভুল করে বসেন... তাহলে তাঁকে শাস্তি তো দেওয়া উচিত – কিন্তু শাস্তির প্রকৃতি তাঁর দ্বারা করা ভুলের প্রকৃতির ভিত্তিতে স্থির করা উচিত। সবার আগে এটা বোঝা উচিত যে, ছোট ভুলের জন্য বড় শাস্তি দেওয়া উচিত নয়। এছাড়া সেই ব্যক্তির কাজের আগের রেকর্ডও মাথায় রাখা উচিত। ভুলের প্রকৃতিকে না বুঝে যদি কোন সাধারণ ভুলের জন্য বড় শাস্তি দিয়ে দেওয়া

হয়, তাহলে সেটার বড়ই নেতিবাচক প্রভাব পড়ে। আপনার নেতৃত্বে কাজ করতে থাকা লোকেদের মধ্যে অসন্তুষ্টি বেড়ে ওঠে। সকলের মনে আপনার নেতৃত্ব ক্ষমতাকে কেন্দ্র করে আশংকার সৃষ্টি হতে থাকে। এমন পরিস্থিতিতে বিদ্রোহের পরিস্থিতি সৃষ্টি হয়ে পড়তেও পারে। এজন্য সঠিক নেতৃত্বের পরীক্ষা প্রতিটি পদক্ষেপে হয়। নেতৃত্ব প্রদানকারী ব্যক্তির সর্বদা এই কথাটা মনে রাখা উচিত।

নেতৃত্ব দিতে থাকা লোকেদের পক্ষে এটা অত্যন্ত জরুরী হয়ে ওঠে যে, তাঁদের ভেতরে সেই ক্ষমতা থাকা উচিত... যেটার সহায়তায় তাঁরা সঠিক লোক চিনে নিতে পারবেন। এই কাজে কিছু জিনিষ মাথায় রাখাটা অত্যন্ত জরুরী হয়ে ওঠে। সবার আগে এই জিনিষটাকে বোঝাটা জরুরী হয় যে, আপনাদের চিন্তাধারা কেমন ? কারণ এটার ভিত্তিতেই লোকেরা সব কিছু দেখেন।

আপনাদের চিন্তাধারা যদি ইতিবাচক হয়, তাহলে আপনারা খারাপ জিনিষের ভেতর থেকেও ইতিবাচক জিনিষকে গ্রহণ করার চেষ্টা করবেন আর আপনাদের চিন্তাধারা নেতিবাচক হলে ভালো জিনিষও আপনাদের কাছে প্রভাবহীন বলে মনে হবে। এজন্য লোক চিনে নেওয়ার কাজেও চিন্তাধারার অত্যন্ত বেশী গুরুত্ব থাকে। এই ব্যাপারে আচার্য চাণক্য বলেছেন –

**कस्य दोषं कुले नास्ति व्याधिना को न पीडित:।**
**व्यसनं केन न प्राप्तं कस्य सौख्यं निरंतरम्॥**

এই সূত্রের মাধ্যমে আচার্য চাণক্য বলেছেন যে, দোষ কোথায় নেই ? উনি বলেছেন – *কার কুলে দোষ থাকে না ?* উনি এই প্রশ্নও উঠিয়েছেন – *রোগ কাকে দুঃখী করে না ? জীবনের সত্যই তো হচ্ছে এটা যে, প্রতিটি ব্যক্তিই দুঃখ পায় আর সুখ কারো কাছে স্থির হয়ে থাকে না।* উনি এটাও বলেছেন যে, অভাব নিয়ে বেশী চিন্তা করা উচিত নয়... বরং এই জিনিষটার ওপরে বেশী জোর দেওয়া উচিত যে, সেই সব অভাবকে কি ভাবে দূর করে ভালো পরিণাম প্রাপ্ত করার গুণ বিকশিত করে তোলা যায় ? !

সঠিক নেতৃত্বকারীর এটাই পরিচিতি হয় যে, তিনি অক্ষম লোকেদেরও সক্ষম করে তুলতে সক্ষম হন। এজন্য কেবলমাত্র দোষ দেখে কারো ব্যাপারে অন্তিম নির্ণয় নিয়ে নেওয়াটা ঠিক নয়। এজন্য নেতৃত্ব ক্ষমতার ব্যাপারে চিন্তা-ভাবনা করে সেই ক্ষমতাকে বিকশিত করে তোলাটা অত্যন্ত জরুরী হয়... কারণ এর ওপরেই আপনার কাজের ভবিষ্যৎ নির্ভর করে আর এই জিনিষটা যে কোন ব্যক্তিকে সফল করে তোলার কাজে এক অত্যন্ত গুরুত্বপূর্ণ ভূমিকা পালন করে।

আমাদের এই বক্তব্যের তাৎপর্য এটা মোটেই নয় যে, সঠিক ব্যক্তি বেছে নেওয়ার সময় তাঁর প্রতিটি দোষকে উপেক্ষা করে দেওয়া উচিত। এমনটা করাও ঠিক হয় না। আসলে এখানে জরুরী হচ্ছে এটা যে, আপনারা সেই ব্যক্তির সেই সব দোষগুলোকে উপেক্ষা করবেন... যেগুলোর ব্যাপারে আপনাদের এমনটা মনে হয়

যে, সেগুলোকে কিছুটা মেহনত দ্বারা দূর করা যেতে পারে। এখন যে ব্যক্তি স্বভাবতই দুষ্ট, তার ওপরে কখনোই ভরসা করা চলে না। এজন্য এমন ব্যক্তিদের থেকে সর্বদা সাবধান থাকাটা অত্যন্ত জরুরী হয়।

দুষ্টদের থেকে বাঁচার ব্যাপারে আচার্য চাণক্য নীতি জানিয়ে লিখেছেন –

**दुर्जनेषु च सर्पेषु वरं सर्पो न दुर्जनः।**
**सर्पो दंशति कालेन दुर्जस्तु पदे-पदे।।**

আচার্য চাণক্য এখানে দুস্টতার তুলনা করে সেই পক্ষকে উপস্হাপিত করেছেন, যেখানে দুস্টতার প্রভাব সব থেকে কম পড়ে। কৌটিল্যের বক্তব্য হচ্ছে – *দুস্ট ব্যক্তি আর সাপ – দুটোই বিপজ্জনক হয়। কিন্তু এই দুটোর মধ্যে কোনটা বেশী বিপজ্জনক, সেটা বলতে হলে দুস্ট ব্যক্তির নাম নিতে হবে।* অর্থাৎ দুস্ট ব্যক্তি সাপের থেকেও বেশী বিপজ্জনক হয়। আচার্য চাণক্য এমনটা মনে করেন যে, সাপ তো একবার দংশন করে... কিন্তু দুস্ট ব্যক্তি প্রতি পদেই দংশন করতে থাকে। এজন্য দুস্ট ব্যক্তিদের থেকে দূরেই থাকা উচিত।

নেতৃত্ব দিতে থাকা লোকেদের এই ব্যাপারটা মাথায় রাখা উচিত যে, তাঁরা যেন ভুল করেও কোন দুস্ট ব্যক্তির ওপরে ভরসা না করেন। কারণ সেটার ফল তাঁদেরকেই ভোগ করতে হবে। দুস্টদের ওপরে ভরসা করার পরিবর্তে অন্য কোন প্রকারের ক্ষতি স্বীকার করাটা অপেক্ষাকৃত ভালো হয়... কারণ তাতে ক্ষতি হওয়ার ব্যাপারটা স্পস্ট হয়ে থাকে। কিন্তু আপনারা যদি কোন দুস্ট ব্যক্তির ওপরে ভরসা করেন... তাহলে সে কখন আপনাদের ক্ষতি করবে, সেটা নিশ্চিত করে বলা চলে না।

এজন্য এমন লোকেদের ওপরে ভরসা করাটা নিজে থেকে নিজের ব্যর্থতাকে ডেকে নিয়ে আসার মত হয়। এমন লোক আপনাদের বিশ্বাস অর্জন করার জন্য আপনাদের সামনে আপনাদের মনের মত কথা বলবে... কিন্তু যখন নিজেদের স্বার্থ সিদ্ধির সময় আসবে, তখন তারা নিজেদের স্বার্থ সিদ্ধির জন্য আপনাদের ক্ষতি করতেও পেছপা হবে না। এজন্য দুস্টদের থেকে দূরে থাকাই মঙ্গল!

অন্যথা এমন লোকেদের ওপরে ভরসা করার কারণে আপনাদের যে ক্ষতি হবে, তার জন্য আপনারা নিজেরাই দায়ী থাকবেন। এটাও সত্য যে, একবার লোকসান হয়ে পড়ার পরে অনুতাপ করে কিছুই লাভ হয় না। এজন্য শুরু থেকেই এই জিনিষটা বিশেষ রূপে মাথায় রাখা উচিত যে, দুস্টদের ওপরে কখনোই ভরসা করা উচিত নয়।

এটা বোঝা উচিত যে, প্রতিটি ব্যক্তির ক্ষমতা আর স্বভাবে পার্থক্য থাকে। দুজন ব্যক্তি কখনোই এক প্রকারের হন না। প্রতিটি লোকের মধ্যেই প্রাথমিক স্তরে বেশ কিছু পার্থক্য থাকে। এজন্য সকলের থেকে এক সমান আশা করাও ঠিক হয়

না। এই জিনিষটাকে মাথায় রেখে কাজ করা ব্যক্তিরা নিজের সাথে কাজ করা ব্যক্তিদের থেকে ভালো পরিণাম প্রাপ্ত করতে সফল হন।

এই ব্যাপারে আচার্য কৌটিল্য চাণক্য নীতির এক অত্যন্ত গুরুত্বপূর্ণ সূত্র প্রদান করেছেন –

**एकोदरसमुद्भूता एक नक्षत्र जातका।**
**न भवन्ति समा शीले यथा बदरिकण्टका:॥**

এখানে আচার্য চাণক্য এটা বলেছেন যে, একই মায়ের গর্ভে আর একই নক্ষত্রে জন্ম নেওয়া সত্ত্বেও দুজন ব্যক্তির স্বভাব এক রকমের হয় না। অর্থাৎ যেমন *কুল আর কাঁটা একই বৃক্ষে একই সাথে উৎপন্ন হয়... কিন্তু তাদের স্বভাব আলাদা-আলাদা হয়। ঠিক সেই প্রকার একই মায়ের গর্ভে আর একই নক্ষত্রে জন্ম নেওয়া দুই যমজ বাচ্চার স্বভাব আর আচরণ এক প্রকারের হয় না।*

এই সূত্রের মাধ্যমে নেতৃত্ব ক্ষমতার এক নতুন পক্ষ উন্মোচিত হয়ে পড়ে। যে কোন সংগঠন বা কাজের নেতৃত্ব দিতে থাকা ব্যক্তির এই জিনিষটা অত্যন্ত গভীর ভাবে বুঝে নেওয়া উচিত যে, প্রতিটি ব্যক্তিরই এক আলাদা প্রকৃতি হয়। সেই অনুসারেই তাকে কাজের দায়িত্ব দেওয়া উচিত। সব ব্যক্তির থেকে একই প্রকারের আশা করা উচিত নয়।

এমনটা করলে গড়বড়ি হওয়াটা অত্যন্ত স্বাভাবিক হয়। এজন্য নেতৃত্ব প্রদানকারী ব্যক্তির পক্ষে এটা অত্যন্ত জরুরী হয়ে ওঠে যে, তিনি নিজের সাথে কাজ করতে থাকা লোকেদের ক্ষমতা আর বিশেষত্বকে মাথায় রেখে তাদেরকে দিয়ে কাজ করাবেন। উদাহরণস্বরূপ সেই ব্যক্তিই ফিল্মের ভালো নির্দেশক প্রমাণিত হন, যিনি কোন্ অভিনেতাকে দিয়ে কোন্ ভূমিকায় অভিনয় করাতে হবে, সেটা ভালো করে জানেন। এই জিনিষটা জীবনের প্রতিটি ক্ষেত্রেই প্রযোজ্য হয়। এজন্য সফলতা প্রাপ্ত করার জন্য নেতৃত্ব দিতে থাকা ব্যক্তির এই ক্ষমতা থাকা উচিত যে, তিনি যে কোন ব্যক্তির ক্ষমতা আর বিশেষত্ব চিনতে পারবেন আর সেই অনুসারে তাকে দিয়ে কাজ করাবেন।

এই প্রসঙ্গে আচার্য চাণক্য আরও একটা সূত্র প্রদান করেছেন –

**सुपूजितोपि दुर्जन: पीडयत्येव।**

এর অর্থ হচ্ছে – *সুপূজিত দুর্জনও দুঃখই প্রদান করে।* নেতৃত্ব প্রদানকারী ব্যক্তির মধ্যে যতক্ষন না সঠিক ব্যক্তি চিনে নেওয়ার ক্ষমতা বিকশিত হচ্ছে, ততক্ষন পর্যন্ত তাঁর নেতৃত্বে সঠিক পরিণাম প্রাপ্ত হতে পারে না। নেতৃত্ব প্রদানকারী ব্যক্তির সক্ষম লোকেদের প্রতি সৌহার্দ্যপূর্ণ আচরণ করা উচিত। আবার অন্য দিকে দুর্জনদের প্রতি কড়া মনোভাব গ্রহণ করা উচিত। নেতৃত্ব প্রদানকারী ব্যক্তি যদি দুর্জনদের সম্মান জানাতে থাকেন আর তাদের ওপরে গুরুত্বপূর্ণ দায়িত্ব সঁপে দিতে

থাকেন... তাহলে সেটার সরাসরি অর্থ এটাই' হয় যে, তিনি নিজেই নিজের ব্যর্থতাকে আমন্ত্রণ করে ডেকে নিয়ে আসছেন।

নেতৃত্ব প্রদানকারী ব্যক্তির পক্ষে এটা অত্যন্ত জরুরী হয় যে, তিনি নিজের অধীনে চলতে থাকা সকল কাজের ওপরে দৃষ্টি রাখবেন। এই ব্যাপারে চাণক্য এক ভালো ম্যানেজমেন্ট গুরুর মতই এই সূত্র প্রদান করেছেন –

**स्वयमेवावस्कन्नं कार्य निरीक्षेत्।**

এর অর্থ হচ্ছে – *আপনা থেকে বা অন্যদের দ্বারা পণ্ড হয়ে পড়া কাজের ওপরে নিজেই নিরীক্ষণ করা উচিত।* নেতৃত্ব প্রদানকারী ব্যক্তি বা তেমন ইচ্ছা রাখা ব্যক্তিদের পক্ষে এটা হচ্ছে এক অত্যন্ত গুরুত্বপূর্ণ সূত্র! এক যোগ্য নেতৃত্বকারীর এটা প্রাথমিক গুণ হওয়া উচিত যে, যেভাবে সফলতার কৃতিত্ব তাঁর প্রাপ্য হয়ে ওঠে... ঠিক তেমনিই ব্যর্থতার দায়িত্বও নিজে থেকে এগিয়ে এসে তাঁর গ্রহণ করা উচিত। এর সঙ্গে যুক্ত এক সূত্র আচার্য চাণক্য প্রদান করেছেন। উনি বলেছেন যে, যদি কোন কাজে আপনা থেকে বিঘ্ন এসে পড়ে বা অন্য কেউ যদি সেই কাজে বিঘ্নের সৃষ্টি করে, তাহলে এমন কাজের দায়িত্ব নেতৃত্ব প্রদানকারী ব্যক্তির নিজের ওপরে নিয়ে নেওয়া উচিত। এমন কাজের জন্য অন্যের ওপরে ভরসা করাটা ভুল উদাহরণ পেশ করে। যখন এমন মামলায় নেতৃত্ব প্রদানকারী ব্যক্তি নিজে এগিয়ে এসে সেই কাজের দায়িত্ব নিজের ওপরে নিয়ে নেন, তখন সেটার ইতিবাচক প্রভাব কাজ করতে থাকা অন্য লোকেদের ওপরেও পড়ে এবং সেটার দ্বারা এক অনুকরণ যোগ্য উদাহরণ পেশ হয়।

সফল নেতৃত্বকারী হয়ে ওঠার জন্য এটাও অত্যন্ত জরুরী হয় যে, আপনি যদি কোন ব্যক্তির ওপরে কোন কাজের দায়িত্ব দিয়েছেন, তাহলে সেই ব্যক্তির ওপরে নজর রাখবেন। কোন সমস্যা উপস্থিত হলে সেটার সমাধান করার জন্য নিজে এগিয়ে আসুন। এমনটা করলে আপনি যে ব্যক্তির ওপরে কাজের দায়িত্ব দিয়েছেন, তাঁর মনে আপনার প্রতি সম্মান বৃদ্ধি পাবে আর তিনি দ্বিগুণ উৎসাহের সাথে সেই কাজটা শেষ করার জন্য উঠে-পড়ে লাগবেন।

সঠিক অর্থে দেখতে গেলে, নেতৃত্ব ক্ষমতাকে মজবুত করে তোলার জন্য ম্যানেজমেন্ট গুরু চাণক্যের এই ছোট-ছোট সূত্রগুলো অত্যন্ত উপযোগী হয়। এই সব জিনিষ বোঝানোর জন্য আজকের প্রজন্মের ম্যানেজমেন্ট গুরুরা লাখো টাকা ফীস্ নেন। কিন্তু যদি ভারতের সব থেকে প্রচীন ম্যানেজমেন্ট গুরুর এই সব ছোট-ছোট সূত্রগুলোকে প্রয়োগ করে দেখা হয়, তাহলে অবশ্যই সফলতা আপনাদের চরণ স্পর্শ করবে!

❑

## 03

# রণনীতিক কৌশল

রণনীতি তৈরী করার মামলায় চাণক্যের মত আরেকটা উদাহরণ দেখতে পাওয়া যায় না। উনি কেবলমাত্র রণনীতিই তৈরী করতেন না... বরং সেগুলো প্রয়োগ করার সম্পূর্ণ রূপরেখাও তৈরী করতেন। ওনার সঠিক রণনীতিরই পরিণাম এটা ছিল যে, উনি যা কিছু চেয়েছেন... সেগুলোকে উনি সঠিক সময়ে এবং প্রভাবশালী ভাবে পূরণও করেছেন। সর্বদাই জীবনের যে কোন ক্ষেত্রে সফলতা প্রাপ্ত করার জন্য রণনীতিক কৌশল তৈরী করাটা অত্যন্ত জরুরী হয়ে থেকেছে। যে ব্যক্তি জীবনে সঠিক রণনীতি তৈরী করেছেন আর সেগুলোকে সঠিক ভাবে প্রয়োগ করেছেন... তিনিই সফল হয়েছেন। এমন অনেক উদাহরণ দ্বারা বিভিন্ন পুস্তক ভরে রয়েছে আর আজও আমরা নিজেদের চার পাশে এমন বেশ কিছু ব্যক্তিদের দেখতে পাই।

আজকের এই যুগ কড়া প্রতিযোগিতার যুগ! এজন্য কেবলমাত্র কঠিন পরিশ্রম দ্বারা সফলতা প্রাপ্ত করাটা ততটা নিশ্চিত হয় না... বরং আজকের যুগে সফলতা পাওয়ার জন্য এক সুনির্দিষ্ট রণনীতির অন্তর্গত সঠিক পথে এগিয়ে চলা আর সঠিক সময়ে সঠিক পদক্ষেপ গ্রহণ করাটা অত্যন্ত জরুরী হয়। এই ব্যাপারে চিন্তা-ভাবনা করতে ইচ্ছুক ব্যক্তিদের জন্য আচার্য চাণক্যের সূত্র অত্যন্ত সহায়ক প্রমাণিত হতে পারে। এই সব সূত্রে উনি এক উৎকৃষ্ট ম্যানেজমেন্ট গুরুর ন্যায় রণনীতিক কৌশলকে বিকশিত করা আর সেগুলোকে প্রয়োগ করে সঠিক পরিণাম প্রাপ্ত করার ব্যাপারটাকে বড়ই সুন্দর ভাবে ব্যক্ত করেছেন। রণনীতিক কৌশলের প্রয়োজন আজ জীবনের প্রতিটি ক্ষেত্রেই রয়েছে... তা সেটা রাজনীতি হোক্ বা ব্যবসা হোক্ বা ব্যক্তিগত জীবন। সব মিলিয়ে এমনটা বলা যেতে পারে যে, জীবনের প্রতিটি ক্ষেত্রে সফলতা প্রাপ্ত করার জন্য আজ রণনীতিক কৌশলের প্রয়োজন হয়ে পড়েছে।

ম্যানেজমেন্ট গুরু চাণক্য সূত্র প্রদান করেছেন –

**বলবান হীনেন বিগ্রহ্ণীয়াত্।**

এর অর্থ হচ্ছে – *শক্তিশালী ব্যক্তি দুর্বল ব্যক্তির ওপরে আক্রমণ করুন।*

এটা হচ্ছে এক অত্যন্ত গুরুত্বপূর্ণ সূত্র। এটাকে গভীরতার সাথে বোঝা উচিত। এখানে আচার্য চাণক্য এক উৎকৃষ্ট ম্যানেজমেন্ট গুরুর মত বলেছেন যে, নিজের ক্ষমতার অনুরূপই কাজ নির্দ্ধারণ করা উচিত। ওনার এই বক্তব্যকে উদাহরণের মাধ্যমে বোঝা সহজ হবে। ধরে নিন যে, এক ছাত্রের ক্ষমতা সিভিল সার্ভিস পরীক্ষায় সফলতা প্রাপ্ত করার মত নয়। যে কোন কারণেই হোক্, তার শিক্ষা যদি সেই স্তরের না হতে পারে... তাহলে তার নিরাশ না হয়ে অন্য রাস্তা খোঁজা উচিত। তার এমন প্রতিযোগিতামূলক পরীক্ষা জন্য প্রস্তুত হওয়া উচিত, যাতে সিভিল সার্ভিস পরীক্ষার তুলনায় কম জ্ঞান থাকলেও চলবে। সর্বদা নিজের ক্ষমতার অনুরূপই লক্ষ্য নির্দ্ধারণ করা উচিত।

এই সূত্রটাও ম্যানেজমেন্ট ক্ষেত্রের হিসেবে অত্যন্ত গুরুত্বপূর্ণ। এমনটা ধরে নেওয়া হোক্ যে, আপনি কোন কোম্পানীর সি.ই.ও.। আপনি যখন নিজের কোম্পানীর বিস্তারের পরিকল্পনা তৈরী করবেন... তখন আপনার এই ব্যাপারটা মাথায় রাখা উচিত যে, আপনি যেন সরাসরি নিজের ক্ষেত্রের অন্যান্য মজবুত কোম্পানীগুলোর উদ্দেশ্যে চ্যালেঞ্জ ছুঁড়ে না দেন... বরং সবার আগে আপনার সেই সব কোম্পানীগুলোর বাজার নিজের দখলে নিয়ে আসার চেস্টা করা উচিত... যেসব কোম্পানী আপনার কোম্পানীর তুলনায় অপেক্ষাকৃত দুর্বল। আপনি যখন এই সব কোম্পানীর বাজারকে নিজের সঙ্গে যুক্ত করে নেবেন, তখন স্বাভাবিক ভাবে এই পুরো প্রক্রিয়ায় আপনার কোম্পানীও মজবুত হয়ে উঠবে। এমনটা হয়ে পড়লে আপনার কোম্পানীর শক্তি বেড়ে উঠবে আর যেসব কোম্পানী এর আগে আপনার কোম্পানীর থেকে মজবুত ছিল... তাদের সঙ্গেও এখন আপনার কোম্পানী টক্কর নিতে পারবে। এই প্রকার এই সূত্র জীবনের প্রতিটি ক্ষেত্রে প্রযোজ্য হয়।

এই প্রসঙ্গে ম্যানেজমেন্ট গুরু চাণক্য সতর্ক করে দিয়ে এক সূত্র প্রদান করেছেন –

**गजपादयुद्धमिव बलवद्विग्रहः।**

*এর অর্থ হচ্ছে – শক্তিশালীর সাথে যুদ্ধ করা হাতীর সেনার বিরুদ্ধে পায়ে হেঁটে লড়াই করার সমান হয়।*

ম্যানেজমেন্টের কলায় কুশল লোকেরা এটা জানেন যে, এই ক্ষেত্রে প্রতিটি মুহূর্তে তাঁদের মস্তিষ্কে এক প্রকারের মানসিক যুদ্ধ চলতে থাকে। এটাকেও যদি এক উদাহরণের মাধ্যমে বোঝার চেস্টা করা হয়, তাহলে সুবিধা হবে। ধরে নিন, আপনি নিজের এক ব্যবসা শুরু করেছেন আর হয়তো সেই একই ক্ষেত্রে দেশের এক অত্যন্ত বড় কোম্পানী অনেক আগে থেকেই কাজ করছে। এমন পরিস্থিতিতে আপনার পক্ষে সরাসরি সেই কোম্পানীর মোকাবিলা করা সম্ভব নয়। আপনি সেই কোম্পানীর সঙ্গে মোকাবিলা করার চেস্টা করলে আপনাকে কুচলে দেওয়া হবে। এজন্য এই ক্ষেত্রে সঠিক রণনীতি এটাই হচ্ছে যে, নিজের থেকে শক্তিশালীর সঙ্গে

টক্কর নেওয়ার মত ক্ষমতা প্রাপ্ত না করে তার উদ্দেশ্যে চ্যালেঞ্জ ছুঁড়ে দেওয়া মোটেই উচিত নয়। এই সূত্রকে নিজেদের জীবনে গ্রহণ করা ব্যক্তিদের সমগ্র বিকাশ স্বাভাবিক রূপে হয়।

ম্যানেজমেন্ট গুরু চাণক্য এই ব্যাপারটাকে আরও স্পষ্ট করার জন্য আরও একটা সূত্র প্রদান করেছেন। উনি লিখেছেন –

## आमपात्रमामेन सह विनश्यति।

এর অর্থ হচেছ – *কাঁচা পাত্র কাঁচা পাত্রের সঙ্গে ধাক্কা লেগে ভেঙে যায় আর সেটার নাশ হয়ে পড়ে।*

ম্যানেজমেন্ট ক্ষেত্রের জন্য এই সূত্র অত্যন্ত গুরুত্বপূর্ণ! এর মাধ্যমে ম্যানেজমেন্ট গুরু চাণক্য এটা জানানোর চেস্টা করেছেন যে, সমান শক্তিসম্পন্ন দুই ব্যক্তি বা দুই সংগঠনের পরস্পরের সঙ্গে প্রতিদ্বন্দ্বিতা করা উচিত নয়। এমনটা করলে দু পক্ষেরই ক্ষতি হয়। এমন পরিস্থিতিতে দু পক্ষের লাভ এতেই রয়েছে যে, দু পক্ষ পরস্পরের সঙ্গে মৈত্রী স্থাপন করে নিক। সমান শক্তিসম্পন্ন দুটি পক্ষ যদি পরস্পরের সঙ্গে মিলেমিশে কাজ করে, তাহলে তাতে দু পক্ষেরই লাভ হয়। আর তাদের মধ্যে সংঘর্ষের সৃষ্টি হলে দু পক্ষেরই ক্ষতি হয়। এজন্য সমান শক্তিসম্পন্ন লোকেদের বা সংগঠনদের পারস্পরিক সংঘর্ষ এড়িয়ে চলাই উচিত। এই জিনিষটা জীবনের প্রতিটি ক্ষেত্রে সমান রূপে প্রযোজ্য হয়। আপনি ব্যবসায়ী হোন্, রাজনৈতিক নেতা হোন্, চাকুরীজীবি হোন্ বা ছাত্র – জীবনের প্রতিটি ক্ষেত্রে সমান শক্তিসম্পন্ন লোকেরা যদি পরস্পরের সঙ্গে মিলেমিশে কাজ করেন, তাহলে তাঁদের সফল হওয়াটা তো নিশ্চিত হয়-ই... তার সাথে-সাথে তাঁরা যে কোন কাজ দ্রুত আর উৎকৃস্ট ভাবে শেষ করতেও স্বাভাবিক রূপে সফল হয়ে ওঠেন।

এমনটা করার সময় আরও একটা জিনিষ মাথায় রাখার জন্য ম্যানেজমেন্ট গুরু চাণক্য এই সূত্র প্রদান করেছেন –

## अरिप्रयत्नमभिसमीक्षेत।

এর অর্থ হচেছ – *প্রতিপক্ষের প্রচেস্টার সমীক্ষা করতে থাকুন।*

যার সঙ্গে আপনার প্রতিযোগিতা, তার মোকাবিলা করার জন্য আপনি হয়তো উপযুক্ত সময়ের জন্য অপেক্ষা করে রয়েছেন... কিন্তু এর মধ্যে নিজের প্রতিপক্ষের গতিবিধিগুলোর সমীক্ষা করতে থাকা উচিত। প্রতিপক্ষ দ্বারা গ্রহণ করা নির্ণয় আর রণনীতির ব্যাপারে তথ্য সংগ্রহ করতে থাকাটা তার মোকাবিলা করার দৃস্টিতে অত্যন্ত জরুরী হয়। প্রতিপক্ষের রণনীতির ব্যাপারে তথ্য সংগ্রহ করার পরে সেই অনুসারে নিজের রণনীতিতে পরিবর্তন নিয়ে আসা উচিত। এমনটা যদি না করা হয়, তাহলে আমরা নিজেদের প্রতিপক্ষের শক্তির ব্যাপারে অনুমান লাগাতে পারব না আর মোকাবিলা করার সময় আমাদের পরাজয়ের মুখ দেখতে হতে পারে।

নিজের প্রতিপক্ষের রণনীতির বাপারে তথ্য সংগ্রহ করাটাও এক ম্যানেজমেন্ট কৌশল হয়। এই কাজে যিনি যত বেশী সফল হন, মোকাবিলার মুহূর্তে তিনি তত বেশী সফলতা অর্জন করেন। কারণ নিজের প্রতিপক্ষের রণনীতির ব্যাপারে তাঁর আগে থেকেই জানা থাকে। এই জিনিষটা জীবনের প্রতিটি ক্ষেত্রে সমান রূপে প্রযোজ্য হয়। তা সেটা ব্যবসার ক্ষেত্র হোক, রাজনীতির ক্ষেত্র হোক, চাকুরীর ক্ষেত্র হোক্ বা অন্য যে কোন ক্ষেত্র!

নিজের প্রতিপক্ষের প্রচেস্টার ওপরে দৃষ্টি রাখার জন্য আচার্য চাণক্যের সূত্র হচ্ছে –

**যাবচ্ছত্রোশ্ছিদ্রং তাবদ্ বদ্ধহস্তেন বা স্কন্ধেন বা বাহ্যঃ।**

এর অর্থ হচ্ছে – *শত্রুর দুর্বলতার ব্যাপারে জানার জন্য তাকে কৃত্রিম রূপে ধোঁকায় রাখুন।*

এই জিনিষটা আপনার রণনীতির এক গুরুত্বপূর্ণ অংশ হতে পারে। আপনার প্রতিপক্ষ যদি এটা জানতে পেরে যায় যে, আপনি তার দুর্বলতার ব্যাপারে খোঁজ-খবর নিচেছন... তাহলে সে আগে থেকে সাবধান হয়ে পড়বে। এমনটা হলে সে নিজের রণনীতিতে পরিবর্তন নিয়ে আসবে। এর ফলে আপনার কাজ আরও মুশ্কিল হয়ে পড়বে। এমন পরিস্থিতিতে এটা অত্যন্ত জরুরী হয় যে, প্রতিপক্ষ যেন আপনার সেই প্রচেস্টার ব্যাপারে একেবারেই জানতে না পারে। চাণক্য এই সূত্রে ম্যানেজমেন্ট ফাণ্ডাকেও সুন্দর ভাবে যুক্ত করেছেন। উনি জানিয়েছেন যে, যদি আপনার প্রতিপক্ষের দুর্বলতা আর আপনার বিরুদ্ধে করা ষড়যন্ত্রের ব্যাপারে আপনি জানতেও পেরে যান... তবুও তৎক্ষনাত সামনা-সামনি লড়াই শুরু করে দেওয়া উচিত নয়। বরং প্রতিপক্ষের প্রতি কৃত্রিম প্রেম আর সম্মান প্রদর্শন করে সব কিছু তথ্য জেনে নেওয়ার চেস্টা করা উচিত। একবার যখন আপনার কাছে আপনার প্রতিপক্ষের রণনীতির সমস্ত তথ্য এসে পড়বে আর প্রতিপক্ষের সমস্ত চাল নিস্ফল করার জন্য আপনি পূর্ণ রূপে প্রস্তুত হয়ে পড়বেন... তখন আপনি সরাসরি তার মোকাবিলা করতে পারবেন। এমন ক্ষেত্রে পরিণামও আপনার পক্ষেই আসবে।

এই সূত্রটাকে আমরা উদাহরণের মাধ্যমে বোঝার চেস্টা করলে আরও ভালো হবে। ভারত আর পাকিস্তানের মধ্যেকার শত্রুতার ব্যাপারে আমরা সকলেই জানি। সময়ে-সময়ে দুই দেশের মধ্যে সম্পর্ককে ভালো করে তোলার প্রচেস্টা চলে... কিন্তু প্রতি বারই সেই প্রচেস্টা ব্যর্থ হয়। ভারত যদি পাকিস্তানে চলতে থাকা ভারত-বিরুদ্ধ গতিবিধির ব্যাপারে তথ্য সংগ্রহ করতে চায়... তাহলে ভারতকে সেই কাজটা অত্যন্ত গোপনীয়তার সাথেই করতে হবে। এর জন্য ভারতকে অনেক বার ওপরে-ওপরে সৌহার্দ্যপূর্ণ মনোভাবও দেখাতে হবে। কিন্তু একবার সেই সব পাক্কা প্রমাণ একত্রিত হয়ে পড়লে ভারত পাকিস্তানের সামনে এই ব্যাপারটাকে ওঠাতে পারবে। এমন পরিস্থিতিতে পাকিস্তানের সামনে ভারতের বক্তব্য মেনে নেওয়া ছাড়া আর কোন

পথ খোলা থাকবে না।

এই সূত্রটা জীবনের সব ক্ষেত্রেই সমান রূপে প্রযোজ্য হয়। আপনি যদি রাজনীতির ক্ষেত্রে থাকেন, তাহলে আপনার প্রতিপক্ষের রণনীতির ব্যাপারে তথ্য সংগ্রহ করতে থাকা আর তার দুর্বলতার ব্যাপারে জানাটা আপনার পক্ষে অত্যন্ত জরুরী হয়। আপনি যদি ব্যবসায়ী হন, তাহলেও নিজের ক্ষেত্রের অন্যান্য ব্যবসায়ীদের রণনীতি আর তাদের দুর্বলতার ব্যাপারে জানাটা আপনার পক্ষে অত্যন্ত লাভদায়ক প্রমাণিত হবে। আপনি যদি ছাত্র হন, তাহলেও আপনার পক্ষে অন্য ছাত্রদের দুর্বলতার ব্যাপারে জানাটা অত্যন্ত লাভদায়ক হয়। নিজের প্রতিপক্ষের দুর্বলতার ব্যাপারে জানার লাভ সঠিক অর্থে জীবনের প্রতিটি ক্ষেত্রে লোকেদের প্রাপ্ত হয়।

শত্রু বা প্রতিপক্ষের মোকাবিলা করার জন্য আচার্য চাণক্য বেশ কিছু সূত্র প্রদান করেছেন... যেগুলোর মধ্যে একটা অত্যন্ত গুরুত্বপূর্ণ সূত্র হচ্ছে –

**शत्रुछिद्रे प्रहरेत्।**

এর অর্থ হচ্ছে – *শত্রুর ছিদ্রের ওপরেই আঘাত করা উচিত।*

সঠিক অর্থে বলতে গেলে, এটা এর আগের সূত্রেরই বিস্তার! এর আগের সূত্রে ম্যানেজমেন্ট গুরু চাণক্য শত্রুর দুর্বলতার ব্যাপারে তথ্য সংগ্রহ করতে থাকা আর সেটা জানতে পারা পর্যন্ত শত্রুকে কৃত্রিম ধোঁকায় রাখার কথা বলেছেন। এই সূত্রে উনি বলছেন যে, আপনি যদি নিজের শত্রুর দুর্বলতার ব্যাপারে জানতে পেরে যান, তাহলে তার দুর্বল জায়গাতেই আঘাত করা উচিত। এটা নিশ্চিত যে, দুর্বল জায়গায় আঘাত করলে প্রতিপক্ষের পক্ষে সেই আঘাত সামলানো অত্যন্ত মুশকিল হয়ে পড়বে আর সে হার মেনে নেবে। আগে থেকেই শত্রু নিজের দুর্বলতার কারণে অস্থির হয়ে থাকে আর যখন তার সেই দুর্বল জায়গায় আঘাত হানা হয়, তখন সে আর সামলাতে পারে না আর আপনার কাজ হয়ে পড়ে।

এটাকেও এক উদাহরণের মাধ্যমে বোঝাটা সহজ হবে। ধরুন – ভারত আর অস্ট্রেলিয়ার মধ্যে ক্রিকেট ম্যাচ হতে চলেছে। এটা আমরা সকলেই জানি যে, অস্ট্রেলিয়ার খেলোয়াড়রা ফাস্ট বোলিং-য়ের মোকাবিলা অত্যন্ত দক্ষতার সাথে করে নেয়... কিন্তু তারা স্পিন বোলিং ভালো ভাবে খেলতে পারে না। এজন্য অস্ট্রেলিয়াকে হারানোর জন্য তাদের বিরুদ্ধে ফাস্ট বোলার ব্যবহার করার রণনীতি ব্যর্থ প্রমাণিত হবে। অন্য দিকে তাদের বিরুদ্ধে স্পিন বোলারদের ব্যবহার করলে সেই রণনীতি অত্যন্ত কার্যকরী প্রমাণিত হবে। 2001 সালের ভারত-অস্ট্রেলিয়া সিরিজের কথা মনে করুন। সেই সময় ভারতীয় অধিনায়ক সৌরভ গাঙ্গুলী এই রণনীতিরই আশ্রয় নিয়েছিলেন আর হরভজন সিং তিন টেস্ট ম্যাচের সিরিজে 32 উইকেট নিয়ে অস্ট্রেলিয়াকে 2 - 1 ম্যাচে পরাজয় স্বীকার করতে বাধ্য করে তুলেছিলেন। এই জিনিষটা জীবনের প্রতিটি ক্ষেত্রেই প্রযোজ্য হয়। আপনি যখন নিজের প্রতিপক্ষের

দুর্বল জায়গায় জোরদার আঘাত হানবেন... তখন সে সেই আঘাত সামলাতে পারবে না আর স্বাভাবিক রূপেই আপনি সফলতা প্রাপ্ত করে নেবেন।

এই ব্যাপারে নিজের অবস্থানকে আরও বেশী মজবুত করে তোলার জন্য আচার্য চাণক্য এক সূত্র প্রদান করেছেন –

**आत्मछिद्रं न प्रकाशयेत्।**

এর অর্থ হচ্ছে – *নিজের ছিদ্র (দুর্বলতা)-য়ের প্রকাশ (প্রদর্শন) করা উচিত নয়।*

স্বাভাবিক রূপে প্রতিটি ব্যক্তির মধ্যে কিছু-না-কিছু গুণ থাকে... আবার কিছু দোষও থাকে। কোন ব্যক্তিই এই জিনিষটার ব্যতিক্রম হন না। সঠিক অর্থে বলতে গেলে এটাই হচ্ছে প্রকৃতির নিয়ম! কিন্তু তা সত্ত্বেও এটা দেখতে পাওয়া যায় যে, কিছু লোক জীবনে সফল হন আর কিছু লোক ব্যর্থ হন। এমনটা এজন্য হয়, কারণ তাঁদের রণনীতির মধ্যে পার্থক্য থাকে। এই পার্থক্যকে দূর করে সফলতা আর ব্যর্থতার মধ্যেকার খাদকে মিটিয়ে ফেলা যেতে পারে।

এর আগের সূত্রে চাণক্য বলেছেন যে, শত্রু বা প্রতিপক্ষের দুর্বল জায়গাতেই আঘাত করা উচিত। কিন্তু ওনার এই বক্তব্যে গুরুত্বপূর্ণ তথ্য হচ্ছে এটা যে, আপনি নিজের এই কাজে একমাত্র তখনই সফল হবেন... যখন আপনি নিজের দুর্বলতাকে নিজের প্রতিপক্ষের থেকে গোপন রাখবেন। আপনি নিজের অজান্তে এমন কোন কাজ করে বসবেন না, যার ফলে আপনার প্রতিপক্ষ বা অন্য কেউ আপনার দুর্বলতার ব্যাপারে জানতে পেরে যায়।

কারণ এমন তথ্য অত্যন্ত সহজে এক জায়গা থেকে অন্য জায়গায় পৌঁছে যায়। আপনার প্রতিপক্ষ যদি আপনার দুর্বলতার ব্যাপারে জানতে পেরে যায়, তাহলে সেও আপনার দুর্বল জায়গায় আঘাত হানতে পারে। তখন সেই পরিস্থিতিতে আপনার পক্ষে সেই আঘাত সামলানো অত্যন্ত মুশকিল হয়ে পড়বে আর হার মেনে নেওয়া ছাড়া আপনার সামনে আর কোন রাস্তাই খোলা থাকবে না। এজন্য সফলতা প্রাপ্ত করতে ইচ্ছুক লোকেদের নিজেদের দুর্বলতাকে নিজের কাছ পর্যন্তই গোপন রাখা উচিত। অন্যদের সামনে সেটার প্রদর্শন বিপজ্জনক হতে পারে।

বিশেষ করে প্রতিপক্ষের সামনে তো সর্বদা শক্তিশালী আর সক্ষম হয়ে থাকা উচিত। আপনাকে যদি প্রতিপক্ষের সামনে দুর্বল দেখায়, তাহলে আপনার প্রতিপক্ষ আপনাকে পরাজিত করার কোন প্রচেস্টাই বাকী রাখবে না। এছাড়া সব থেকে গুরুত্বপূর্ণ কথা হচ্ছে এটা যে, নিজের দুর্বলতা দূর করার জন্য লাগাতার প্রচেস্টা চালিয়ে যাওয়া উচিত। এমনটা করতে থাকা ব্যক্তিই সফলতার পথে এগিয়ে চলতে পারেন। এই জিনিষটা জীবনের প্রতিটি ক্ষেত্রেই সমান রূপে প্রযোজ্য হয়। এতে কোন বিশেষ পার্থক্য পড়ে না যে, ব্যক্তি জীবনে কোন্ ক্ষেত্রের সঙ্গে যুক্ত!

এখানে এমনটা বলা ভুল হবে না যে, যে কোন ব্যক্তির সফলতার পেছনে তাঁর রণনীতিক কৌশলের বিরাট বড় অবদান থাকে। এজন্য এই জিনিষটাকে উপেক্ষা করাটা ঠিক নয়। ব্যবহার-কুশল হওয়াটাও রণনীতিক কৌশলেরই এক গুরুত্বপূর্ণ অংশ হয়। এই ব্যাপারে আচার্য চাণক্য চাণক্য নীতিতে বলেছেন –

**सकुले योजयेत्कन्या पुत्रं विद्यासु योजयेत्।**
**व्यसने योजयेच्छत्रुं मित्रं धर्मे नियोजयेत्॥**

এখানে আচার্য চাণক্য ব্যবহারিকতার ব্যাপারে আলোচনা করেছেন। উনি বলেছেন যে, কন্যার বিবাহ কোন ভালো ঘরে দেওয়া উচিত, পুত্রকে পড়াশোনায় লাগিয়ে দেওয়া উচিত, মিত্রকে ভালো কাজে আর শত্রুকে খারাপ কাজে লাগিয়ে দেওয়া উচিত। এটাই হচ্ছে ব্যবহারিকতা আর তার সাথে-সাথে এটা সময়ের দাবীও বটে!

এর অর্থ হচ্ছে এই যে, সময় অনুসারে আর সঠিক পদ্ধতিতে নিজের কাজ সম্পন্ন করাটা ব্যক্তির রণনীতিতে শামিল হওয়া উচিত। এমনটা না করলে ব্যক্তির পক্ষে সফল হওয়াটা সহজ হয় না। আচার্য চাণক্য সঠিক সময়ে নিজের দায়িত্বের পালন করাকেই ব্যবহারিকতা বলেছেন। ব্যক্তির জীবনে ব্যবহারিকতা থাকাটা অত্যন্ত জরুরী হয়। এটাও রণনীতিক কৌশলেরই এক অংশ হয় যে, মিত্রদের পরিশ্রমী করে তুলে তাদেরকে ভালো কাজে লাগিয়ে দেওয়া হোক্। অন্য দিকে আচার্য চাণক্য এটাও বলেছেন যে, শত্রুদের খারাপ অভ্যাসের শিকার বানিয়ে তুলুন... যাতে তারা সেই সব খারাপ অভ্যাসের মধ্যেই নিজেদেরকে জড়িয়ে রাখে আর আপনার পক্ষে কোন সমস্যার সৃষ্টি করতে না পারে।

যে কোন ব্যক্তি বা বস্তুর উপযোগিতার ব্যাপারে জানাটাও রণনীতিক কৌশলেরই এক অংশ হয়। যদি কেউ এই ব্যাপারে দুর্বল হয়, তাহলে তার রণনীতিও দুর্বল হয়ে পড়বে। এই ব্যাপারে ম্যানেজমেন্ট গুরু চাণক্য দ্বারা চাণক্য নীতিতে দেওয়া এই সূত্র অত্যন্ত উপযোগী বলে মনে হয়।

উনি লিখেছেন –

**किं तया क्रियते धेन्वा या न दोग्ध्री न गर्भिणी।**
**कोऽर्थ पुत्रेण जातेन यो न विद्वान्न भक्तिमान्॥**

এই সূত্রের মাধ্যমে আচার্য চাণক্য বস্তুর উপযোগিতার ব্যাপারে আলোচনা করেছেন। উনি বলেছেন – *সেই গরুর উপযোগিতা কি, যে না তো দুধ দেয় আর না-ই গাভীন হয়। ঠিক সেই প্রকার সেই পুত্রের জন্ম নিয়ে কি লাভ, যে না তো বিদ্বান হয় আর না-ই ঈশ্বর ভক্ত হয়!*

এখানে আচার্য চাণক্য যে কথা বলেছেন, সেটাকে গভীরতার সঙ্গে বোঝার চেষ্টা করা উচিত। আসলে, এখানে প্রশ্ন কেবলমাত্র গরু আর পুত্রের নয়... বরং এই কথাটা আরও অনেক ক্ষেত্রে প্রযোজ্য হতে পারে। প্রতিটি জিনিষ বা প্রতিটি ব্যক্তিরই

নিজস্ব এক উপয়োগিতা থাকে।

এজন্য সেই অনুসারে সেটার ব্যবহার হয়... সেই অনুসারে সেটা গুরুত্ব পায়। এজন্য ব্যক্তির রণনীতিক রূপে এটা বোঝা উচিত যে, কার কি উপয়োগিতা রয়েছে ? সেই অনুসারে তার পরিণামের আশা করা উচিত। কিন্তু যদি আশানুরূপ পরিণাম প্রাপ্ত না হয়, তাহলে ব্যক্তির নিজের রণনীতিতে পরিবর্তন নিয়ে এসে সেটার থেকে মুক্তি পাওয়া উচিত। কারণ আশানুরূপ পরিণাম না প্রাপ্ত হওয়ার প্রত্যক্ষ সম্পর্ক ব্যক্তির সফলতার সাথে যুক্ত হয়ে থাকে। আশানুরূপ পরিণাম না এলে সেটাকে ব্যর্থতাই বলা হবে।

সফলতা প্রাপ্ত করার জন্য অন্যদের আপন করে নেওয়াটা অত্যন্ত জরুরী হয়। এটাও এক ম্যানেজমেন্ট আর্ট হয়! অন্যদের আপন করে নিতে কোন প্রকারের সংকোচ করা উচিত নয় আর সঠিক অর্থে বলতে গেলে, এমন সুযোগ কখনোই হাতছাড়া করা উচিত নয়। এই ব্যাপারে আচার্য চাণক্য এক অত্যন্ত গুরুত্বপূর্ণ সূত্র প্রদান করেছেন –

**ক্ষন্তব্যমিতি পুরুষং ন বাধেত।**

*এর অর্থ হচেছ – ক্ষমা করার যোগ্য ব্যক্তিকে কখনো দুঃখ প্রদান করবেন না।*

আসলে, ক্ষমা করাটা এক মহান গুণ হওয়ার সাথে-সাথে এক গুরুত্বপূর্ণ রণনীতিও হয়। আপনি যদি কোন ব্যক্তিকে তার ক্ষমাযোগ্য কোন কাজের জন্য ক্ষমা করে দেন... তাহলে সেই ব্যক্তি আপনার ভক্ত হয়ে ওঠে। এমন ব্যক্তি ভবিষ্যতে আপনার জন্য যে কোন কাজ করতেও প্রস্তুত হয়ে থাকে। এটা হচেছ লোকেদের নিজের সঙ্গে যুক্ত করার এক অত্যন্ত গুরুত্বপূর্ণ রণনীতি! আপনি যে ব্যক্তিকে ক্ষমা করবেন, সেই ব্যক্তি আপনার প্রতি এক বিশেষ প্রকারের আকর্ষণ অনুভব করতে থাকেন আর তিনি আপনার প্রতি স্বাভাবিক রূপে সমর্পিত হয়ে উঠে আপনার হয়ে কাজ করতে থাকেন। সঠিক অর্থে কাউকে ক্ষমা করাটা এমন এক হাতিয়ার হয়... যেটা বেশীর ভাগ ক্ষেত্রেই অব্যর্থ হয়! এর মাধ্যমে আপনার ঘোর বিরোধীও আপনার মিত্র হয়ে ওঠে।

তবে হ্যাঁ... এই রণনীতির প্রয়োগ করার সময় এই ব্যাপারে অবশ্যই দৃষ্টি রাখা উচিত যে, এমন কোন কাজের জন্য কাউকে ক্ষমা না করা হোক... যে কাজের জন্য ভারী লোকসান হয়েছে। কোন গুরুতর অপরাধে দোষী সাব্যস্ত ব্যক্তিকে শাস্তি দেওয়াটাই সঠিক রণনীতি হয়। এছাড়া কাউকে ক্ষমা করার সময় এদিকেও দৃষ্টি রাখা উচিত যে, যে ব্যক্তিকে ক্ষমা করা হচেছ – তার ব্যক্তিত্ব কেমন আর তার পুরোন রেকর্ড কেমন ? যদি কোন ব্যক্তি বার-বার ভুল করতে থাকে, তাহলে এমন ব্যক্তিকে ক্ষমা করাটা সঠিক রণনীতির বিরোধী হয়। এমন ব্যক্তিকে ক্ষমা করলে আপনি নিজের হাতে নিজেরই ব্যর্থতার বীজারোপণ করবেন।

ম্যানেজমেন্ট গুরু চাণক্য নিজের কাজ সম্পন্ন করার জন্য কোন শত্রুর ওপরে বিশ্বাস না করার পরামর্শ দিয়ে এই সূত্র প্রদান করেছেন –

**अर्थसिद्धौ वैरिणं न विश्वसेत्।**

*এই সূত্রের তাৎপর্য হচ্ছে – প্রয়োজন সিদ্ধ করার জন্য কখনো কোন শত্রুর ওপরে বিশ্বাস করবেন না।*

এই জিনিষটাও রণনীতির অংশ হয়। আপনি যদি নিজের অজান্তে বা জেনেশুনে নিজের কোন কাজ সম্পন্ন করার জন্য নিজের কোন শত্রুর ওপরে ভরসা করে নেন... তাহলে বিশ্বাস করুন, আপনার ক্ষতি হওয়াটা নিশ্চিত! শত্রু কখনোই আপনার ভালো চাইতে পারে না। এজন্য এমন লোকেদের থেকে পর্যাপ্ত দূরত্ব বজায় রাখাই উচিত। এমন লোক যদি আপনাকে মিষ্টি-মিষ্টি কথা বলে আপনার প্রতি সহানুভূতিও প্রদর্শন করে... তবুও তাদের প্রতি সতর্ক থাকাই উচিত। কারণ সাধারণতঃ এমন লোকেরা মুখে এক কথা বলে আর কাজের ক্ষেত্রে অন্য কিছু করে! এমন লোকেদের ওপরে ভরসা করাটা নিজেই নিজের বিপদ ডেকে নিয়ে আসার সমান হয়। এজন্য জীবনের যে কোন ক্ষেত্রে সফলতা প্রাপ্ত করতে ইচ্ছুক ব্যক্তিদের পক্ষে এটা অত্যন্ত জরুরী হয়ে ওঠে যে, তাঁরা নিজেদের লক্ষ্য প্রাপ্তির জন্য শত্রুর ওপরে ভুল করেও কখনো ভরসা করবেন না।

এই সূত্রের সঙ্গে সম্পর্কিত আরও একটা সূত্র আচার্য চাণক্য প্রদান করেছেন –

**हस्तगतमपि शत्रुं न विश्वसेद्।**

*এর অর্থ হচ্ছে – হাতে আসা (পরাজিত) শত্রু (প্রতিপক্ষ)-র ওপরেও বিশ্বাস করবেন না।*

সাধারণতঃ এমনটা হয় যে, যখন আপনার চালে আপনার প্রতিপক্ষ হেরে যায়... তখন সে আপনার ভালোর জন্য কাজ করার নাটক করতে থাকে। কিন্তু এমন লোকেদের থেকে অত্যন্ত বেশী সতর্ক হয়ে থাকার প্রয়োজন হয়। কারণ এমন লোকেরা শুরুতে তো আপনার প্রতি সহানুভূতিশীল হওয়ার নাটক করে... কিন্তু সুযোগ পাওয়ামাত্র তারা আপনার ক্ষতি করার চেষ্টা করে। নিজের প্রতিপক্ষের ওপরে কখনোই ভরসা করা উচিত নয়। আপনার প্রতিপক্ষ যদি আপনার ভালো চিন্তা করার কথাও বলতে থাকে... তবুও তার ওপরে ভরসা করা উচিত নয়। এমন লোকেদের ওপরে ভরসা করা আর নিজেই নিজের ব্যর্থতাকে ডেকে নিয়ে আসা একই ব্যাপার হয়।

আপনার যদি এমনটা মনে হয় যে, আপনার প্রতিপক্ষ সত্যিকারের অর্থে আপনার সঙ্গে সন্ধি করতে চাইছে আর আপনার সহযোগ করতে চাইছে, তাহলে তার কথায় বিশ্বাস করার আগে তার ভালোমতন পরীক্ষা নেওয়া উচিত। এমন ব্যক্তির

সঙ্গে ভুল করেও নিজের কোন গোপন ব্যাপার ভাগাভাগি করতে যাবেন না। এমন লোকেদের শুরুতে কম গুরুত্বের কোন কাজ দিন। সে যদি সেই কাজটা ভালো ভাবে সম্পন্ন করতে পারে, তাহলে তাকে আগের থেকে কিছুটা বেশী গুরুত্বের কাজ দেওয়া যেতে পারে। কিন্তু এই পুরো প্রক্রিয়ায় একটা জিনিষের ওপরে কড়া দৃষ্টি রাখা উচিত অর্থাৎ সে যে কাজই করবে, তার ওপরে কড়া দৃষ্টি রাখুন... যাতে সে কোন প্রকারের গড়বড়ি না করতে পারে। এমনটা করলে সেই ব্যক্তির অসৎ উদ্দেশ্য সফল হবে না আর আপনি তার উদ্দেশ্য বুঝতে পেরে যাওয়ার কারণে আপনারও কোন প্রকারের ক্ষতি হবে না।

জীবনের যে কোন ক্ষেত্রে সফলতা প্রাপ্ত করার জন্য ভালো সম্পর্ক গড়ে তোলাটা এক অত্যন্ত গুরুত্বপূর্ণ ভূমিকা পালন করে। এই ব্যাপারে আচার্য চাণক্য এক সূত্র প্রদান করেছেন –

**अर्थाहीन एव नियतसम्बन्धः।**

এর অর্থ হচ্ছে – *সম্পর্ক উদ্দেশ্যের অধীন হয়!*

এমনিতে তো এই কথাটা শুনতে অত্যন্ত সাধারণ লাগে... কিন্তু আমরা কারো সঙ্গে সম্পর্ক গড়ে তোলার সময় প্রায়ই এই কথাটাকে ভুলে যাই। কোন সম্পর্কই কোন বিশেষ উদ্দেশ্য ছাড়া হয় না। কারো সঙ্গে বন্ধুত্ব হওয়ার পেছনেও কোন-না-কোন কারণ অবশ্যই থাকে আর যদি কারো সঙ্গে শত্রুতা হয়ে পড়ে, তাহলে তার পেছনেও কোন-না-কোন কারণ থাকে। এই মামলায় এই রণনীতি গ্রহণ করা উচিত যে, আপনি যখন কোন ব্যক্তির সঙ্গে সম্পর্ক গড়ে তুলবেন... তখন এটা অত্যন্ত শীঘ্র স্পষ্ট হয়ে যাওয়া উচিত যে, এই সম্পর্ক কেন গড়ে তোলা হয়েছে ? একবার উদ্দেশ্য স্পষ্ট হয়ে পড়লে সেই সম্পর্কও সঠিক ভাবে গড়ে ওঠে আর সেটার পরিণামও ভালো হয়। সঠিক অর্থে বলতে গেলে, যে ব্যক্তি নিজের ব্যক্তিগত জীবনের সাথে-সাথে পেশাদার জীবনেও সম্পর্ক গড়ে তুলতে যত বেশী সফল হন... তিনি নিজের জীবনেও ঠিক ততটাই সফল হন। এমন ব্যক্তি সফলতার পথে অত্যন্ত দ্রুত এগিয়ে চলেন। এজন্য জীবনে সফল হওয়ার জন্য লোকেদের সঙ্গে ভালো সম্পর্ক গড়ে তোলা শেখাটা অত্যন্ত জরুরী হয়।

অনেক বার এমন পরিস্থিতির সৃষ্টি হয়, যখন কিছু বিশেষ প্রবৃত্তির লোকের সাথে সম্পর্ক গড়ে তোলাটা কিছুটা মুশকিল হয়। এমন লোকেদের সঙ্গে সম্পর্ক কি ভাবে গড়ে তোলা যেতে পারে, সেই ব্যাপারে চাণক্য নীতিতে কৌটিল্য লিখেছেন –

**लुब्धमर्थेन गृह्णीयात्स्तब्धमंजलिकर्मणा।**
**मूर्खश्छन्दानुरोधेन यथार्थवादेन पण्डितम्॥**

এর অর্থ হচ্ছে – *লোভী ব্যক্তিকে ধন দিয়ে, অহংকারী ব্যক্তির সামনে হাত*

*জোড় করে. মূর্খ ব্যক্তিকে উপদেশ দিয়ে আর পণ্ডিত ব্যক্তিকে যথার্থ (সত্যতা) জানিয়ে বশ করা উচিত।*

এই জিনিষটা সর্ববিদিত যে. সমস্যা অনুসারে সেটার সমাধান খোঁজার চেস্টা করা উচিত। প্রতিটি সমস্যার সমাধান একই প্রকারের হতে পারে না। সেই মত আলাদা-আলাদা প্রকারের লোকেদের সঙ্গে সম্পর্ক স্থাপন করার জন্য আলাদা-আলাদা রাস্তা গ্রহণ করতে হয়। আচার্য চাণক্য এক উৎকৃস্ট ম্যানেজমেন্ট গুরুর মত এর রাস্তা জানিয়েছেন। উনি বলেছেন যে. লোভী ব্যক্তিকে ধনের লোভ দেখিয়ে বশ করা উচিত। লোভী ব্যক্তিদের কাছে টাকা-পয়সাই জীবনের সব কিছু হয়। এজন্য এমন লোকেদের কাবু করার জন্য ধনের ব্যবহার হাতিয়ারের মত করা উচিত। কিন্তু এমন লোকেদের ওপরে খুব বেশী বিশ্বাস করাটাও ঝুঁকিপূর্ণ কাজ হয়। কারণ এমন লোকেরা টাকা-পয়সার ক্ষুধার্ত হয়। আজ আপনি যদি এদেরকে টাকা-পয়সা দেন. তাহলে এরা আপনার পাশে থাকবে... কিন্তু কাল যদি অন্য কেউ এদেরকে আপনার থেকেও বেশী টাকা-পয়সার লোভ দেখায়, তাহলে এরা আপনার ত্যাগ করে সেই দ্বিতীয় ব্যক্তির সাথে চলে যাবে আর আপনার দুর্বলতার ব্যাপারে সেই দ্বিতীয় ব্যক্তিকে সব কিছু জানিয়ে দেবে। এতে স্বাভাবিক রূপে ক্ষতি আপনারই হবে। এজন্য লোভী লোকেদের ধনের লোভ দেখিয়ে নিজের বশে তো অবশ্যই নিয়ে আসবেন... কিন্তু ভুল করেও তারে ওপরে খুব বেশী ভরসা করতে যাবেন না... কারণ এমনটা করলে শেষ পর্যন্ত ক্ষতি আপনারই হবে।

অন্যদের বশ করার রণনীতির ওপরে আলোচনা করে চাণক্য আরও জানিয়েছেন যে, অহংকারী ব্যক্তির সামনে হাত জোড় করে তাকে নিজের বশ করা উচিত। এখানে এমনটা বলা চলে যে, অহংকারীদের কাছে নিজেদের অহং-ই সব কিছু হয়... তা সেটার জন্য তাদের বিরাট বড় ক্ষতি হলেও! এমন লোকেরা নিজেদের অহং কখনোই ত্যাগ করে না। এমন লোকেদের অহং-কে যদি তুস্ট করে দেওয়া যায়, তাহলে তারা আপনার জন্য যে কোন কাজ করতেও রাজী হয়ে পড়ে। এমন লোকেদের সামনে হাত জোড় করে বিনম্র আচরণ করলে আপনার কাজ হয়ে পড়বে। এমন লোকেদের ওপরেও খুব বেশী ভরসা করা উচিত নয়... কারণ এদের অহং-তে খুব শীঘ্রই আঘাত লেগে যায়।

এছাড়া আচার্য চাণক্যের বক্তব্য হচেছ এই যে, মূর্খ ব্যক্তিদের উপদেশ দিয়ে আর পণ্ডিত ব্যক্তিদের সত্যতা জানিয়ে বশ করা উচিত। আসলে মূর্খ ব্যক্তিদের সঠিক পরিস্থিতির ব্যাপারে কোন জ্ঞানই থাকে না আর তারা অপূর্ণ তথ্যের ভিত্তিতে নিজেদের মতামত কায়েম করে নেয়। এজন্য এমন লোকেদের দিয়ে কাজ করাতে হলে তাদেরকে পরিস্থিতির ব্যাপারে সম্পূর্ণ তথ্য অত্যন্ত ধৈর্য্যের সাথে দেওয়াটা

জরুরী হয়। একবার যদি এমন ব্যক্তি এটা মেনে নেয় যে, আপনার কথাই ঠিক... তাহলে এরা আপনাকে সহযোগ করতে লাগে। কিন্তু মূর্খ ব্যক্তিদের ওপরেও একটা নির্দিষ্ট সীমা পর্যন্তই ভরসা করা উচিত। এদের ওপরে বেশী বিশ্বাস করাটা নিজেই নিজের মুশ্কিল ডেকে নিয়ে আসার সমান হয়।

অন্য দিকে আচার্য চাণক্য পণ্ডিত ব্যক্তিদের বশ করার জন্য তাঁদেরকে সঠিক তথ্য প্রদান করার পরামর্শ দিয়েছেন। বস্তুতঃ, পণ্ডিত ব্যক্তি অর্থাৎ সম্বন্ধিত বিষয়ের জ্ঞানী ব্যক্তিরা এটা জানেন যে, কোনটা ঠিক আর কোনটা ভুল! এজন্য যদি তাঁদের সঠিক তথ্য প্রদান করা হয়, তাহলে তাঁরা আপনার কাজে আসতে পারেন আর ওনাদের সহযোগে আপনিও সফলতা প্রাপ্ত করতে পারেন। আসলে, সম্পর্ক গড়ে তোলার জন্য আর সেটাকে বজায় রাখার জন্য রণনীতিক কৌশলের প্রয়োজন হয়। এই জিনিষটা সকলের মধ্যে থাকে না। কিন্তু ম্যানেজমেন্ট গুরু যেসব সূত্র প্রদান করেছেন, সেগুলো প্রয়োগ করে জীবনের প্রতিটি ক্ষেত্রেই সফলতা প্রাপ্ত করা যেতে পারে।

❑

## 04

# সঠিক সময়ের পরিচিতি

**যে** কোন ব্যক্তির সফলতা এই জিনিষটার ওপরে অনেকটাই নির্ভর করে যে, তিনি সঠিক সময় চিনে নিতে কতটা সফল হন। এমনটা বলা যেতে পারে যে, সঠিক সময়কে চিনে নেওয়ার ক্ষমতা সফলতার এক গুরুত্বপূর্ণ শর্ত হয়। সুযোগ তো প্রতিটি ব্যক্তির জীবনেই আসে... কিন্তু যে ব্যক্তি সঠিক সময়ে সেই সব সুযোগকে চিনে নিতে পারেন, তিনি সফল হয়ে ওঠেন। আর যে ব্যক্তি এই সুযোগকে চিনে নিতে ভুল করে বসেন, তিনি ব্যর্থ লোকেদের শ্রেণীতে শামিল হয়ে পড়েন।

আসলে সঠিক সময়কে চিনে নেওয়াটাও এক কলা হয়। এই ক্ষমতা সকল ব্যক্তির মধ্যে থাকে না। যে ব্যক্তির মধ্যে এই ক্ষমতা থাকে, তাঁর রাস্তা ক্রমশঃ সহজ হয়ে পড়ে। কিন্তু এমনটা নয় যে, সঠিক সময় চিনে নেওয়ার ক্ষমতাকে বিকশিত করা যায় না। কিছু জিনিষকে মাথায় রেখে কাজ করে চললে সময়ের সাথে-সাথে এই কলা বিকশিত হয়ে পড়তে থাকে। আচার্য চাণক্য সঠিক সময়ের পরিচিতির গুরুত্বের কথা মাথায় রেখে কিছু সূত্র প্রদান করেছেন। এক উৎকৃস্ট ম্যানেজমেন্ট গুরুর মত প্রদান করা ওনার সেই সব সূত্র অত্যন্ত উপযোগী। যদি সেই সব সূত্র জীবনে প্রয়োগ করা যায়, তাহলে স্বাভাবিক রূপে সঠিক সময়কে চিনে নিতে আর এই কলাকে বিকশিত করে তুলতে যথেস্ট সহায়তা প্রাপ্ত হবে।

সঠিক সময় চিনে নেওয়া ব্যক্তি প্রতিটি কার্যেই সফলতা প্রাপ্ত করেন। এই জিনিষটাকে আচার্য চাণক্য এক সূত্রের মাধ্যমে ব্যক্ত করেছেন –

**কালবিত্ কার্য সাধয়েত্।**

এর অর্থ হচেছ – *সঠিক সময়কে চিনে নেওয়া ব্যক্তি নিজের কার্য সম্পন্ন করতে সফল হন।*

এটা আমরা সকলেই জানি যে, প্রতিটি কার্য করার এক নির্দিস্ট সময় থাকে। এজন্য ভাবনা-চিন্তা করতে থাকা ব্যক্তি যে কোন কাজ করার আগে কিছু প্রাথমিক জিনিয়ের ওপরে ভাবনা-চিন্তা করে নেন। তিনি সবার আগে এটা ঠিক করেন যে, সময় কেমন ? তিনি এটা ঠিক করেন যে, এই কাজটা সম্পন্ন করার কাজে তাঁর

কাছে কতজন সহায়ক রয়েছে ? তিনি এটাও দেখেন যে. পরিস্হিতি কেমন ? সেই ব্যক্তি এই জিনিষটার ওপরেও ভাবনা-চিন্তা করেন যে, এই কাজটা করতে কত খরচ হবে ? এই কাজটা করলে কি লাভ হবে ? এবং এই কাজটা শেষ করার কাজে কতটা পরিশ্রম করতে হবে ?

কোন সফল ব্যক্তির পরিচিতি এটাই হয় যে. তিনি এই সব জিনিযের ওপরে ভালো করে ভাবনা-চিন্তা করে তবেই কোন কাজে হাত দেবেন আর সঠিক রণনীতির সাথে সেই কাজটা সম্পন্ন করার কাজে লেগে পড়বেন। এমনটা করলে তাঁর সফলতা নিশ্চিত হয়। আর যে ব্যক্তি এই সব জিনিযের ওপরে ভাবনা-চিন্তা না করেই কাজ শুরু করে দেন... তাঁর সফলতার ওপরে সন্দেহের মেঘ ঘুরে বেড়াতে থাকে। সাধারণতঃ এমনটা দেখা গেছে যে, এমন ব্যক্তিরা নিজেদের কাজে সফল হন না। এমন লোকেরা নিজেদের ব্যর্থতার জন্য নিজেদের ভুলকে দায়ী হিসেবে না মেনে ব্যর্থতার জন্য অন্যদের দায়ী করতে থাকেন। যখন কি সঠিক অর্থে বলতে গেলে নিজেদের ব্যর্থতার জন্য তাঁরা নিজেরাই দায়ী হন।

আচার্য চাণক্য এমন লোকেদের ব্যাপারে আরও একটা অত্যন্ত গুরুত্বপূর্ণ কথা বলেছেন। উনি সূত্র প্রদান করেছেন –

**यः कार्यं न पश्यति सोऽन्धः।**

এই সূত্রের মাধ্যমে ম্যানেজমেন্ট গুরু চাণক্য বলেছেন – *যে কার্যকে দেখে না, সে হচ্ছে অন্ধ।*

যে ব্যক্তি এটা জানে না যে, কখন কোন্ কাজটা করা উচিত... সেই ব্যক্তি চোখ থাকা সত্ত্বেও অন্ধই হয়। এই কথাটা জীবনের সকল ক্ষেত্রের লোকেদের ওপরেই সমান রূপে প্রযোজ্য হয়। কারণ যে কোন ক্ষেত্রে কাজ করতে থাকা লোকেদের কাছে সঠিক সময়কে চিনে নিয়ে কাজ করাটা সফলতার গ্যারান্টী হয় আর যেসব ব্যক্তি এমনটা করেন না, ম্যানেজমেন্ট গুরু চাণক্য তাঁদেরকে 'অন্ধ' বলেছেন। বাস্তবে এমন লোকেদের পক্ষে এই উপাধি সঠিক বলেই মনে হয়।

সঠিক সময়কে চিনে নেওয়ার ব্যাপারটাকে বোঝা অত্যন্ত জরুরী হয়। সঠিক সময়ের পরিচিতির অন্তর্গত সঠিক পরিস্হিতির পরিচিতিও শামিল রয়েছে। এই ব্যাপারে আচার্য কৌটিল্য চাণক্য নীতিতে এক অত্যন্ত গুরুত্বপূর্ণ কথা বলেছেন। উনি লিখেছেন –

**यस्मिन् देशे न सम्मानो न वृत्तिर्न च बान्धवाः।**
**न च विद्यागमोऽप्यस्ति वासस्तत्र न कारयेत्॥**

এই সূত্রের মাধ্যমে ম্যানেজমেন্ট গুরু চাণক্য বলেছেন যে, যে দেশে সম্মান থাকে না... যেখানে কোন আজীবিকা পাওয়া যায় না... যেখানে আপন বলে কেউ নেই আর যেখানে বিদ্যা অর্জন করা যায় না – এমন স্হানে থাকা উচিত নয়।

· এটা অত্যন্ত পরিস্কার যে, এমন স্থানকে যত দ্রুত সম্ভব চিনে নেওয়া উচিত। আর একবার এমন স্থানের পরিচিতি হয়ে পড়লে আর সময় নষ্ট না করে এমন স্থান পরিত্যাগ করে দেওয়া উচিত। সঠিক সময়ে সঠিক সিদ্ধান্ত নেওয়া ব্যক্তিকেই সফল লোকেদের শ্রেণীতে শামিল করা হয়ে থাকে। এজন্য কখনোই এই ভ্রমের মধ্যে থাকা উচিত নয় যে, আপনি সব কিছু ঠিক করে নেবেন। এমনটা কখনো সম্ভব নয়। কিন্তু এই ব্যাপারটাকেও মাথায় রাখটা অত্যন্ত জরুরী হয় যে, আপনার উদ্দেশ্য হচ্ছে অন্য কিছু। এজন্য আপনি অন্য কোন কাজে নিজের সময় আর শ্রম লাগাতে পারেন না। এমনটা করলে আপনি নিজের মূল উদ্দেশ্য থেকে সরে যাবেন আর তারপর সামনের দিকে এগোন আপনার পক্ষে আর সহজ হবে না।

সঠিক সময়ের পরিচিতির অন্তর্গত আচার্য চাণক্য আরও একটা অত্যন্ত গুরুত্বপূর্ণ কথা বলেছেন। উনি চাণক্য নীতিতে লিখেছেন –

**उपसर्गेऽन्यचक्रे च दुर्भिक्षे च भयावहे।**
**असाधुजनकसम्पर्के पलायति स जीवति॥**

এই সূত্রের মাধ্যমে আচার্য চাণক্য সময়ের বুদ্ধিমত্তার ব্যাপারে জানিয়েছেন। উনি বলেছেন যে, উপদ্রব বা লড়াই-ঝগড়া হয়ে পড়লে, ভয়ংকর আকাল পড়লে আর দুস্ট লোকেদের সংস্পর্শে এলে পালিয়ে যাওয়া ব্যক্তিই জয়লাভ করেন।

এর অর্থ হচ্ছে এই যে, কোথাও লড়াই-ঝগড়া হয়ে পড়লে, দাঙ্গা-ফ্যাসাদ হয়ে পড়লে, ভয়ংকর আকাল পড়লে আর দুস্ট লোকেদের সংস্পর্শে এসে পড়লে সেই স্থান ত্যাগ করে পালিয়ে যাওয়া ব্যক্তি নিজেকে বাঁচিয়ে নেন। এমন জায়গা থেকে পালিয়ে যাওয়াটাই সব থেকে বড় বুদ্ধিমত্তার পরিচায়ক হয়।

আসলে আমাদের জীবনে সঠিক সময়ের পরিচিতির এক বিরাট বড় গুরুত্ব রয়েছে। এজন্য বিপজ্জনক পরিস্থিতিকে চিনে নেওয়া আর প্রয়োজন অনুসারে সময় নস্ট না করে পদক্ষেপ নেওয়াটা অত্যন্ত জরুরী হয়। এই ক্ষমতা ব্যক্তির সফলতা-ব্যর্থতায় বিরাট বড় অবদান রাখে। ব্যক্তির মধ্যে এই দম্ভ থাকা উচিত নয় যে, সে যে কোন ধরণের পরিস্থিতিকে নিজের অনুকূল করে নিতে পারে। অনেক বার পরিস্থিতি ব্যক্তির হাতের বাইরে হয়। এজন্য এমন পরিস্থিতিতে নিজের প্রাণ বাঁচানোই বুদ্ধিমত্তার পরিচায়ক হয়।

সঠিক সময়কে চিনে নেওয়ার পরে এটার প্রয়োজন হয় যে, আপনি যে কাজটা সম্পন্ন করার ফয়সালা করেছেন, সেই কাজটার জন্য আপনি আর আপনার সাধন কতটা উপযুক্ত! এমন পরিস্থিতির মোকাবিলা করার জন্য ম্যানেজমেন্ট গুরু চাণক্য এই সূত্র প্রদান করেছেন। উনি লিখেছেন –

**प्रत्यक्षपरोक्षानुमानैः कार्याणि परीक्षेत्।**

এর অর্থ হচ্ছে – *প্রত্যক্ষ আর পরোক্ষ সাধন এবং অনুমান দ্বারা কাজের*

*পরীক্ষা করে নিন।*

আসলে, যে কোন কাজকে সফল করে তোলায় এই সূত্র বড়ই সহায়ক হয়। কাজ শুরু করার আগে এই ব্যাপারে ভাবনা-চিন্তা করাটা অত্যন্ত জরুরী হয় যে, সেই কাজ করতে কোন্-কোন্ জিনিষের প্রয়োজন পড়বে ? এটাও ভেবে দেখা আবশ্যক হয় যে, সেই কাজ শেষ করার জন্য প্রয়োজনীয় জিনিষগুলোর মধ্যে কোন্-কোন্ জিনিষ আপনার কাজে মজুদ রয়েছে ? এটাও ভেবে দেখা উচিত যে, কোন্-কোন্ জিনিষ এখনও আনাতে হবে ? এছাড়া সেই কাজ শেষ করার জন্য প্রয়োজনীয় জিনিষপত্র কোথায় পাওয়া যাবে, সেই ব্যাপারেও ভাবনা-চিন্তা করা উচিত। এই সব জিনিষের ওপরে ভাবনা-চিন্তা করে যে কোন কাজ শুরু করলে তাতে লোকসান হয় না আর কাজও সম্পন্ন হয়ে পড়ে। এমনটা করার জন্য প্রত্যক্ষ আর পরোক্ষ সাধনগুলোর ওপরেও দৃষ্টি দেওয়া জরুরী হয় আর তার সাথে-সাথে নিজের আর অন্যদের নতুন-পুরোন অভিজ্ঞতার ব্যবহারও এই কাজে করা উচিত।

যেসব ব্যক্তি এই সব ব্যাপারে ভাবনা-চিন্তা না করেই কাজ শুরু করে দেন... তাঁদের সফলতা প্রায় ক্ষেত্রেই অনিশ্চিত হয়ে পড়ে। বেশীর ভাগ মামলায় এমনটা দেখা গেছে যে, এমন লোকেরা ব্যর্থই হন। এজন্য ম্যানেজমেন্ট গুরু চাণক্যের উপরোক্ত সূত্র অত্যন্ত উপযোগী হয়।

সঠিক সময়কে চিনে নিয়ে প্রথমে নিশ্চিত কাজে হাত দেওয়া উচিত। এমনটা যেন না হয় যে, আপনি নিশ্চিতকে ছেড়ে অনিশ্চিতের পেছনে ছুটে চলেছেন। এমনটা করতে থাকা ব্যক্তিদের সম্বন্ধে এটাই বলা চলে যে, তাঁদের সঠিক সময়ের পরিচিতি নেই। এই ব্যাপারে আচার্য কৌটিল্য চাণক্য নীতিতে এক অত্যন্ত গুরুত্বপূর্ণ কথা বলেছেন –

**यो ध्रुवाणि परित्यज्य ह्यध्रुवं परिसेवते।**
**ध्रुवाणि तस्य नश्यन्ति चाध्रुवं नष्टमेव तत्॥**

এই সূত্রের মাধ্যমে ম্যানেজমেন্ট গুরু চাণক্য এটাই বলেছেন – *যে ব্যক্তি নিশ্চিতকে ছেড়ে অনিশ্চিতের আশ্রয় গ্রহণ করে, সেই ব্যক্তির নিশ্চিতও নষ্ট হয়ে পড়ে... অনিশ্চিত তো নিজে নষ্ট হয়ে পড়েই।* এই বক্তব্যের অভিপ্রায় হচ্ছে এই যে, যে জিনিষের প্রাপ্তি নিশ্চিত... সেটাকেই প্রথমে প্রাপ্ত করা উচিত। এমনটা যেন না হয় যে, হাতে আসা কোন কাজ আপনি এই আশায় ছেড়ে দিলেন যে, এটা তো তুচ্ছ কাজ আর ভবিষ্যতে এর থেকেও ভালো কাজ পাওয়া যাবে। তখন সেই ভালো কাজ করা যাবে... এখন তো হাতের ওপরে হাত রেখে বসে থাকা যাক।

যেসব ব্যক্তি অনিশ্চিতের পেছনে ছুটে চলেন, তাঁর নিশ্চিতও নষ্ট হয়ে পড়ে। অনিশ্চিতকে তো বিশ্বাস করাই মূর্খতা হয়। যে কাজটা অনিশ্চিত হয়ে রয়েছে, সেটাকে নষ্ট হিসেবেই ধরে নেওয়া উচিত। এই ব্যাপারটাকে এক ব্যবহারিক উদাহরণের

মাধ্যমে বোঝার চেস্টা করা যাক। ধরুন, একজন ব্যক্তি চাকরীর সন্ধান করছেন আর তিনি নিজের মনের মত কোন চাকরী পাচ্ছেন না। কোথাও ভালো কাজ পাওয়া যাচ্ছে তো ভালো পয়সা পাওয়া যাচ্ছে না আর কোথাও ভালো পয়সা পাওয়া যাচ্ছে তো কাজ ভালো পাওয়া যাচ্ছে না। সেই ব্যক্তি রোজ অফিসে-অফিসে ধাক্কা খেয়ে বেড়াচ্ছেন। এমন সময়ে উনি এক অন্য চাকরীর প্রস্তাব পেলেন। এই প্রস্তাবে উনি নিজের মনের মত পয়সা পাচ্ছিলেন না... এমনটা সম্ভব হতে পারে যে, কাজটাও ওনার মনের মত না-ও হতে পারে।

এমন পরিস্থিতিতে দু ধরণের ফয়সালা নেওয়া যেতে পারে। কিছু লোক এমনটা করতে পারেন যে, এই প্রস্তাব তাঁরা অস্বীকার করে দেবেন। এমন লোক এই চিন্তা করেন যে, ভবিষ্যতে তাঁরা এর থেকে ভালো কোন প্রস্তাব পাবেন। অনেক বার তাঁদের এমন আশা পূর্ণ হয়েও পড়ে। কিন্তু বেশীর ভাগ ক্ষেত্রে এমনটা হয় না আর তাঁরা বেকারই থেকে যান।

অন্য দিকে যে ব্যক্তি চালাক-চতুর হবেন, তিনি এই প্রস্তাব হাতছাড়া হতে দেবেন না। তিনি নিজের মনের মত পয়সা আর কাজ না পাওয়া সত্ত্বেও এই চাকরী নিয়ে নেবেন আর এই চাকরী করতে থেকেই তিনি আরও ভালো কোন চাকরীর সন্ধান করতে থাকবেন। প্রয় ক্ষেত্রেই এমনটা দেখা গেছে যে, এমন লোকেরা সফল হন আর এক চাকরী থেকে অন্য চাকরীতে যাওয়াটা অপেক্ষাকৃত সহজও হয়। এই উদাহরণ দ্বারা এটা পরিস্কার হয়ে ওঠে যে, ব্যক্তির অনিশ্চিতকে ত্যাগ করে নিশ্চিতকেই আঁকড়ে ধরা উচিত।

❑

## 05

# চরিত্রের গুরুত্ব

**যে** কোন ক্ষেত্রে সফলতা প্রাপ্ত করার জন্য চরিত্রের যথেস্ট গুরুত্ব থাকে। চরিত্র নির্মাণের ওপরেও ম্যানেজমেন্ট গুরু চাণক্য যথেস্ট জোর দিয়েছেন। চরিত্রের ভিত্তিতেই কোন ব্যক্তির আচরণ হয় আর আচরণ অনুসারেই ব্যক্তির কর্ম হয় এবং তারপর সেই কর্মের ভিত্তিতেই ব্যক্তি ফল প্রাপ্ত করে। এর থেকে এই অনুমান লাগানো যেতে পারে যে, কোন ব্যক্তির সফলতার পেছনে তার চরিত্রের ভূমিকা কতটা গুরুত্বপূর্ণ হয়! যে কোন ব্যক্তির চরিত্র নির্মাণে তার সংস্কারগুলোর ভূমিকা অত্যন্ত গুরুত্বপূর্ণ হয়। কিন্তু নিজের প্রয়োজন অনুসারে এতে উন্নতি করা যেতে পারে আর সফলতার পথে সামনের দিকে এগিয়ে চলা যেতে পারে।

এই ব্যাপারে আচার্য চাণক্য বেশ কিছু সূত্র প্রদান করেছেন। সেগুলোর মধ্যেই একটা সূত্রে উনি বলেছেন –

**কদাচিদপি চরিত্রং ন লংঘেত।**

এর অর্থ হচেছ – *চরিত্রের উল্লংঘন কখনো করা উচিত নয়।*

এই সূত্রের মাধ্যমে আচার্য চাণক্য বলেছেন – কাম, ক্রোধ, মোহ-মমতা, লোভ, নেশা ইত্যাদি হচেছ মানব মনের দুর্বলতা! ব্যক্তি এগুলোর মধ্যে সহজেই ফেঁসে যায়। এই সব প্রবৃত্তির প্রতি ব্যক্তির একটা স্বাভাবিক আকর্ষণ থাকে। কিন্তু জীবনে সফলতা প্রাপ্তির ইচ্ছা রাখা ব্যক্তিদের এই সব প্রবৃত্তি ত্যাগ করা উচিত। অন্যথা তাঁদের সফলতা প্রাপ্তির পথ অত্যন্ত কঠিন হয়ে উঠবে আর তাঁরা মনের মত পরিণাম প্রাপ্ত করতে পারবেন না। এজন্য এই সব ইচছাকে নিজের নিয়ন্ত্রণে নিয়ে আসা উচিত। আর যখন এই সব দুর্বলতাগুলোকে নিজের নিয়ন্ত্রণে নিয়ে আসা হবে... তখন ব্যক্তিকে আর কখনো কোন ভারী বিপত্তির মুখোমুখি হতে হবে না। এগুলো হচেছ ব্যক্তির চারিত্রিক অভাব। এই সব অভাবকে একমাত্র তখনই দূর করা যেতে পারে... যখন ব্যক্তির চরিত্র নির্মাণের ভিত্তি পাক্কা হবে।

এই সব অভাবকে কি ভাবে দূর করা যেতে পারে... সেটাকে এক উদাহরণের মাধ্যমে বোঝাটা সহজ হবে। এখানে যেসব চারিত্রিক অভাবের ব্যাপারে উল্লেখ করা হয়েছে... সাধারণতঃ সেগুলো প্রতিটি ব্যক্তির ভেতরেই থাকে। এগুলোর প্রতি

ব্যক্তির মধ্যে স্বাভাবিক আকর্ষণ ঠিক সেই প্রকার হয়... যেমনটা উঁচু স্থান থেকে নীচু স্থানের দিকে জলের প্রবাহ থাকে। এই প্রকার মানব মনও সাধারণতঃ উচ্চতর থেকে নিম্নতরের দিকে এগোতে থাকে। কিন্তু এখানেই সফল লোকেরা পার্থক্যের সৃষ্টি করে সফলতা প্রাপ্ত করা লোকেদের শ্রেণীতে শামিল হয়ে পড়েন। যে ব্যক্তি একবার নিজের মনকে নিম্নতর থেকে উচ্চতরের দিকে ঘুরিয়ে দেন, তাঁর পক্ষে সফলতা প্রাপ্ত করাটা কোন বড় ব্যাপার হয় না।

চরিত্রকে সেই স্তরে নিয়ে যাওয়ার জন্য জীবনে বড় লক্ষ্য নির্দিষ্ট করাটা অত্যন্ত জরুরী হয়... কারণ এমনটা না করলে ব্যক্তি সাধারণতঃ ছোট-ছোট জিনিষে ফেঁসে যান। লক্ষ্য বড় হলে ব্যক্তির বিচারও সেই অনুসারে তৈরী হবে আর ব্যক্তির কর্মও সেই প্রকারেরই হবে। জীবনে লক্ষ্য এতটা বড় এবং নিজের পছন্দ আর ক্ষমতা অনুসারে হওয়া উচিত, যাতে ব্যক্তি দিন-রাত সেই লক্ষ্য প্রাপ্তির নেশায় বুঁদ হয়ে থাকেন। এমনটা হয়ে পড়লে স্বাভাবিক রূপে এই সব চারিত্রিক অভাবগুলো থেকে মুক্তি প্রাপ্ত হতে থাকে... কারণ সেই বড় লক্ষ্যের সামনে এই সব জিনিষ অত্যন্ত তুচ্ছ লাগতে থাকে। তারপর সেগুলোর মধ্যে সুখের সন্ধান করার সহজাত মানবিক প্রবৃত্তির থেকে মুক্তি প্রাপ্ত হতে থাকে। এমনটা হতেই আপনি সফলতার পথে অত্যন্ত দ্রুত গতিতে এগিয়ে চলতে লাগবেন আর এই সব তুচ্ছ জিনিষ ত্যাগ করে আপনি নিজের জীবনে সফলও হয়ে উঠবেন। এই জিনিষটা জীবনের যে কোন ক্ষেত্রে সমান রূপে প্রযোজ্য হয়। জীবনের যে কোন ক্ষেত্রে সফলতা প্রাপ্ত করার জন্য চরিত্রকে মজবুত করে তোলাটা অত্যন্ত জরুরী হয়।

লোভ ব্যক্তির সহজাত প্রবৃত্তি হয়। নিজের সংস্কারগুলোর কারণে কেউ কম লোভী হয় আর কেউ বেশী! লোভের প্রবৃত্তিই ব্যক্তিকে অনেক বার অন্য কোন কোন খারাপ কাজ করার জন্য উস্কাতে থাকে। চুরিও এগুলোর মধ্যে অন্যতম হয়। এই দুষ্প্রবৃত্তির ব্যাপারে আচার্য চাণক্য এক সূত্র প্রদান করেছেন –

**अल्पमपि पर द्रव्यं न हर्तव्यम्।**

*এই সূত্রের অর্থ হচ্ছে – অল্প হলেও কোন দ্রব্য চুরি করা উচিত নয়।*

এখানে এটা বলা ভুল হবে না যে, লোভ এক অত্যন্ত খারাপ জিনিষ হয়। এজন্য কখনো লোভে ফেঁসে গিয়ে কোন দ্রব্যের চুরি করা উচিত নয়... তা সেই দ্রব্য অল্প মাত্রায় হলেও। অল্প মাত্রায় হলেও সেটাকে চুরিই বলা হবে। এমনটা নয় যে, সেটার নাম বদলে যাবে বা সেটার অপরাধ কম হয়ে পড়বে। পাপ ছোট হোক্ বা বড় – সেটা পাপই হয়। এজন্য ছোট বস্তুর চুরিও করা উচিত নয়। এই বস্তুটা এর মালিকের পক্ষে খুব একটা উপযোগী নয়... এমনটা চিন্তা করে সেটাকে নিয়ে নেওয়াও এক প্রকারের চুরি করাই হয়। এমন কাজকেও কখনো সঠিক বলা চলে না।

এই দুষ্প্রবৃত্তির অত্যন্ত ঘাতক পরিণাম হয়। একবার যদি কেউ এটা জেনে যায়

যে, আপনার মধ্যে এই খারাপ অভ্যাস রয়েছে... তাহলে সে সারাটা জীবন আপনার ওপরে বিশ্বাস করতে পারবে না। কোন কিছু গড়বড় হয়ে পড়লে সন্দেহের তীর আপনার ওপরেই আসবে। এটা অত্যন্ত পরিস্কার যে, যদি এমন খারাপ অভ্যাস কোন ব্যক্তির মধ্যে থাকে... তাহলে একদিন-না-একদিন সেটা সকলের সামনে ঠিকই প্রকাশ পাবে।

প্রতিটি ব্যক্তি নিজের অভ্যাসের দাস হয় আর সুযোগ পাওয়ামাত্রই সে নিজের অভ্যাস অনুসারে কাজ করার চেস্টা করে। এজন্য সব থেকে ভালো এটাই হয় যে, এই প্রবৃত্তির থেকে দূরে থাকা যাক... এমন খারাপ অভ্যাসকে নিজের ব্যক্তিত্বের আশপাশেও আসতে না দেওয়া হোক্। এমন খারাপ অভ্যাসের খারাপ প্রভাব আপনাদের সার্বজনিক জীবন আর কাজকর্মের ওপরে পড়ে... কারণ সার্বজনিক জীবন আর কাজকর্মের ভিত্তি বিশ্বাসের ওপরেই টিকে থাকে। এই ভাবে দেখলে বিশ্বাস নস্ট হয়ে পড়ার পরে জীবনে সফল হওয়াটা এক প্রকারে অসম্ভবই হয়ে ওঠে। এজন্য এই দুস্প্রবৃত্তিকে ভুল করেও নিজের আশপাশে আসতে দেওয়া উচিত নয়।

এই দুস্প্রবৃত্তির ব্যাপারে আচার্য চাণক্য আরও একটা সূত্র প্রদান করেছেন। উনি লিখেছেন –

## ন চৌর্যাৎপরং মৃত্যুপাশঃ।

*এই সূত্রের অর্থ হচ্ছে – মৃত্যুপাশও চুরি করার থেকে বড় হয় না।*

ম্যানেজমেন্ট গুরু চাণক্য এই সূত্রের মাধ্যমে চুরি করার মত পাপের ভয়াবহতাকে সামনে প্রকাশ করেছেন। উনি এমনটা মনে করেন যে, চুরি করার জন্য হওয়া দুঃখের তুলনায় মৃত্যুর দুঃখও কম হয়। সঠিক অর্থে বলতে গেলে চুরি করাটা মানবতার হত্যা করার মতই হয়। এমনটা এজন্য হয়, কারণ মৃত্যুর দ্বারা মরতে চলা ব্যক্তিরই কিছুক্ষনের জন্য কস্ট হয়... কিন্তু চুরি করলে ব্যক্তি নিজের সাথে-সাথে নিজের আত্মীয়-পরিজন এবং চেনা-পরিচিত লোকেদেরও কস্ট দেয়।

এই কথাটা একেবারে সত্যি ! কারণ যদি আত্মীয়-পরিজনেরা এটা জানতে পেরে যান যে, তাঁদের পরিবারের কোন সদস্যের মধ্যে এই দুস্প্রবৃত্তি রয়েছে... তাহলে তাঁদের সেই ব্যক্তির প্রতি ঘৃণা তো হয়-ই... তার সাথে-সাথে তাঁদের মনে নিজেদের প্রতিও গ্লানির সৃষ্টি হয়ে পড়ে। তাঁরা এমনটা ভাবতে থাকেন যে, আমাদের কোথায় কি ভুল হয়েছে যে, আমাদের পরিবারের এক সদস্যের মধ্যে এই দুস্প্রবৃত্তি এসে পড়ল ! এই ব্যাপারটা জানতে পেরে আত্মীয়-পরিজন ছাড়াও সেই ব্যক্তির চেনা-পরিচিত ব্যক্তিরাও যথেস্ট ব্যথিত হয়ে ওঠেন। তাঁদের মনে এমন চিন্তা আসতে থাকে যে, কাল পর্যন্ত যে ব্যক্তির ওপরে তাঁরা চোখ বন্ধ করে বিশ্বাস করে এসেছেন, সেই ব্যক্তি এতটা বিশ্বাসঘাতক কি করে হতে পারে ? ! আর এই জিনিষটা অত্যন্ত

দ্রুত ছড়িয়ে পড়তে থাকে।

এর প্রভাব এটাই হয় যে, আপনাদের কাজকর্মে অনেকটাই পার্থক্য এসে পড়ে। আপনারা যেখানে বা যাঁর জন্য কাজ করেন, তিনি যদি আপনাদের এই দুষ্প্রবৃত্তির ব্যাপারে জানতে পেরে যান... তাহলে তিনি আপনাদের ওপরে দায়িত্বভার সঁপে দেওয়া তো দূরের কথা, আপনাদের থেকে যত দ্রুত সম্ভব মুক্তি পেতে চাইবেন। এই কারণে আপনাদের ওপরে চাপ আরও বেড়ে উঠবে। ধীরে-ধীরে এমন পরিস্থিতির সৃষ্টি হয়ে পড়বে, যখন আপনারা মানসিক চাপে পরিপূর্ণ জীবন কাটাতে থাকবেন আর অবসাদগ্রস্ত হয়ে উঠে ব্যর্থতার দিকে দ্রুত গতিতে এগিয়ে চলতে থাকবেন। আপনাদের এই পতন কেবলমাত্র আপনাদের কার্যজীবনেই আসবে না... বরং জীবনের প্রতিটি ক্ষেত্রেই দেখতে পাওয়া যাবে। এজন্য এমন খারাপ অভ্যাসের সঙ্গে কোন প্রকারের সম্পর্ক না রাখাটাই সব থেকে ভালো হবে।

এখানে আরও একটা প্রশ্ন ওঠে যে, নিজের চরিত্রকে উচ্চতর রাখার জন্য কি করা উচিত ? নিজের চরিত্রের উন্নতির জন্য সবার আগে তো নিজের স্বভাবকে ভালো করে তোলাটা জরুরী হয়। এই ব্যাপারে ম্যানেজমেন্ট গুরু চাণক্য এক সূত্র প্রদান করেছেন –

**आर्यवृत्तमनुतिष्ठेत्।**

এর অর্থ হচ্ছে – *শ্রেষ্ঠ স্বভাব বজায় রাখা হোক্।*

এই সূত্রের নিহিতার্থ অত্যন্ত গভীর ! সাধারণ এবং সুখকর পরিস্থিতিতে আর বিশেষ করে নিজের প্রিয়জনেদের সাথে স্বভাবের শ্রেষ্ঠতা তো বজায় থাকে... কিন্তু যেই পরিস্থিতিতে পরিবর্তন আসে, তখনই স্বভাবেও পরিবর্তন এসে পড়ে। সফলতার ইচ্ছুক ব্যক্তিদের এই প্রবৃত্তির থেকে দূরে থাকা উচিত। জীবনের যে কোন ক্ষেত্রে সফল হওয়ার জন্য এটা অত্যন্ত জরুরী হয় যে, আপনার সংস্পর্শে যত ব্যক্তি আসবেন, তাঁদের সঙ্গে আপনি শ্রেষ্ঠ ব্যবহার করবেন। এমনটা একমাত্র তখনই সম্ভবপর হতে পারে... যখন আপনার স্বভাব ঠিক থাকবে।

স্বভাব খারাপ হয়ে পড়াটা স্বাভাবিক রূপে যথেষ্ট ক্ষতি করে। প্রায় শেষ হয়ে কাজও ভালো আচরণ না করার কারণে পণ্ড হয়ে পড়ে। আবার এমনটাও দেখতে পাওয়া যায় যে, অনেক পণ্ড হয়ে আসা কাজও ভালো ব্যবহারের কারণে সম্পন্ন হয়ে পড়ে। যে ব্যক্তির স্বভাব ভালো হয়, সকলের সাথে তাঁর সম্পর্কও ভালোই থাকে। অন্য দিকে যে ব্যক্তির স্বভাব ভালো না হয়, সবাই তাকে এড়িয়ে চলতে থাকেন। এমন লোকেদের পক্ষে জীবনে সফলতা প্রাপ্ত করাটা অত্যন্ত মুশ্কিল হয়ে পড়ে। এজন্য সফলতা প্রাপ্তির ইচ্ছুক ব্যক্তিদের পক্ষে এটা অত্যন্ত জরুরী হয় যে, তাঁরা নিজেদের স্বভাবকে শ্রেষ্ঠ করে তুলবেন।

যে ব্যক্তি গুণবান হন, তিনি চার দিক থেকেই স্বাভাবিক রূপে সম্মান প্রাপ্ত

করতে থাকেন। এই ব্যাপারে আচার্য চাণক্য চাণক্য নীতিতে লিখেছেন –

**एकेन शुष्कवृक्षेण दह्यमानेन वह्निना।**
**दह्यते तद्वनं सर्वं कुपुत्रेण कुलं यथा॥**

এই সূত্রের মাধ্যমে আচার্য চাণক্য গুণবত্তার গুরুত্ব জানিয়ে বলেছেন যে, একটা শুকনো বৃক্ষে আগুন লাগলে সেই আগুনে গোটা জঙ্গল জ্বলে ওঠে। এই প্রকার বংশের একটা কুপুত্র গোটা বংশকে বদনাম করে তোলে।

এর অর্থ হচ্ছে এই যে, জঙ্গলে যদি একটাও বৃক্ষ শুকিয়ে আসে, তাহলে সেটায় অত্যন্ত দ্রুত আগুন লেগে যায় আর সেই বৃক্ষের আগুনে গোটা জঙ্গল পুড়ে ছাই হয়ে যায়। ঠিক এই প্রকার বংশে যদি একটাও কুপুত্রের জন্ম হয়ে পড়ে... তাহলে তার কারণে গোটা বংশ বদনাম হয়ে পড়ে। এর থেকেই গুণের গুরুত্বের ব্যাপারে অনুমান লাগানো যেতে পারে!

এই জিনিষটাকে ম্যানেজমেন্ট গুরু চাণক্য আরও এগিয়ে নিয়ে গেছেন। উনি লিখেছেন –

**एकेनापि सुपुत्रेण विद्यायुक्ते च साधुना।**
**आह्लादितं कुलं सर्वं यथा चंद्रेण शर्वरी॥**

এখানেও আচার্য চাণক্য বলেছেন যে, গুণবান ব্যক্তি একা হওয়া সত্ত্বেও পর্যাপ্ত হন। উনি আরও বলেছেন যে, যেমন একটাই চন্দ্র রাতের শোভা বৃদ্ধি করে... ঠিক সেই প্রকার একজন বিদ্বান গোটা বংশের মর্যাদাকে বাড়িয়ে তোলেন।

একটাই চন্দ্র রাতের সমস্ত অন্ধকার দূর করে গোটা দুনিয়াকে নিজের আলোয় আলোকিত করে তোলে। ঠিক সেই প্রকার কোন বংশের একটাই পুত্র যদি গুণবান হয়, তাহলে সে গোটা বংশের মুখ উজ্জ্বল করে তোলে। এজন্য জীবনে সফল হওয়ার ইচ্ছা রাখা ব্যক্তিদের নিজেদের চরিত্র এমন করে তোলা উচিত যে, তাঁদের ভেতরে যত বেশী মাত্রায় সম্ভব ভালো গুণের সমাবেশ হবে।

ভালো গুণের সহায়তায় তাঁরা ভালো পরিণাম প্রাপ্ত করতে সক্ষম হয়ে উঠতে পারবেন। যখন কোন ব্যক্তি গুণবান হন, তখন সমাজে তাঁর প্রতিষ্ঠা বেড়ে ওঠে আর তার সাথে-সাথে তাঁর বংশের মান-মর্যাদাও বৃদ্ধি পায়। এজন্য আপনাদের নিজেদের চরিত্র এমন করে তোলা উচিত, যাতে আপনাদের ভেতরে অত্যন্ত উপযোগী গুণগুলোর বিকাশ হতে পারে। আর যখন আপনাদের ভেতরে এই সব গুণ বিকশিত হয়ে উঠবে, তখন স্বাভাবিক রূপে সেটার প্রভাব আপনাদের কাজে দেখতে পাওয়া যাবে আর আপনারাও নিশ্চিত রূপে সফলতা অর্জন করে নেবেন।

সন্তুষ্টি ব্যক্তির চরিত্রের এক অত্যন্ত গুরুত্বপূর্ণ অংশ হয়। এজন্য নিজেদের চরিত্রে এই গুণের বিকাশ হওয়াটা অত্যন্ত জরুরী হয়। এই জিনিষটা ম্যানেজমেন্ট গুরু চাণক্য খুব ভালো করেই বুঝতেন। এই ব্যাপারে চাণক্য নীতিতে উনি এক

অত্যন্ত জরুরী কথা বলেছেন। উনি লিখেছেন –

**संतोषामृततृप्तानां यत्सुखं शान्तिरेव च।**
**न च तद्धनलुब्धानामितश्चेतश्च धावताम्॥**

এখানে আচার্য চাণক্য সন্তুষ্টির গুরুত্বকে প্রতিপাদিত করেছেন। উনি বলেছেন যে, সন্তুষ্টির অমৃতে তৃপ্ত হয়ে ওঠা ব্যক্তিরা যে সুখ আর শান্তি প্রাপ্ত করেন... সেই সুখ-শান্তি ধনের পেছনে এদিক-ওদিকে ছুটে বেড়াতে থাকা ব্যক্তিদের প্রাপ্ত হয় না।

এর থেকে এটা অত্যন্ত পরিস্কার হয়ে ওঠে যে, সন্তুষ্টিই হচ্ছে সব থেকে বড় সুখ! যে ব্যক্তি সন্তুস্ট হন, তাঁর পরম সুখ আর শান্তি প্রাপ্ত হয়। ধনের কামনায় এদিক-ওদিকে ছুটোছুটি করে বেড়াতে থাকা লোকেদের এমন সুখ-শান্তি কখনোই প্রাপ্ত হয় না।

চাণক্য এমনটা মনে করেন যে, মনুষ্যের তৃষ্ণার কোন অন্ত হয় না। ব্যক্তির কামনা আর ইচ্ছা লাগাতার বেড়েই চলতে থাকে। আর ইচ্ছা বেড়ে ওঠায় ব্যক্তির গোটা জীবনটাই ছুটোছুটি করে কাটে। যতটা প্রাপ্ত হয়েছে, তাতেই যে ব্যক্তি সন্তুস্ট হয়ে ওঠেন... একমাত্র সেই ব্যক্তিই সত্যিকারের সুখ প্রাপ্ত করেন।

সঠিক অর্থে দেখতে গেলে অসন্তুস্ট ব্যক্তিকে কখনোই সন্তুস্ট করা যায় না... কারণ ব্যক্তির ইচ্ছা অনন্ত হয়। এজন্য ব্যক্তির নিজের চরিত্রে সন্তুষ্টির সমাবেশ করে নেওয়া উচিত। সন্তুষ্টির সাথে জীবন কাটাতে থাকা ব্যক্তি সর্বদা সুখী থাকেন।

চরিত্র নির্মাণের ব্যাপারে আচার্য চাণক্য এক সূত্র প্রদান করেছেন –

**कुलानुरूपं वृत्तम्।**

এর অর্থ হচ্ছে – *বংশের অনুরূপই ব্যক্তির চরিত্র হওয়া উচিত।*

এই সূত্রের মাধ্যমে কোন বংশকে নীচ আর কোন বংশকে উঁচু দেখানোর চেস্টা করা হয়নি। কিন্তু সামাজিক প্রতিস্ঠার ভিত্তিতে কোন বংশ বেশী প্রতিস্ঠা প্রাপ্ত করে তো কোন বংশ কম প্রতিস্ঠা প্রাপ্ত করে। এবার প্রশ্ন এটা ওঠে যে, এই সামাজিক প্রতিস্ঠা নিদ্ধারিত কি ভাবে হয় ? আসলে, সামাজিক প্রতিস্ঠার নির্দ্ধারণে ব্যক্তির চরিত্রের বড় ভূমিকা থাকে। চরিত্র থেকেই আচরণ আসে আর সেটাই কোন বংশকে প্রতিস্ঠা প্রদান করে। আর যদি সেই আচরণে কোন প্রকারের গড়বড়ি থাকে, তাহলে সেটা সেই বংশের পক্ষে অপযশের কারণ হয়ে ওঠে।

কোন বংশের প্রভাব স্বাভাবিক রূপে সেই বংশের আগামী প্রজন্মের ওপরে পড়ে। যে বংশের আচরণ ভালো হয়, সেই বংশের আগামী প্রজন্মও ভালো আচরণ করে বা তাদের থেকে অন্ততঃ পক্ষে তাদের বংশের যশের অনুরূপ আচরণ আশা করা যেতে পারে। এমনটা বলাও হয়েছে – ***"সঙ্গত সে গুণ হোত হ্যায়... সঙ্গত সে গুণ জাত!"*** এটা তো তবুও বংশের মামলা! আচার্য চাণক্য বলেছেন যে, চরিত্র বংশের অনুরূপ হওয়া উচিত। এজন্য নিজের বংশের মান-মর্যাদার কথা মাথায়

রেখেই আচরণ করা উচিত। নিজের বংশের মান-মর্যাদার বিরুদ্ধ আচরণ করলে দ্বিগুণ ক্ষতি হয়। প্রথম কথা হচ্ছে এটা যে. আপনার বংশের নাম খারাপ হয়ে পড়ে। আর দ্বিতীয়তঃ আপনার প্রতিও লোকেদের মনে ভালো ধারণার সৃষ্টি হয় না। এমন লোকেদের পক্ষে জীবনে সফলতা প্রাপ্ত করাটা অত্যন্ত মুশকিল হয়ে পড়ে। কারণ তাদের সম্বন্ধে লোকেরা এমনটাই বলতে থাকে যে, এই ব্যক্তি নিজের পূর্বপুরুষদের মান-মর্যাদার খেয়াল রাখতে পারেনি... এ আমাদের মান-মর্যাদার খেয়াল কি করে রাখবে ! এমন পরিস্থিতি অত্যন্ত ক্ষতিকারক হয়। এমন পরিস্থিতির সৃষ্টি হতে দেওয়াই উচিত নয়।

আপনার আচরণ যদি আপনার বংশের মান-মর্যাদার অনুরূপ হয়... তাহলে সেটার দুটি লাভ হয়। প্রথম কথা তো হচ্ছে এটা যে, এর ফলে আপনার বংশের মান-মর্যাদা বৃদ্ধি পায় এবং প্রত্যক্ষ আর পরোক্ষ রূপে সেটার বেশ কয়েক প্রকারের লাভ আপনি স্বাভাবিক রূপে প্রাপ্ত করেন। অন্য দিকে দ্বিতীয় কথা হচেছ এটা যে, আপনার চরিত্র যদি আপনার বংশের মান-মর্যাদার অনুরূপ হয়... তাহলে সার্বজনিক আর পেশাগত জীবনেও আপনার আচরণ ভালোই হবে। এটা অত্যন্ত পরিস্কার যে, সেটার লাভ আপনিই প্রাপ্ত করবেন। এর মাধ্যমে সফলতার পথে অগ্রসর হওয়াটাও আপনার পক্ষে আরও অনেকটাই সহজ হয়ে পড়বে।

এখানে এটা জানানো অত্যন্ত জরুরী যে, কোন কারণে যদি কোন ব্যক্তির বংশের মান-মর্যাদা ততটা উঁচু না হয়... তাঁর পক্ষেও নিজের আচরণ দ্বারা নিজের বংশের মান-মর্যাদাকে ওপরে তুলে ধরার পর্যাপ্ত সুযোগ রয়েছে আর এমনটা করাও উচিত। কারণ এমনটা করার বেশ কিছু লাভ রয়েছে। প্রথম কথা হচ্ছে এটা যে, আপনার বংশের প্রতি সমাজে লোকেদের মধ্যে এক নতুন ধারণার সৃষ্টি হবে। এই নতুন ধারণার সূত্রধার আপনি নিজে হবেন। এর ফলে সমাজে আপনার প্রতিষ্ঠাও বেড়ে উঠবে। লোকেরা এমনটা ভাববে যে, এই ব্যক্তি নিজের বংশের মুখ উজ্জ্বল করে তোলার জন্য চেষ্টা করে চলেছে। এটা অত্যন্ত স্বাভাবিক ব্যাপার যে, এমনটা করে চললে লোকেরা ধীরে-ধীরে আপনার ওপরে বিশ্বাস করতে শুরু করবে আর স্বাভাবিক রূপে সেটার বেশ কয়েক প্রকারের লাভ আপনি প্রাপ্ত করবেন। ভালো আচরণের প্রভাব আপনার ব্যক্তিগত জীবন ছাড়াও আপনার সার্বজনিক জীবন আর পেশাগত জীবনের ওপরেও পড়বে। এটা অত্যন্ত পরিস্কার যে, এমনটা হয়ে পড়লে আপনার পক্ষে সফলতার পথও আরও সহজ হয়ে উঠবে আর আপনি অত্যন্ত দ্রুত গতিতে সেই পথে এগিয়ে চলবেন।

আপনার চরিত্র এজন্যও ভালো হওয়া উচিত... কারণ আপনার প্রতিষ্ঠার সাথে-সাথে আপনার বংশের প্রতিষ্ঠাও যুক্ত হয়ে রয়েছে। এই জিনিষটাকে ম্যানেজমেন্ট গুরু চাণক্যের এক সূত্রের মাধ্যমে আরও ভালো ভাবে বোঝা যেতে পারে। উনি লিখেছেন –

## যথা কুলং তথাচার:।

*এই সূত্রের অর্থ হচ্ছে – বংশ যেমন হয়, ঠিক তেমনই ব্যক্তির চরিত্র হয়।*

এজন্য নিজের আচার-ব্যবহারকে নিয়ে আপনাদের অত্যন্ত সজাগ হয়ে থাকা উচিত। কারণ আপনাদের আচরণের সাথে কেবলমাত্র আপনাদের প্রতিস্ঠাই যুক্ত হয়ে নেই... বরং সেটার সঙ্গে আপনাদের বংশের প্রতিস্থাও যুক্ত হয়ে রয়েছে। আপনাদের চরিত্রের মাধ্যমেই লোকেরা আপনাদের বংশের ব্যাপারে অনুমান লাগান। যদি আপনাদের আচরণ ভালো হয়, তাহলে আপনাদের বংশের মান-মর্যাদাও স্বাভাবিক রূপে বৃদ্ধি পাবে। কিন্তু আপনাদের আচরণ যদি ঠিক না হয়, তাহলে আপনাদের বংশের প্রতি লোকেদের মধ্যে এক প্রকারের নেতিবাচক ধারণার সৃষ্টি হয়ে পড়বে। এজন্য নিজেদের আচরণকে সর্বদা উচ্চ থেকে উচ্চতরের দিকে নিয়ে যাওয়ার প্রচেস্টা করা উচিত। এতেই আপনাদের সকলের মঙ্গল লুকিয়ে রয়েছে। এতেই আপনাদের মঙ্গল আর আপনাদের বংশের মঙ্গলও এর মধ্যেই নিহিত হয়ে রয়েছে।

আপনাদের আচরণ যদি নিজেদের বংশের অনুরূপ না হয়, তাহলে স্বাভাবিক রূপে সেটার জন্য আপনাদের প্রতিটা স্তরে ক্ষতি স্বীকার করতে হবে। ব্যক্তিগত জীবনে তো আপনাদের সেটার ক্ষতি স্বীকার করতেই হবে... তার সাথে-সাথে সার্বজনিক জীবন আর পেশাগত জীবনেও সেটার খারাপ পরিণামের মুখোমুখি আপনাদের হতে হবে। এমন পরিস্থিতিতে সফলতা প্রাপ্তির সম্ভাবনা আপনাদের থেকে অনেকটাই দূরে সরে যাবে আর আপনারা সেটার জন্য অন্যদের দোষ দিতে থাকবেন। এজন্য এই ব্যাপারে আপনাদের অত্যন্ত সতর্ক হয়ে থাকার প্রয়োজন রয়েছে। সফল ব্যক্তিরা এই ব্যাপারে অত্যন্ত সতর্কতা অবলম্বন করে থাকেন... কারণ ওনারা এটা খুব ভালো করেই জানেন যে, একটা ছোট্ট ভুল ওনাদের এতদিনকার সমস্ত প্রচেস্টার ওপরে জল ঢেলে দিতে পারে।

চরিত্র নির্মাণে সত্যেরও অত্যন্ত গুরুত্বপূর্ণ ভূমিকা থাকে। আপনারা যদি সত্য কথা বলেন, তাহলে আপনাদের প্রতি লোকেদের মধ্যে এক সঠিক বার্তা পৌঁছয় আর লোকেদের মধ্যে আপনাদের প্রতি এক ভালো ধারণার সৃষ্টি হয়। সত্য কথা বলতে থাকা ব্যক্তিদের আচরণও স্বাভাবিক রূপে ভালো হয় আর এমন লোকেদের ব্যবহার দ্বারা সাধারণতঃ লোকেরা প্রভাবিতও হয়ে ওঠেন। এজন্য সত্যের আশ্রয় গ্রহণ করে সফলতা প্রাপ্তির পথে এগিয়ে চলা ব্যক্তিরা নিজেদের উদ্দেশ্য প্রাপ্তিতে সফল হয়ে ওঠেন।

সত্যাচরণের ব্যাপারে ম্যানেজমেন্ট গুরু আচার্য চাণক্য এক অত্যন্ত গুরুত্বপূর্ণ সূত্র প্রদান করেছেন –

## स्वर्गं नयति सुनृतम्।

ম্যানেজমেন্ট গুরুর এই সূত্রের তাৎপর্য হচ্ছে – *সত্যাচরণ দ্বারা স্বর্গের প্রাপ্তি হয়।*

এখানে এমনটা বলা ভুল হবে না যে, সত্যের পথে চললে ব্যক্তি সব থেকে বড় সুখ প্রাপ্ত করে। এখানে সুখের তাৎপর্য হচ্ছে সফলতা প্রাপ্তি। এই সূত্রে যে স্বর্গের উল্লেখ করা হয়েছে, সেই স্বর্গ অন্য কোন লোকে অবস্থিত নয়... সেটা এই লোকেই রয়েছে। ব্যক্তি যে প্রকার কর্ম করে, সে ফলও সেই প্রকারই প্রাপ্ত করে। এজন্য সত্যাচরণ করতে থাকা ব্যক্তিরও সত্যের অনুরূপই ফলের প্রাপ্তি হয়। সত্যের আশ্রয় জীবনের প্রতিটি ক্ষেত্রেই সফলতা প্রদান করে। সত্যের সহায়তায় বড়-বড় মুশকিলের থেকে পার পাওয়া যেতে পারে।

নিজের-নিজের ক্ষেত্রে সফল হওয়ার ইচ্ছা রাখা ব্যক্তিদের সত্যের সহায়তা নিয়েই এগিয়ে চলা উচিত। এমনটা করলে লোকেদের মধ্যে তাঁদের একটা ভালো ইমেজ গড়ে ওঠে আর লোকেদের বিশ্বাস অর্জন করাটা তাঁদের পক্ষে সহজ হয়ে ওঠে। এটা অত্যন্ত পরিস্কার যে, যখন লোকেরা আপনাদের ওপরে বিশ্বাস করতে লাগবেন... তখন তাঁরা আপনাদের কাজে আসবেন আর তারপর আপনারা জীবনের যে উদ্দেশ্যে সফল হতে চান, সেই উদ্দেশ্যে সফলতা প্রাপ্ত করতে আপনারা সহায়তা প্রাপ্ত করবেন। এজন্য কখনোই সত্যের আশ্রয় ত্যাগ করে মিথ্যার আশ্রয় গ্রহণ করা উচিত নয়। এমনটা করা নিজের ব্যর্থতাকেই আমন্ত্রিত করার সমান হয়। আপনারা যদি নিজেদের মনের মত সফলতা হাসিল করে নেন, তাহলে সেটার থেকে প্রাপ্ত সুখকে স্বর্গের সুখের সমান মনে করা উচিত... কারণ সব কিছু আপনাদের অনুকূল হয়ে পড়াটাই সত্যিকারের স্বর্গ হয়!

সত্যের পথে চলাটা ব্যক্তির চরিত্রের সৌন্দর্যকে বাড়িয়ে তোলে। সঠিক অর্থে এটা কোন তপস্যার মত হয়। এই ব্যাপারটাকে ভালো করে বুঝিয়ে ম্যানেজমেন্ট গুরু চাণক্য এক অত্যন্ত উপযোগী সূত্র প্রদান করেছেন –

## नास्ति सत्यापरं तपः।

এর অর্থ হচ্ছে – *সত্যের থেকে বড় আর কোন তপস্যা হয় না।*

এমনটা বলা অত্যন্ত সহজ বলে মনে হতে পারে যে, সত্যাচরণ করা সহজ... কিন্তু আমরা যখন এমনটা করতে শুরু করি... তখন এটা জানতে পারা যায় যে, এমনটা করা কত কঠিন হয়! এজন্যই আচার্য চাণক্য একে তপস্যার আখ্যা প্রদান করেছেন। আসলে আমরা মিথ্যা কথা বলতে এতটা অভ্যস্ত হয়ে উঠি যে, অনেক বার মিথ্যাই আমাদের কাছে সত্য বলে মনে হতে থাকে। প্রায়ই লোকেরা অসহায়তা আর প্রয়োজনের দোহাই দিয়ে মিথ্যা কথা বলাকে ন্যায্য প্রমাণিত করার চেষ্টা করতে থাকে। তাদের এই প্রবৃত্তির যত নিন্দাই করা হোক্ না কেন, সেটা কমই হয়... কারণ নিজেদের দুর্বলতা ঢাকার জন্য অন্য কিছুকে ঢাল হিসেবে ব্যবহার করাটা চরিত্রের

অসহায়তাকে প্রদর্শিত করে।

এমন অবস্থায় প্রশ্ন এটা ওঠে যে, তাহলে আচরণে সত্যকে কি করে নিয়ে আসা যায় ? পূর্ণ রূপে সত্যের সাথে জীবন কাটানো এক ঝটকায় কখনোই সম্ভব হতে পারে না। এর জন্য আপনাদের ধীরে-ধীরে এগোতে হবে। কারণ মিথ্যা কথা বলার অভ্যাস এমন ভাবে আপনাদের ওপরে এমন ভাবে প্রভাব বিস্তার করে নেয় যে, শুরু-শুরুতে সত্যের সাথে জীবন কাটানো আপনাদের কাছে অত্যন্ত কঠিন বলে মনে হয়। কিন্তু ধীরে-ধীরে সময়ের সাথে এই সমস্যা কম হয়ে আসতে লাগে আর তারপর কিছু সময় পরে মিথ্যা কথা বলতে আপনাদের নিজেদেরই ঘৃণা হতে লাগে।

সত্য কথা বলার প্রবৃত্তি জীবনে সফল হওয়ার কাজে অত্যন্ত সহায়ক প্রমাণিত হয়। আপনাদের পরিচিতি যদি একবার সত্য কথা বলা ব্যক্তির রূপে হয়ে পড়ে, তাহলে জীবনের যে কোন ক্ষেত্রে সফলতা প্রাপ্ত করাটা আপনাদের পক্ষে আর মুশকিল হবে না। অন্য দিকে আপনাদের পরিচিতি যদি মিথ্যা কথা বলা ব্যক্তির রূপে হয়ে পড়ে... তাহলে সফলতা আপনাদের আশপাশে ঘেঁষবে না। এজন্য সত্যকে এক তপস্যা হিসেবে মেনে সেটার নিরন্তর অভ্যাস করে চলে এই রাস্তাকে জীবনের স্থায়ী রাস্তা করে তুললে লাভই লাভ প্রাপ্ত হয়।

সঠিক অর্থে বলতে গেলে এমন লোকেরাই সফলতার সিঁড়ি বেয়ে ওপরের দিকে উঠে চলেন। মিথ্যুক আর বেইমান লোকেদের এই দুনিয়া কখনো গ্রহণ করে না। এজন্য সর্বদা সত্যের আশ্রয় নিয়ে নিজের জীবনে সমস্ত কার্য সম্পন্ন করে চলা উচিত। যে ব্যক্তির চরিত্র এমন হয়, তিনি সকলের হৃদয় জয় করে নেন আর নিজের জীবনের দিশাকে যেদিকে ঘোরাতে চান, সেদিকে ঘোরাতে সফল হয়ে ওঠেন।

❑

06

# কার্যকুশলতা

**যে** কোন ব্যক্তির সফলতা প্রাপ্তি এই জিনিষটার ওপরে অনেকটাই নির্ভর করে যে, সেই ব্যক্তি কতটা কার্যকুশল ! যে ব্যক্তি যত বেশী কার্যকুশল হন, তিনি তত বেশী সফলতা অর্জন করেন। এই কারণেই কোন ব্যক্তি কম পরিশ্রম করেও বেশী সফল হন আর অন্য দিকে কোন ব্যক্তি সরাটা দিন অক্লান্ত পরিশ্রম করা সত্ত্বেও ততটা সফল হতে পারেন না... যতটা হওয়া উচিত ছিল! এর থেকে কার্যকুশলতার গুরুত্ব স্পস্ট হয়ে ওঠে। কার্যকুশলতার গুরুত্বকে বুঝতে পেরে আচার্য চাণক্য বেশ কিছু সূত্র প্রদান করেছেন। সেই সব সূত্রগুলোর পালন করে প্রতিটি ব্যক্তি নিজের ভেতরে এই গুণকে বিকশিত করে তুলতে পারেন আর জীবনের প্রতিটি ক্ষেত্রে সফলতার পতাকা ওড়াতে পারেন।

ম্যানেজমেন্ট গুরু চাণক্য এই ব্যাপারে এক বড়ই সুন্দর সূত্র প্রদান করেছেন। উনি লিখেছেন –

**পূর্ব নিশ্চিত্য পশ্চাৎ কার্যমারভেৎ।**

এর অর্থ হচ্ছে – *প্রথমে নিশ্চিত হোন্... তারপর কাজ শুরু করুন!*

আচার্য চাণক্যের এই বক্তব্য জীবনের সকল ক্ষেত্রে সমান রূপে প্রযোজ্য হয়। ব্যক্তি জীবনের যে ক্ষেত্রেই কাজ করুন না কেন... তিনি যদি সেই কাজের সূত্রপাত ভুল সময়ে করে থাকেন, তাহলে সফলতা প্রাপ্ত করা তাঁর পক্ষে সম্ভব হয় না। অর্থাৎ যে ব্যক্তি নিজের কার্য আর সেটার উদ্দেশ্যের ব্যাপারে কাজ শুরু করার আগে থেকেই স্পস্ট আর নিশ্চিত থাকেন না... সেই ব্যক্তির সফল হওয়ার সম্ভাবনা কমে আসে। এজন্য সফলতা পেতে ইচ্ছুক ব্যক্তিদের জন্য এই জিনিষটা অত্যন্ত গুরুত্বপূর্ণ হয় যে, তাঁরা যে কোন কাজ শুরু করার আগে এই ব্যাপারে ভালো করে ভাবনা-চিন্তা করে নেবেন যে, তাঁরা সেই কাজকে কি ভাবে সম্পন্ন করবেন ?

তাঁদের এই ব্যাপারেও ভালোমতন ভাবনা-চিন্তা করে নেওয়া প্রয়োজন যে, এই কাজটা করলে কি লাভ হবে আর কতটা লাভ হবে ? যে উদ্দেশ্যে তাঁরা কার্যের সূত্রপাত করছেন, তাঁদের সেই উদ্দেশ্যে কি আদৌ পূরণ হবে ? এই কার্য সম্পন্ন করতে কতটা সময় লাগবে ? এই কার্য দ্বারা প্রত্যক্ষ বা পরোক্ষ রূপে কারো কোন

প্রকারের ক্ষতি তো হবে না ? যদি এই সব প্রাথমিক জিনিষগুলোর ওপরে ভালোমতন ভাবনা-চিন্তা করে কোন কাজ শুরু করা যায়... তাহলে সেই কাজে সফলতা অবশ্যই আসে। এমনটা না করলে সেই কাজটাই ঝামেলার মত হয়ে ওঠে আর তাতে সফলতা প্রাপ্ত করা তো দূরের কথা... বিভিন্ন প্রকারের সমস্যার সৃষ্টি হয়ে পড়ে আর ব্যক্তি ক্রমশঃ ঝামেলায় জড়িয়ে পড়তে থাকেন।

একবার যদি কোন কাজের সূত্রপাত হয়ে পড়ে... তাহলে সেই কাজটাকে শেষ করাই সব থেকে বড় চ্যালেঞ্জ হয়। সাধারণতঃ এমনটা দেখা যায় যে, লোকেরা বড়ই উৎসাহের সাথে কোন কাজ শুরু তো করে দেন... কিন্তু সেই কাজটাকে ঠিক সময়ে শেষ করার জন্য তাঁরা নিজেদের সেই উৎসাহকে বজায় রাখতে পারেন না। নিজেদের সেই উৎসাহ বজায় রাখার জন্য সব থেকে জরুরী এটা হয় যে, নিজেদের চিত্তকে স্হির রাখা। এই ব্যাপারে ম্যানেজমেন্ট গুরু চাণক্য এক অত্যন্ত উপযোগী সূত্র প্রদান করেছেন –

## ন চলচিত্তস্য কার্যাবাপ্তিঃ।

*এই সূত্রের তাৎপর্য হচ্ছে – চঞ্চল চিত্ত নিয়ে কাজ করলে কোন কাজ পূর্ণ হয় না।*

যে কোন কাজ শেষ করার জন্য চিত্তের স্হিরতা অত্যন্ত জরুরী হয়। চিত্ত যদি চঞ্চল হয়ে থাকে, তাহলে কাজের ওপরে সেটার নেতিবাচক প্রভাব পড়বে। এই জিনিষটার গুরুত্ব বুঝে বিভিন্ন শাস্ত্রে স্হিরচিত্ত হওয়ার কথা বলা হয়েছে। এজন্য চিত্তকে নিয়ন্ত্রণে রাখাটা অত্যন্ত জরুরী হয়। সফলতা সেই সব লোকেদেরই প্রাপ্ত হয়... যাঁরা নিজেদের চিত্তকে নিয়ন্ত্রণে রাখতে সফল হন। এমন লোকেরা অন্য লোকেদের তুলনায় অপেক্ষাকৃত কম পরিশ্রম করেও তাঁদের থেকে বেশী সফলতা হাসিল করে নেন।

যেসব ব্যক্তি এই মুহূর্তে কিছু একটা করতে চান... পরমুহূর্তে তাদের মন বদলে যায় আর তাঁরা অন্য কোন কাজ করতে চান... আবার তার পরের মুহূর্তেই তাঁদের মনে অন্য কোন কাজের পরিকল্পনা চলতে থাকে – এমন লোকেরা কখনোই সফল হতে পারেন না... কারণ এমন লোকেরা একটা কাজ তো শেষ করেন না আর নতুন-নতুন কাজের পেছনে ছুটে চলেন। এমন চঞ্চল চিত্ত ব্যক্তিদের কোন কাজই পূর্ণ হয় না। সঠিক অর্থে বলতে গেলে, যে কোন কাজ পূর্ণ করার জন্য পাক্কা নিশ্চয়তার প্রয়োজন হয়। সেটা ছাড়া কোন কাজই পূর্ণ হতে পারে না। এই ব্যাপারটাকে ম্যানেজমেন্ট গুরু চাণক্য খুব ভালো করেই জানতেন... তাই উনি এমন সূত্র প্রদান করেছেন। মনে পাক্কা নিশ্চয়তা গড়ে তুলে কাজ শুরু করা ব্যক্তির কাজ অবশ্যই পূর্ণ হয় আর জীবনের প্রতিটি ক্ষেত্রে সফলতা এমন দৃঢ় নিশ্চয় ব্যক্তিদেরই চরণ স্পর্শ করে।

যে কোন কাজ পূর্ণ করার জন্য এটা অত্যন্ত জরুরী হয় যে, আপনার কাছে যেসব সাধন রয়েছে... আপনি সেগুলোর সঠিক ভাবে উপযোগ করার ব্যাপারে জানবেন। এই অত্যন্ত গুরুত্বপূর্ণ জিনিষটার ব্যাপারে আচার্য চাণক্য এক অত্যন্ত উপযোগী সূত্র প্রদান করেছেন –

**हस्तगतावमानात् कार्यव्यतिक्रमो भवति।**

এর অর্থ হচ্ছে – *হাতে মজুদ সাধনগুলোর অবমাননা করলে কার্যের ব্যতিক্রম হয়।*

সাধারণ শব্দে এটাকে এই ভাবে বোঝা যেতে পারে যে, যে কোন কাজের সূত্রপাত হাতে মজুদ সাধন দ্বারাই করা উচিত। যে সাধন আপনার কাছে নেই আর যেগুলো প্রাপ্ত করা কঠিন... সেগুলোর জন্য অস্থিরতা ঠিক নয়। নিজের কাছে মজুদ সাধনগুলোকে বাদ দিয়ে এখনও পর্যন্ত প্রাপ্ত না হওয়া সাধনগুলোর জন্য দুঃখী হয়ে উঠলে কাজ নষ্ট হয়ে পড়ে। এজন্য সর্বদা এই চেস্টা করা উচিত যে, প্রাপ্ত সাধনগুলোর সর্বোত্তম ব্যবহার করা হোক্। একবার এমনটা করে নিতে পারলে আত্মবিশ্বাস বেড়ে ওঠে আর তারপর সময়ের সাথে-সাথে স্বাভাবিক রূপে সাধনও বৃদ্ধি পেতে থাকে। কিন্তু যদি কোন ব্যক্তি এই চিন্তা করে হাতের ওপরে হাত রেখে চুপচাপ বসে পড়ে যে, তাঁর কাছে অমুক কাজ করার মত পর্যাপ্ত সাধনই নেই... তিনি সেই কাজটা কি করে শেষ করতে পারবেন – তাহলে নিশ্চিত রূপে সেটাকে তাঁর মূর্খতাই মানা হবে। অন্য দিকে কিছু ব্যক্তি পরাক্রমী হন। এমন ব্যক্তি সাধনের পরোয়া না করে কাজে নেমে পড়েন। সাধারণ অভিজ্ঞতা এটাই জানাচ্ছে যে, এমন ব্যক্তিরা জীবনে সফলও হন।

কার্যকুশলতারই এক গুরুত্বপূর্ণ তত্ত্ব হচ্ছে তৎপরতা! আপনি অত্যন্ত সঠিক পদ্ধতিতে নিজের সব কাজ করেন... কিন্তু আপনি যদি সঠিক সময়ে সেই সব কাজ শেষ করতে না পারেন... তাহলে সেই সব কাজের কোন বিশেষ গুরুত্ব থাকে না। এছাড়া আজকের কাজ কাল আর কালকের কাজ পরশু করার প্রবৃত্তি ত্যাগ করাটাও অত্যন্ত আবশ্যক হয়। সফলতা প্রাপ্ত করার ইচ্ছুক ব্যক্তিদের পক্ষে এটা অত্যন্ত জরুরী হয়। এই জিনিষটাকে এক উদাহরণের মাধ্যমে বোঝা যেতে পারে।

এক দিন দরবারের শেষে যুধিষ্ঠির নিজের চার ভাই আর দ্রৌপদীর সাথে কথা বলছিলেন... এমন সময় দ্বারপাল এসে খবর দিল যে, দুজন অতিথি যুধিষ্ঠিরের সঙ্গে দেখা করতে এসেছেন। যুধিষ্ঠির দ্বারপালকে বললেন, অতিথিরা যেন পরের দিন আসেন। এই দেখে ভীম সেখান থেকে উঠে চলে গেলেন আর রাজপ্রাসাদের কাছে লাগানো বিশাল ঘন্টা বাজাতে লাগলেন। সেই ঘন্টা একমাত্র তখনই বাজানো হত... যখন কেউ আশ্চর্যজনক কিছু দেখতে পেতেন।

ভীম স্বয়ং বিশালকায় ছিলেন আর সেই ঘন্টাটাও বিশাল আকারের ছিল। ভীম জোরে-জোরে ঘন্টা বাজিয়ে চলেছিলেন। ঘন্টার কর্কশ আওয়াজে সকলের কানে তালা লেগে যাওয়ার উপক্রম হতে লাগল। তখন যুধিষ্ঠির ভীমের কাছে ঘন্টা বাজানোর কারণ জানতে চাইলেন। এতে ভীম সেখানে একত্রিত নাগরিকদের সম্বোধিত করে বললেন – *"হে প্রজাবৃন্দ! আমাদের রাজা তো যমরাজের থেকেও শ্রেষ্ঠ হয়ে উঠেছেন।"*

*"কি বলছ তুমি, ভীম? পরিস্কার করে বলছ না কেন?"*

ভীম উত্তর দিলেন – *"মহারাজ! এইমাত্র আপনি দুজন অতিথিকে আগামীকাল আসার জন্য বলেছেন। এর অর্থ হচ্ছে এই যে, আপনার পূর্ণ বিশ্বাস আপনি আগামীকাল পর্যন্ত জীবিত থাকবেন। যখন কি বাস্তবিকতা হচ্ছে এটা যে, পরের দিন কি ঘটতে চলেছে – মনুষ্য সেই ব্যাপারে কিছুই জানে না। আপনার দ্বারা অতিথিদের আগামীকাল ডেকে পাঠানো এটা প্রদর্শিত করে যে, আগামীকাল আপনি অবশ্যই এই পৃথিবীতে থাকবেন।"*

ভীমের কথায় ধর্মরাজ নিজের ভুল বুঝতে পারলেন আর উনি তখুনি সেই দুই অতিথিকে ডেকে পাঠিয়ে তাঁদের সঙ্গে মিলিত হলেন।

এজন্য যে কোন কাজ এমন ভাবে সম্পন্ন করার চেস্টা করা উচিত, যেন আগামীকাল কখনো আসবেই না। সেই কাজটা শেষ করার জন্য যে সুযোগ রয়েছে, সেটা আজ আর এই সময়েই রয়েছে। এজন্য এক মুহূর্ত সময় নস্ট না করে সঠিক কাজে লাগার কাজে বিন্দুমাত্র সংকোচ জীবনে সফলতা প্রাপ্ত করার ইচ্ছুক ব্যক্তিদের করা উচিত নয়।

প্রতিটি ব্যক্তির কার্যকুশল হওয়ার সাথে-সাথে স্পস্টবাদীও হওয়া উচিত। কারণ ব্যক্তি যদি এমনটা না হয়, তাহলে তাকে বেশ কয়েক প্রকারের ক্ষতির মুখোমুখি হতে হয়। এই ব্যাপারে ম্যানেজমেন্ট গুরু চাণক্য এক জায়গায় লিখেছেন –

**निस्पृहो नाधिकारी स्यान्न कामी भण्डनप्रिया।**
**नो विदग्धः प्रियं ब्रूयात् स्पष्ट वक्ता न वंचकः॥**

এখানে আচার্য চাণক্য স্পস্টবক্তার গুণের ব্যাপারে জানিয়েছেন। উনি বলেছেন – *বিরক্ত ব্যক্তি কোন বিষয়ের অধিকারী হন না। যে ব্যক্তি কামী হন, তাঁর সাজগোজ করার প্রয়োজন হয় না। অন্য দিকে বিদ্বান ব্যক্তি প্রিয় ভাষণ করেন না আর স্পস্টবক্তা ব্যক্তি কখনো ঠগ হন না।*

এই ব্যাপারটাকে আরও একটু বিস্তারিত ভাবে বোঝা যাক। যে ব্যক্তির এই দুনিয়ার প্রতি বৈরাগ্য হয়ে পড়ে, তাঁকে কোন কাজের দায়িত্ব দেওয়া উচিত নয়... কারণ তাঁর মন সেই কাজে লাগবে না। এমন ব্যক্তি সব কিছুকেই নশ্বর মানেন। এমন লোক সাংসারিক জিনিষগুলোর প্রতি বিরক্ত হয়ে ওঠেন। এই প্রকার বিদ্বান ব্যক্তি সর্বদাই সত্য বলেন। এমন লোক হয়তো অনেকবার এমন কথাও বলে

বসেন, যেগুলো অন্যদের ভালো নাও লাগতে পারে। যেহেতু সত্য অনেক ক্ষেত্রে কটু শোনায়... এজন্য স্পস্টবাদী হওয়াটা অত্যন্ত জরুরী হয়।

স্পস্টবাদী না হওয়ার কারণে অনেক প্রকারের ভুল বোঝাবুঝির সৃস্টি হয়। সাধারণতঃ এমনটা দেখা যায় যে, কার্যকুশল ব্যক্তিরা স্পস্টবাদী হন। আসলে স্পস্টবাদীতাকে কার্যকুশলতার থেকে পৃথক করে দেখা উচিত নয়। কার্যকুশলতারই এক গুরুত্বপূর্ণ অংশ হচ্ছে স্পস্টবাদীতা! এজন্য জীবনে সফলতার ইচ্ছা রাখা ব্যক্তিদের অনিবার্য রূপে স্পস্টবাদী হওয়া উচিত।

কার্যকুশলতার দ্বারা ব্যক্তির শেখার ক্ষমতাকেও বৃদ্ধি করা যেতে পারে। আসলে যে ব্যক্তি প্রতিটি সময় কিছু-না-কিছু শেখার জন্য প্রস্তুত থাকেন... তিনি সময়ের সাথে-সাথে ততটাই কার্যকুশল হয়ে উঠতে থাকেন।

এই জিনিষটার গুরুত্বকে প্রতিপাদিত করে আচার্য চাণক্য লিখেছেন –

**সিংহাদেকং বকাদেকং শিক্ষেচ্চত্বারি কুক্কুটাত্।**
**বায়সাত্পংচ শিক্ষেচ্চ ষট্ শুনস্ত্রীণি গর্দভাত্॥**

এখানে আচার্য চাণক্য বলেছেন যে, কারো থেকে কিছু শেখায় সংকোচ করা উচিত নয়। *সিংহের থেকে একটা, সারসের থেকে একটা, মোরগের থেকে চারটে, কাকের থেকে পাঁচটা, কুকুরের থেকে ছ'টা আর গাধার থেকে সাতটা জিনিষ শেখা উচিত।*

বক্তব্যের তাৎপর্য হচ্ছে এটা যে, মনুষ্য যদি শিখতে চায়... তাহলে তার কাছে শেখার পথের কোন অভাবই নেই। এজন্য শেখার ব্যাপারে কখনো সংকোচ করা উচিত নয়। এছাড়া এটাও মাথায় রাখা উচিত যে, প্রতিটি ব্যক্তির মধ্যেই কিছু-না-কিছু বিশেষত্ব থাকে। এজন্য সেই ব্যক্তিই সফল হন, যিনি প্রতিটি ব্যক্তির ইতিবাচক জিনিষগুলোকে নিজের ব্যক্তিত্বে শামিল করে নেন। এর ফলে ব্যক্তির কার্যকুশলতা বেড়ে ওঠে আর তিনি নিজের কাজ আরও বেশী প্রভাবশালী পদ্ধতিতে শেষ করতে সফল হন।

ভুল করাটা মানব স্বভাবের অংশ হয়। এজন্য এটা নিয়ে খুব একটা চিন্তিত হওয়ার কোন প্রয়োজন নেই। আচার্য চাণক্য এই ব্যাপারটা খুব ভালো করেই জানতেন। এজন্য উনি ব্যক্তির এই দুর্বলতাকে কার্যকুশলতার সাথে যুক্ত করে এক অত্যন্ত উপযোগী সূত্র প্রদান করেছেন। উনি লিখেছেন –

**দোষবর্জিতানি কার্যাণি দুর্লভানি।**

এর অর্থ হচ্ছে – *ত্রুটিহীন কার্য অত্যন্ত দুর্লভ হয়!*

ভুল করাটা মানব স্বভাবের এক অংশ হয়। ব্যক্তি যদি ভুল না করে... তাহলে সে হয় ভগবান হয়ে উঠবে, নয়তো মেশিন হয়ে থেকে যাবে। এই সংসারে এমন লোক খুব কমই আছেন... যাঁদের কাজে কোন ত্রুটি থাকে না। সাধারণতঃ

এমনটা দেখতে পাওয়া যায় যে, লোকেরা যে কোন কাজ মনে কোন-না-কোন স্বার্থ রেখেই করেন আর এটা অত্যন্ত স্বাভাবিক যে, এমন কাজে ত্রুটিও থাকে।

এখানে প্রশ্ন এটা ওঠে যে, ভুল হলে ব্যক্তির কি করা উচিত ? এমন পরিস্থিতিতে ব্যক্তির হাতে একটাই উপায় থেকে যায়। প্রতিটি ব্যক্তির এই চেষ্টা করা উচিত যে, ভুলের সংখ্যা যেন যতটা সম্ভব কম হয়। যখন ভুল কম সংখ্যায় হবে... তখন তার থেকে হওয়া ক্ষতিও স্বাভাবিক রূপে কম হবে।

এমন পরিস্থিতিতে ভালো পরিণাম আসার সম্ভাবনাও বেড়ে উঠবে আর শেষে ব্যক্তি সফলতার পথে এগিয়ে চলবেন। এজন্য ছোটখাটো ভুলের জন্য মন খারাপ না করে সম্পূর্ণ নিষ্ঠার সাথে কাজে লেগে পড়া উচিত। তবে হ্যাঁ... সর্বদা এই জিনিষটাকে মাথায় রাখা উচিত যে, ভুল থেকে শিক্ষা গ্রহণ করা উচিত। এমন চেষ্টাও করা উচিত যে, ভবিষ্যতে যেন এমন ভুল বেশী না হয়। যেসব ব্যক্তি নিজেদের কার্যকুশলতা বাড়িয়ে তোলার কাজে ভুলের ব্যবহার করেন, তাঁরা সফলতার পথে অত্যন্ত সহজেই এগিয়ে চলেন।

কার্যকুশলতার অন্তর্গত এই জিনিষটাও আসে যে, আপনি নিজের কাজের প্রতি কতটা সৎ ? ব্যক্তির নিজের কাজের প্রতি সর্বদাই সৎ থাকা উচিত। কারণ এমন লোকেরাই জীবনে যশ প্রাপ্ত করেন আর সফলও হয়ে ওঠেন। ব্যক্তি যে ক্ষেত্রের সাথে যুক্ত হয়ে থাকেন... প্রতিটি পরিস্থিতিতেই তাঁর সেই ক্ষেত্রের পেশাদার দায়িত্বগুলোকে স্বাভাবিক রূপে বহন করে চলা উচিত। এই জিনিষটাকে এক উদাহরণের মাধ্যমে বুঝলে ব্যাপারটা আরও বেশী স্পষ্ট হয়ে উঠবে।

1899 সালে কোলকাতায় ভয়ংকর প্লেগ ছড়িয়ে পড়েছিল। সেই রোগের কবলে প্রায় প্রতিটি লোকই চলে এসেছিলেন। রোগীদের সেবা করতে থাকা লোকেরাও অত্যন্ত ভয়ভীত হয়ে উঠেছিলেন... কারণ তাঁরাও অসুস্থ হয়ে পড়তে লেগেছিলেন। কিন্তু স্বামী বিবেকানন্দ একটুও বিচলিত হলেন না। এটার জন্য ওনার মানব সেবার ব্রত দায়ী ছিল। নিজের শিষ্যদের সাথে নিয়ে উনি কেবল রোগীদেরই সেবা করতেন না... বরং রাস্তা আর নালাও পরিস্কার করতেন। কিন্তু ওনার এই কাজ ধর্মগুরু পণ্ডিতদের ঠিক পছন্দ হল না। তাঁরা স্বামী জী-কে বললেন – *"এটা আপনি ঠিক করছেন না। আপনি তো এটা ভালো করেই জানেন যে, প্রত্যেক মনুষ্যকে তার পাপের ফল ভোগ করতেই হয়। যারা পাপ করেছে, তারাই প্লেগে পীড়িত হয়ে পড়েছে। ভগবান তাদের পাপের শাস্তি দিচ্ছেন। তাহলে আপনি তাদের সেবা করে ভগবানের কাজে বৃথা বাধার সৃষ্টি করছেন কেন ?"*

এই শুনে স্বামী জী উত্তর দিলেন – *"এতে কোন সন্দেহই নেই যে খারাপ কাজ করা ব্যক্তিদেরই কষ্ট ভোগ করতে হয়। কিন্তু কষ্ট পেতে থাকা লোকেদের যিনি কষ্টের হাত থেকে মুক্ত করাবেন, তিনি কি পুণ্য প্রাপ্ত করবেন না ? যে প্রকার*

*রোগীদের ভাগ্যে কষ্টভোগ করা লেখা রয়েছে... ঠিক সেই প্রকার তাদেরকে কষ্টের হাত থেকে মুক্তি প্রদান করে পুণ্য প্রাপ্ত করা লেখা রয়েছে। এই কারণে আমরা পুণ্যের কাজ করছি। এটা ঠিক নয় যে. আমরা ঈশ্বরের কাজে বাধার সৃষ্টি করছি।"* স্বামী জী-র এই উত্তর শুনে সেই সব পণ্ডিতদের মুখে আর কোন কথা এলো না আর ওনারা চুপচাপ সেখান থেকে সরে পড়লেন।

কার্যকুশলতার অর্থ হচ্ছে এটা যে, আমরা কোন কিছুর পরোয়া না করে নিজেদের কাজে লেগে থাকব। এমনটা যেন না হয় যে, অন্যের কথা শুনে আমরা নিজেদের কাজ বন্ধ করে দেব। এমনটা করা নিজেদের ব্যর্থতাকে আমন্ত্রণ করে ডেকে নিয়ে আসার সমান হয়। তবে হ্যাঁ... যদি কেউ আপনার কাজকে কেন্দ্র করে আপত্তি জানান, তাহলে তাঁর সাথে খারাপ ব্যবহার না করে তাঁকে যুক্তি দিয়ে বোঝানোর চেস্টা করা উচিত। সাধারণতঃ এমনটা দেখতে পাওয়া গেছে যে, আত্মবিশ্বাসের সাথে যুক্তিসঙ্গত উত্তর দিলে সমালোচকরাও পালিয়ে যায়। এজন্য সর্বদা ধৈর্য্য, নিস্ঠা আর আত্মবিশ্বাসের সাথে নিজেদের কাজ সম্পন্ন করার জন্য তৎপর হয়ে থাকা উচিত।

যে ব্যক্তি কাজ সম্পন্ন করতে যত বেশী কুশল হন, তিনি তত বেশী সফল হন। সত্যি কথা তো হচ্ছে এটা যে, দুনিয়ায় প্রতিটি ব্যক্তিই কিছু-না-কিছু কাজ করেন... কিন্তু তাঁদের মধ্যে মুষ্টিমেয় কিছু ব্যক্তির নাম হয়ে পড়ে আর বেশীর ভাগ ব্যক্তি অন্ধকারেই থেকে যান। দেশের বড় চিন্তকদের শ্রেণীতে শামিল হওয়া শ্রী শিব খেড়া এক অত্যন্ত গুরুত্বপূর্ণ কথা বলেছেন। কার্যকুশলতার প্রসঙ্গে ওনার সেই বক্তব্য অত্যন্ত প্রাসঙ্গিক। উনি বলেছেন যে, সফল লোকেরাও কাজ করেন... কিন্তু তাঁদের কাজ করার পদ্ধতি অন্যদের থেকে আলাদা হয়।

ওনার এই বক্তব্যের তাৎপর্য হচ্ছে এই যে, কাজ তো প্রত্যেক ব্যক্তিই করেন... কিন্তু সফল ব্যক্তিদের কাজ করার পদ্ধতিই তাঁদেরকে অন্যদের থেকে আলাদা করে তোলে আর তাঁদের দ্বারা করা কাজকেও সফল করে তোলে। উদাহরণস্বরূপ, ক্রিকেট তো অনেক খেলোয়াড়ই খেলেন... কিন্তু শচীন তেণ্ডুলকারের মত খেলোয়াড় খুব কমই রয়েছেন। অথবা আর যেসব খেলোয়াড়দের নাম সম্মানের সাথে নেওয়া হয়... তাঁরাও নিজেদের খেলার বিশেষ প্রকৃতির কারণেই বিশ্ব বিখ্যাত হয়েছেন। এজন্য জীবনে সফলতা প্রাপ্ত করতে ইচ্ছুক ব্যক্তিদের সর্বদা নিজেদের কাজকে এক বিশেষ পদ্ধতি দ্বারা পূর্ণ করার চেস্টা করা উচিত।

❑

07

# পরিস্হিতির পরিচিতি

যে কোন ব্যক্তির মধ্যে সফল হওয়ার জন্য সঠিক সময় চিনে নেওয়ার ক্ষমতা থাকার সাথে-সাথে পরিস্হিতিকে চিনে নেওয়ার ক্ষমতা থাকাটাও অত্যন্ত জরুরী হয়। সাধারণতঃ এমনটা দেখতে পাওয়া যায় যে, লোকেরা কোন কাজ করার সময় পরিস্হিতি চিনতে ভুল করে বসেন। অনেক বার পরিস্হিতি আপনাদের কাজের পক্ষে অত্যন্ত অনুকূল হয়... কিন্তু আপনারা সেটাকে ঠিক চিনে উঠতে পারেন না আর ভালো সুযোগ হাতছাড়া করে ফেলেন। আবার অনেক বার এমনটাও দেখতে পাওয়া যায় যে, পরিস্হিতি কাজের অনুকূল না হওয়ায় সেই সময় শুরু করা কাজ পূর্ণ হতে পারে না এবং ব্যর্থতা আর নিরাশা আপনাদেরকে ঘিরে ধরে। এজন্য পরিস্হিতি চিনে নেওয়ার ক্ষমতার বিকাশ করাটা অত্যন্ত জরুরী হয়।

এই জিনিষটার প্রয়োজন ম্যানেজমেন্ট গুরু আচার্য চাণক্য খুঁব ভালো করেই জানতেন। এজন্য উনি এই ব্যাপারে বেশ কয়েকটা সূত্র প্রদান করেছেন। এখানে আমরা ওনার দ্বারা প্রদান করা সেই সব সূত্রগুলোর মধ্যে কিছু সূত্রের মাধ্যমে পরিস্হিতি চিনে নেওয়ার ক্ষমতাকে কি ভাবে বিকশিত করে তোলা যায়, সেটা জানার চেস্টা করব।

আচার্য চাণক্য এক অত্যন্ত গুরুত্বপূর্ণ সূত্র প্রদান করেছেন। উনি লিখেছেন –

**ज्ञानानुमानैश्च परीक्षा कर्तव्या।**

এর অর্থ হচ্ছে – *জ্ঞান আর অভিজ্ঞতা দ্বারা পরীক্ষা করা উচিত।*

এটাকে এই ভাবে বোঝার চেস্টা করা যাক যে, পরিস্হিতি চিনে নেওয়ার ক্ষমতা ব্যক্তির জ্ঞান আর অভিজ্ঞতা থেকে সৃষ্টি হয়। এজন্য এমনটা মানা যে, এই ক্ষমতা রাতারাতি বিকশিত হয়ে পড়বে... ঠিক নয়। এমনটা অসম্ভব হয়। এজন্য সর্বদা এমন চিন্তা করা উচিত যে, আপনারা যে কাজটা করতে চলেছেন... সেটার সঙ্গে সম্বন্ধিত জ্ঞান যত বেশী মাত্রায় সম্ভব, অর্জন করুন। যত বেশী মাত্রায় সম্ভব, তথ্য সংগ্রহ করুন। এছাড়া সেই কাজটার সঙ্গে যেসব লোক সম্বন্ধিত হয়ে

রয়েছেন, তাঁদের সঙ্গে মিলিত হোন... তাঁদের অভিজ্ঞতাকে জানুন। এমনটা করে নেওয়ার পরে সম্বন্ধিত তথ্যকে নিজের বিবেকের দাঁড়িপাল্লায় ওজন করে দেখুন।

এই প্রক্রিয়ার পরে আপনারা এক ভালো নির্ণয় গ্রহণ করতে সক্ষম হয়ে উঠবেন। এই নির্ণয়টা অত্যন্ত গুরুত্বপূর্ণ হয়। আপনাদের সেই নির্ণয় যদি সঠিক হয়, তাহলে সেটা আপনাদের উৎকর্ষের দিকে নিয়ে যাবে... কিন্তু যদি আপনাদের নির্ণয় ভুল হয়, তাহলে সেটা আপনাদের পতনের গর্তের দিকেও টেনে নিয়ে যেতে পারে। এজন্য এই ব্যাপারে অত্যন্ত সতর্ক হয়ে থাকা উচিত। গুরুত্বপূর্ণ কোন নির্ণয়ে ঝট্ করে পৌঁছে যাওয়া উচিত নয়... বরং জ্ঞান আর অভিজ্ঞতার দাঁড়িপাল্লায় সব কিছু পরীক্ষা করে দেখার পরেই কোন গুরুত্বপূর্ণ নির্ণয় নেওয়া উচিত। একবার যদি আপনারা কোন নির্ণয় নিয়ে নেন, তাহলে সেটাকে পূরণ করাই আপনাদের একমাত্র লক্ষ্য হওয়া উচিত। এমনটা যেন না হয় যে, আপনারা বার-বার নিজেদের নির্ণয় পাল্টাতে থাকবেন। তবে হ্যাঁ... এটা ঠিক যে, সময়ের সাথে-সাথে তাতে উন্নতি নিয়ে আসার প্রক্রিয়া চালানো উচিত। অনেক বার এমন আবশ্যকতারও সৃষ্টি হয়ে পড়ে যে, নির্ণয়ে কিছু উন্নতি নিয়ে আসার প্রয়োজন হয়ে পড়ে। এখানেও পরিস্থিতি চিনে নেওয়ার ক্ষমতার যথেষ্ট গুরুত্ব থাকে। এমন পরিস্থিতিকে চিনে নিয়ে যে ব্যক্তি নমনীয় দৃষ্টিভঙ্গী গ্রহণ করেন... তিনি সফল হয়ে ওঠেন। আর যে ব্যক্তি জেদী মনোভাবের প্রদর্শন করেন, তিনি জীবনে সফল হতে পারেন না।

সব মিলিয়ে এমনটা বলা যেতে পারে যে, জ্ঞান আর অভিজ্ঞতা হাসিল করার কাজে কখনো পেছিয়ে পড়া উচিত নয়। কারণ এই দুটো জিনিষ কখনো ব্যর্থ হয় না। জীবনে কখনো-না-কখনো এগুলো ঠিকই কাজে এসে পড়ে। যে ব্যক্তির জ্ঞান আর অভিজ্ঞতা যত বেশী পাক্কা হয়, তিনি তত দ্রুত নির্ণয় নিতে পারেন আর তিনি জীবনে ততটাই সফলতা অর্জন করেন।

পরিস্থিতির মামলায় ব্যক্তির এটা কখনো ভোলা উচিত নয় যে, কাল সব থেকে প্রবল হয়। এর ওপরে ব্যক্তির কোন বশ চলে না। এই ব্যাপারটকে মাথায় রেখে যে ব্যক্তি নিজের কাজকে এগিয়ে নিয়ে চলেন, তাঁকে কখনো ব্যর্থতার মুখোমুখি হতে হয় না। কালের ব্যাপারে আচার্য চাণক্য এক জায়গায় লিখেছেন –

**कालः पचति भूतानि कालः संहरते प्रजाः।**
**कालः सुप्तेषु जागर्ति कालो हि दुरतिक्रमः॥**

আচার্য চাণক্য এখানে কালের প্রভাবের ব্যাপারে আলোচনা করে বলেছেন – *কালই প্রাণীদের গিলে খায়। কাল সৃষ্টির বিনাশ করে দেয়। এটা প্রাণীরা ঘুমিয়ে পড়ার পরেও তাদের মধ্যে বিদ্যমান হয়ে থাকে। একে কেউই অতিক্রমণ করতে পারে না।*

এর অর্থ হচ্ছে এই যে, কাল বা সময় সব থেকে শক্তিশালী হয়। সময় ধীরে-ধীরে সকল প্রাণী আর সমস্ত সংসারকে গিলে নেয়। প্রাণীরা ঘুমিয়ে পড়ার পরেও সময় ঠিকই চলতে থাকে। প্রতি মুহূর্তে প্রাণীদের আয়ু কমে আসতে থাকে। এটাকে কেউই এড়াতে পারে না। যেহেতু কালের প্রভাবের হাত থেকে বাঁচাটা ব্যক্তির পক্ষে সম্ভব নয়... এজন্য এই ব্যাপারটাকে সর্বদা মাথায় রেখেই ব্যক্তির এগিয়ে চলা উচিত।

বৈজ্ঞানিক উপায়গুলোর মাধ্যমেও কালের প্রভাবকে সরানো যায় না। সময়ের প্রভাব তো সকল বস্তুর ওপরেই পড়ে। শরীর দুর্বল হয়ে আসে... বস্তু জীর্ণ আর ক্ষরিত হয়ে পড়ে। এটা আমরা সকলেই জানি আর দেখতেও পাই যে, ব্যক্তি নিজের যৌবনে যেমন সাহসপূর্ণ কাজ করতে পারেন... বার্ধক্যে পৌঁছনোর পরে তিনি আর তেমনটা করতে সক্ষম থাকেন না।

কালকে পেছনের দিকে ঘোরানো যেতে পারে না। আমাদের বক্তব্যের তাৎপর্য হচ্ছে এই যে, একবার কেটে যাওয়া সময় আর কখনো ফিরে আসে না। এটা অত্যন্ত সত্য যে, কালের গতিকে বাধা দেওয়া স্বয়ং দেবতাদের পক্ষেও সম্ভব নয়। অনেক কবিরাও কালের মহিমার বর্ণনা করেছেন। এজন্য সঠিক পরিস্থিতি চিনে নেওয়া ব্যক্তি তাঁকেই বলা যেতে পারে... যিনি কালকে সঠিক গুরুত্ব প্রদান করেন।

পরিস্থিতি চিনে নেওয়ার মধ্যে বেশ কিছু জিনিষ শামিল হয়ে থাকে। এতে কাজ করার জন্য সঠিক সময়ের পরিচিতির সাথে-সাথে সঠিক পরিস্থিতির পরিচিতিও শামিল হয়ে রয়েছে। এই ব্যাপারেও চাণক্য নীতিতে আচার্য চাণক্য বলেছেন –

**शकटं पंचहस्तेन दशहस्तेन वाजिनम्।**
**हस्तिनं शतहस्तेन देशत्यागेन दुर्जनम्॥**

আচার্য চাণক্য বলেছেন – *ষাঁড়ের থেকে পাঁচ হাত, ঘোড়ার থেকে দশ হাত আর হাতীর থেকে একশো হাত দূরে থাকা উচিত। কিন্তু দুষ্ট ব্যক্তিদের থেকে বাঁচার জন্য একটু-আধটু দূরত্ব বজায় রাখাটা পর্যাপ্ত হয় না। তাদের থেকে বাঁচার জন্য আবশ্যকতা পড়লে দেশও ত্যাগ করা যেতে পারে।*

এই সব বস্তুর থেকে দূরে থাকার তাৎপর্য হচ্ছে এই যে, গাড়ীর সঙ্গে লাগানো ষাঁড়ের থেকে চোট-আঘাত লাগার ভয় থাকে। ঘোড়ার খুব কাছে চলে গেলে তার লাথি খাওয়ার ভয় থাকে। আসলে এখানে আচার্য চাণক্য যেসব কথার উল্লেখ করেছেন, সেগুলোকে এক সমগ্র দৃষ্টিতে দেখা উচিত। কারণ ষাঁড়, ঘোড়া আর হাতী তো এক প্রতীক মাত্র হয়। সঠিক অর্থে এমন বিপজ্জনক পরিস্থিতির থেকেই সতর্ক থাকা উচিত। খারাপ পরিস্থিতির ব্যাপারে জেনে নিয়ে সেগুলোর থেকে দূরে থাকাটাই হচ্ছে বুদ্ধিমত্তার পরিচয়।

সঠিক অর্থে সঠিক পরিস্থিতি চিনে নেওয়া ব্যক্তি তাঁকেই বলা যেতে পারে... যিনি পরিস্থিতি অনুসারে ফয়সালা নেন আর তারপর এক মুহূর্ত সময় নষ্ট না করে কাজ শুরু করে দেন। এই ব্যাপারেও ম্যানেজমেন্ট গুরু চাণক্য এক অত্যন্ত গুরুত্বপূর্ণ সূত্র প্রদান করেছেন –

**ক্ষণ প্রতি কালবিক্ষেপ: ন কুর্যাত্সর্ব কৃত্যেষু।**

এর অর্থ হচ্ছে – *সকল প্রকারের কাজে এক মুহূর্তও বিলম্ব করবেন না।*

এখানে এমনটা বলা ভুল হবে না যে, সঠিক সময়ে করা কাজই ভালো ফল প্রদান করে। এজন্য এটা জরুরী হয় যে, আপনারা যদি নিজেদের কাজ করার জন্য সঠিক পরিস্থিতি চিনে নিয়ে থাকেন, তাহলে সেই কাজ শুরু করতে আর এক মুহূর্তও দেরী করবেন না। সাধারণতঃ এমনটা দেখতে পাওয়া যায় যে, লোকেরা আলস্যের কারণে দেরী করতে থাকেন আর উপযোগী সময় তাঁদের হাত থেকে চলে যায়। তারপর তাঁদের কাছে অনুতাপ করা ছাড়া আর কোন পথ খোলা থাকে না। এমন লোকেরা নিজেদের ব্যর্থতার জন্য অন্যদের দোষ দিতে থাকেন... কিন্তু সঠিক অর্থে দেখতে গেলে তাঁরা নিজেরাই নিজেদের ব্যর্থতার জন্য দায়ী হন। এজন্য সর্বদা এমন চেস্টা করা উচিত যে, যে কোন কাজ সঠিক সময়ে শুরু করা উচিত। কেবলমাত্র কাজ শুরু করাটাই পর্যাপ্ত হয় না... সেটাকে পর্যাপ্ত গতির সাথে শেষ করাটাও অত্যন্ত জরুরী হয়।

সময় নস্ট করাটা কোন কাজের সফলতার পক্ষে একেবারেই ঠিক হয় না। সময় নস্ট করতে থাকা ব্যক্তির ইমেজও সমাজে খারাপ হয়ে পড়ে আর তাঁর ওপরে লোকেদের বিশ্বাসও কমে আসতে থাকে। এজন্য সঠিক পরিস্থিতি চিনে নেওয়া আর সুযোগ না হারানো সফলতার এক অত্যন্ত গুরুত্বপূর্ণ প্রয়োগ হয়। ভালো সময়ের প্রতীক্ষায় বসে থেকে ভালো সময়কে হাত থেকে চলে যেতে দেওয়াটা সঠিক অর্থে নিজের ব্যর্থতাকেই ডেকে নিয়ে আসা হয়। এমনটা করতে থাকা ব্যক্তির পক্ষে ইতিবাচক কিছু করা অত্যন্ত মুশকিল হয়ে ওঠে... কারণ তাঁর সব থেকে বড় সমস্যা এটাই হয় যে, তিনি ভালো সময়ের অপেক্ষাতেই নিজের বর্তমানকে হারিয়ে ফেলতে থাকেন। যে ব্যক্তি বর্তমানকে হারিয়ে ফেলেন... তাঁর ভবিষ্যৎ যে ভালো হবে, এমন কোন গ্যারান্টী কেউ দিতে পারে না।

স্বামী বিবেকানন্দ বলে গেছেন যে, আমাদের বর্তমান অবস্থার জন্য আমাদের দ্বারা অতীতে করা কাজই দায়ী হয়। এজন্য আমরা যদি এমনটা চাই যে, আমাদের ভবিষ্যৎ ভালো হোক... তাহলে আমাদের বর্তমানে ভালো-ভালো কাজ করা

উচিত। এই বক্তব্যের তাৎপর্য হচ্ছে এই যে, যে ব্যক্তি নিজের ভবিষ্যৎকে সুখী করে তুলতে চান বা যে ব্যক্তি ভবিষ্যতে নিজেকে সফল হয়ে উঠতে দেখতে চান... তাঁর বর্তমান সময়ের সঠিক উপযোগ করা উচিত। আর যে ব্যক্তি এমনটা করতে না পারেন... তাঁর জীবনের অধিকাংশ ভাগই ভালো পরিস্থিতির অপেক্ষাতেই কেটে যায়।

এজন্য হুঁশিয়ার ব্যক্তি এই মামলায় অত্যন্ত সতর্ক হয়ে থাকেন। একবার তিনি যদি সঠিক পরিস্থিতির ব্যাপারে জানতে পেরে যান... তাহলে তিনি আর সব কিছুর পরোয়া না করে নিজের কাজ শেষ করার জন্য উঠে-পড়ে লেগে পড়েন। সাধারণতঃ এমনটা দেখতে পাওয়া যায় যে, এমনটা করতে তিনি সফলও হয়ে ওঠেন এবং সমাজ তাঁকে এক সফল ব্যক্তির রূপে স্বীকৃতিও দিতে থাকে।

আসলে সফলতা নিজের সাথে করে আত্মবিশ্বাসও নিয়ে আসে। যেসব ব্যক্তি সফল হন... তাঁরা আত্মবিশ্বাসে পরিপূর্ণ হয়ে থাকেন। এখানে এমন বলাটা মোটেই ভুল হবে না যে, আত্মবিশ্বাসে পরিপূর্ণ ব্যক্তি নিজের জীবনে যেমনটা চান, তেমনটা করতে সফলও হয়ে ওঠেন। এজন্য সঠিক পরিস্থিতিকে চিনে নিয়ে জীবনের পথে এগিয়ে চলাটা সব দৃষ্টিতেই ভালো হয়। যে ব্যক্তি এমনটা করেন না, তিনি নিজের ভাগ্যকে দোষ দিতে থাকেন আর নিজের ব্যর্থতার জন্য অন্যদের দায়ী সাব্যস্ত করতে থাকেন। এমন লোকেদের সহায়তা করতেও কেউ এগিয়ে আসে না। কারণ লোকেরা এটা জানে যে, এর প্রবৃত্তিটাই এমন। এর সহায়তা করলেও এ ঠিক এই ভাবেই পড়ে থাকবে। এজন্য এমন পরিস্থিতির যাতে সৃষ্টিই না হয়... সেই ব্যাপারে ভাবনা-চিন্তা করা উচিত।

পরিস্থিতি চিনে নেওয়ার কাজে ভৌতিক পরিস্থিতির ব্যাপারে পরিচিতিও যথেষ্ট গুরুত্বপূর্ণ হয়। এই ব্যাপারে আচার্য চাণক্য এক অত্যন্ত উপযোগী সূত্র প্রদান করেছেন। উনি লিখেছেন –

**देशफलविभागौ ज्ञात्वा कार्यमारभेत्।**

এর অর্থ হচ্ছে – *দেশ আর ফলের বিভাগ জেনেই কাজ শুরু করা উচিত।*

এই সূত্রকে বোঝা খুবই সহজ! যে কোন কাজ শুরু করার আগে দেশ অর্থাৎ স্থানের বিচার করাটা অত্যন্ত জরুরী হয়। এর সাথে-সাথে সেটার ফলেরও বিচার করে নেওয়াটা অত্যন্ত উপযোগী প্রমাণিত হয়। আমরা সকলেই এটা জানি যে, কোন একটা কাজ এক জায়গায় করাটা লাভদায়ক প্রমাণিত হলে সেই কাজটাই অন্য কোন জায়গায় করাটা লোকসানদায়ক হয়। কারণ প্রতিটি জায়গারই এক আলাদা প্রকৃতি

থাকে আর সেই অনুসারে আলাদা-আলাদা জায়গার আলাদা-আলাদা প্রয়োজনও হয়।

এজন্য সেই স্থানের প্রকৃতিকে বোঝাটা অত্যন্ত জরুরী হয়। কারণ এমনটা না করলে সেই স্থানের প্রয়োজনের ব্যাপারে জানতে পারা যায় না আর লোকেরা শূণ্যে তীর ছুঁড়তে থাকেন... ফলে তাঁরা আশানুরূপ সফলতাও প্রাপ্ত করতে পারেন না। উদাহরণস্বরূপ কোন মরু এলাকায় ওয়াটার প্ল্যান্ট লাগানোর অর্থ নিজের হাতে নিজের ব্যর্থতা ডেকে আনা হয়। সেই স্থানে যখন জলই নেই, তো সেখানে জলের বোতল তৈরী করার প্ল্যান্ট কি ভাবে চলতে পারে ?! তবে হ্যাঁ... যদি জলের ব্যবসাই করতে হয়, তাহলে সেখানে জল বিক্রী করার চেইন্ স্টোর তো চলতে পারে। অন্য দিকে যে স্থানে স্বচ্ছ পানীয় জল সহজেই পাওয়া যায়, সেখানে কেউ জল বিক্রী করার দোকান খুললে তাকে মূর্খ উপাধি দেওয়াটা একেবারেই ভুল হবে না।

এমন স্থানে সেই ব্যক্তি জল বিক্রী করার দোকান না খুলে ওয়াটার প্ল্যান্ট লাগালে সেটা বেশী লাভদায়ক ব্যবসা হিসেবে প্রমাণিত হবে। কারণ সেখানে উচ্চ গুণবত্তাসম্পন্ন পানীয় জল সহজেই পাওয়া যাবে... যেটাকে এমন জায়গায় বিক্রী করে ভালো পয়সা কামানো যেতে পারে, যেখানে সেটার প্রয়োজন রয়েছে। এই প্রকার স্থানের পরিচিতি সকল ক্ষেত্রে সমান রূপে প্রযোজ্য হয়। এই ব্যাপারে যে ব্যক্তি যত বেশী সজাগ থাকেন, তাঁর সামনে সফলতার রাস্তা তত দ্রুত খুলে যেতে লাগে।

এমন লোকেদের থেকে অন্যরাও প্রেরণা প্রাপ্ত করেন। সঠিক অর্থে বলতে গেলে এমন লোকেরাই রিয়েল লাইফের হীরো হয়ে ওঠেন। লোকেরা তাঁদের উদাহরণ দিতে থাকেন... অন্যরা তাঁদের উদাহরণ দ্বারা প্রেরিত হয়ে উঠে কাজ করতে শুরু করেন আর তাঁরাও সফলতার রাস্তায় লাগাতার সামনের দিকে এগিয়ে চলতে থাকেন। এমন ব্যক্তিরা সমাজেও ভালোমতন প্রতিস্ঠা অর্জন করে নেন আর তাঁদের নাম এক সফল ব্যক্তি হিসেবে অত্যন্ত সম্মানের সাথে নেওয়া হতে থাকে।

❑

## ০৪

# জ্ঞানের গুরুত্ব

এমন বলাটা মোটেই ভুল হবে না যে, জীবনের প্রতিটি ক্ষেত্রে সফলতার হিসাব-কিতাব শেষ পর্যন্ত জ্ঞানের ওপরে এসেই থামে ! আচার্য চাণক্য এই জিনিষটাকে ভালো করে জানতেন। এজন্য উনি জ্ঞানের গুরুত্বকে প্রতিপাদিত করা বেশ কিছু সূত্র প্রদান করেছেন। আসলে আপনার কাজে যতক্ষন না জ্ঞান থাকছে... ততক্ষন পর্যন্ত সফলতা প্রাপ্ত করার ইচছা রাখাটা গোলাপী স্বপ্ন দেখার মতই হয়। এখানে এটা বুঝে নেওয়াটাও অত্যন্ত জরুরী হয় যে, জ্ঞান কোন জন্মগত জিনিষ হয় না... এটাকে সময়ের সাথে-সাথে হাসিল করতে হয় আর সময়ের সাথে-সাথে এটা বাড়িয়েও চলা যেতে পারে। জ্ঞান হাসিল করার বেশ কিছু মাধ্যম থাকে।

বই-য়ের মাধ্যমে গুরুজনেদের থেকে তো জ্ঞান তো হাসিল হয়-ই... তার সাথে-সাথে ব্যবহারিক জ্ঞানও সঠিক অর্থে জীবনের অভিজ্ঞতাগুলো থেকে বেরিয়ে সামনে প্রকাশ পায়। অভিজ্ঞতা দ্বারা জ্ঞান হাসিল করার শুধু একটাই শর্ত হয় আর সেটা হচেছ এই যে, আপনাদের সতর্ক হয়ে থাকতে হবে। যে ব্যক্তির কাছে নিজের কার্যক্ষেত্রের সঙ্গে সম্বন্ধিত যত বেশী জ্ঞান থাকে... তাঁর পক্ষে নিজের কাজ সফলতার সঙ্গে সম্পন্ন করতে পারাটা তত বেশী সহজ হয়। এটা অত্যন্ত পরিস্কার যে, তিনি নিজের কাজ আরও ভালো ভাবে শেষ করতে পারেন আর প্রতিটি পদক্ষেপে সফলতা হাসিল করতে থাকেন। এজন্য জ্ঞান হাসিল করার ব্যাপারে প্রতিটি ব্যক্তিরই সতর্ক হয়ে থাকা উচিত। কারণ জীবনের যে কোন ক্ষেত্রে সফলতা হাসিল করার জন্য এটা এক প্রাথমিক শর্ত হয়। আপনার কাছে যদি কোন জ্ঞানই না থাকে... তাহলে এটা জলের মত পরিস্কার যে, আপনি নিজের কার্যক্ষেত্রের কাজগুলোকে সঠিক ভাবে শেষ করতে পারবেন না।

এই জিনিষটাকে বুঝে ম্যানেজমেন্ট গুরু চাণক্য বেশ কিছু সূত্র প্রদান করেছেন। এমনিতে তো ওনার দ্বারা প্রদান করা সব সূত্রগুলোই অত্যন্ত উপযোগী... কিন্তু এখানে আমরা সেগুলোর থেকে কিছু অত্যন্ত গুরুত্বপূর্ণ সূত্রের মাধ্যমে জ্ঞানের গুরুত্বকে বোঝার চেস্টা করব। আচার্য চাণক্য এক জায়গায় লিখেছেন –

**বিধা ধনমধনানাম্।**

*এই সূত্রের অর্থ হচ্ছে – বিদ্যা হচ্ছে অধন অর্থাৎ নির্ধনদের ধন!*

এই সূত্র কতটা গুরুত্বপূর্ণ, সেটা আচার্য চাণক্যের জীবন থেকেই বুঝতে পারা যায়। ওনার কাছে খুব একটা বেশী ধন ছিল না। উনি এক অত্যন্ত সাধারণ পরিবারে জন্মগ্রহণ করেছিলেন। কিন্তু ওনার বিদ্যা গোটা দুনিয়ায় ওনার যশ ছড়িয়ে দিয়েছিল। এমনই বেশ কিছু উদাহরণে আমাদের দেশের ইতিহাস ভরে রয়েছে। সাধারণ পরিবারে জন্ম নেওয়া আর অত্যন্ত সাধারণ পরিবেশে বড় হয়ে ওঠা লোকেরা নিজেদের বিদ্যা অর্থাৎ জ্ঞানের জোরে জীবনে অত্যন্ত সফলতা অর্জন করেছেন। এমন উদাহরণ আপনারা নিজেদের আশপাশেও খুঁজলেও অনেক দেখতে পাবেন। গুরুত্বপূর্ণ হচ্ছে এটা যে, এর থেকে আমাদের শিক্ষা গ্রহণ করা উচিত।

ধন তো এক নশ্বর জিনিষ হয়। আজ আছে, তো কাল ধন নাও থাকতে পারে। অনেক বড়-বড় ধনী ব্যক্তিও সময়ের মারকে সহ্য করতে পারেন না আর নিজেদের সব ধন হারিয়ে বসেন। এমনটা বলাও হয়ে থাকে যে, ধন কারো সম্পত্তি হয় না। ধনের স্বভাব অত্যন্ত চঞ্চল হয়। এজন্য ধনের চিন্তা বেশী না করে বিদ্যা অর্থাৎ জ্ঞান অর্জিত করার ওপরেই বেশী জোর দেওয়া উচিত। কারণ জ্ঞান এমন এক জিনিষ হয়, যেটা কেটে যাওয়া সময়ের সাথে নষ্ট হয় না আর না-ই এটাকে কেউ চুরি করতে পারে।

এজন্য জীবনে সফলতা পাওয়ার ইচ্ছা রাখা ব্যক্তিদের পক্ষে এটা অত্যন্ত জরুরী হয় যে, তাঁরা যত বেশী সম্ভব উপযোগী জ্ঞান হাসিল করার চেস্টা করবেন। এমনটা বলা হয়ে থাকে যে, জ্ঞান কখনো বৃথা যায় না। এই উক্তি শতকরা একশো শতাংশ সত্যিও বটে! আমরা এটা সকলেই জানি যে, যখন প্রতিটি ব্যক্তি আমাদের সঙ্গ ত্যাগ করে চলে যায়... তখন আমাদের জ্ঞানই আমাদের কাজে আসে। নিজের জ্ঞান আর দক্ষতার জোরে ব্যক্তি যে কোন দেশে আর যে কোন কালে সফলতার পতাকা ওড়াতে সফল হয়ে ওঠেন। এজন্য প্রতিটি মুহূর্তে নতুন কিছু শেখার জন্য লালায়িত হয়ে থাকা উচিত। এটাই এক সফল ব্যক্তির পরিচিতি হয়।

তবে হ্যাঁ... এটার ওপরে বিশেষ করে দৃষ্টি রাখা উচিত যে, কখনোই যেন জ্ঞানের অহংকার নিজের মধ্যে ঢুকে না পড়ে। এমনটা হওয়া অত্যন্ত বিপজ্জনক হয় আর এমনটা ব্যক্তির সমস্ত ভালো কাজকে ধূলোয় মিশিয়ে দেয়। এই জিনিষটাকে এক উদাহরণের মাধ্যমে বোঝাটা আরও সহজ আর ব্যবহারিক হবে।

একজন যুবা দেশ-বিদেশ ভ্রমণ করে সেই সব জায়গার বিভিন্ন গ্রন্থের জ্ঞান অর্জন করে যখন নিজের দেশে ফিরে এল... তখন সে সবার কাছে গিয়ে এই ব্যাপারে অহংকার করতে লাগল যে, তার থেকে বড় জ্ঞানী আর বিদ্বান আর কেউ নেই। তার কাছে যে ব্যক্তিই যেত... সে তাকেই প্রশ্ন করত যে, সেই ব্যক্তি তার থেকে বড় কোন বিদ্বান কখনো দেখেছে কি না?

এই ব্যাপারটা ভগবান বুদ্ধের কানে গিয়েও পৌঁছল। উনি ব্রাহ্মণের বেশ ধারণ করে সেই যুবার কাছে পৌঁছলেন। সেই যুবা তাঁকে প্রশ্ন করল – "কে তুমি ?"

"আমি এমনই এক তুচ্ছ মনুষ্য... নিজের দেহ আর মনের ওপরে যার পূর্ণ অধিকার রয়েছে।" বুদ্ধদেব উত্তর দিলেন।

সেই অহংকারী বলল – "স্পষ্ট করে বলো... আমি তো তোমার কথা কিছুই বুঝলাম না।"

এবার বুদ্ধদেব বললেন – "যে ভাবে কুমোর ঘড়া তৈরী করে, মাঝি নৌকা চালায়, ধনুর্ধারী তীর ছোঁড়ে, গায়ক গান গায়, বাদক বাজনা বাজায় আর বিদ্বান বিতর্কে অংশ নেয়... ঠিক সেই প্রকার জ্ঞানী পুরুষ নিজের ওপরে শাসন করে।"

সেই যুবা প্রশ্ন করল – "জ্ঞানী পুরুষ নিজের ওপরে শাসন কি ভাবে করে ?"

এতে বুদ্ধদেব বললেন – "লোকেদের দ্বারা স্তুতি-সুমনের বর্ষা হলে বা নিন্দার অঙ্গারের বর্ষা হলেও জ্ঞানী পুরুষের মন শান্তই থাকে। তাঁর মন সদাচার, দয়া আর বিশ্ব প্রেমের ওপরেই কেন্দ্রীভূত হয়ে থাকে। সুতরাং প্রশংসা বা নিন্দার তাঁর ওপরে কোন প্রভাবই পড়ে না। এই কারণেই তাঁর চিত্তসাগরে শান্তির ধারা বয়ে চলে !"

ভগবান বুদ্ধের কথা শুনে সেই যুবা যখন নিজের ব্যাপারে ভাবনা-চিন্তা করল, তখন তার ভেতরে আত্মগ্লানির সৃষ্টি হয়ে পড়ল আর সে বুদ্ধদেবের পায়ে লুটিয়ে পড়ল। ও বলল – "প্রভু ! এতদিন আমি ভ্রমের মধ্যে ছিলাম। আমি নিজেই নিজেকে প্রচণ্ড জ্ঞানী বলে মনে করতাম... কিন্তু আজ আমি এটা জানতে পেরেছি যে, আপনার থেকে আমার অনেক কিছু শেখার রয়েছে।"

ভগবান বুদ্ধ বললেন – "হ্যাঁ... জ্ঞানের প্রথম পাঠ আজই তোমার সামনে এসেছে, বন্ধু আর সেটা হচ্ছে নম্রতা ! তুমি আমার সাথে আমার আশ্রমে চলো আর পরের পাঠ তুমি সেখানেই গ্রহণ করবে !"

এই প্রেরক ঘটনার থেকে এটা অত্যন্ত পরিস্কার হয়ে ওঠে যে, কখনোই নিজের ভেতরে জ্ঞানের অহংকার পুষে রাখা উচিত নয়। এমনটা করা অত্যন্ত বিপজ্জনক হয়। এর থেকে বড় কথা হচ্ছে এটা যে, যখন নিজের ফাঁপা জ্ঞানের ব্যাপারে জানতে পারা যাবে... তখন কারো থেকে কিছু শেখার ব্যাপারে সংকোচ করা উচিত নয়। তা সেই ব্যক্তি যেই হোক্ না কেন। কারণ জ্ঞান এমন কোন জিনিষ হয় না, যেটা কেউ ছিনিয়ে নেবে বা কেউ সেটাকে আপনার থেকে চুরি করে নেবে।

জ্ঞানের গুরুত্বকে স্পস্ট করে তুলে ম্যানেজমেন্ট গুরু চাণক্য নীতিতে এক জায়গায় বলেছেন –

**रूपयौवनसंपन्ना विशालकुलसंभवा:।**
**विद्याहीना न शोभंते निर्गंधा इव किंशुका।।**

এখানে আচার্য চাণক্য বিদ্যার গুরুত্বকে প্রতিপাদিত করে বলেছেন যে, রূপ আর যৌবনে সম্পন্ন হয়েও... উচ্চ বংশে জন্ম নিয়েও বিদ্যাহীন মনুষ্য সুগন্ধহীন ফুলের সমান হয় আর তার কোন শোভা থাকে না।

এই ব্যাপারটাকে যদি আরও একটু বিস্তার প্রদান করা হয়, তাহলে বেশ কয়েকটা জিনিষ পরিস্কার হয়ে পড়ে। মনুষ্য যত সুন্দরই হোক্ না কেন, সে যত ধনী পরিবারেই জন্মগ্রহণ করুক না কেন... কিন্তু সে যদি বিদ্যাহীন হয়, মূর্খ হয় – তাহলে সে কোন সম্মানই প্রাপ্ত করে না। যে ব্যক্তির কাছে জ্ঞান থাকে, তাঁর সুগন্ধ পুরো সমাজে ছড়িয়ে পড়ে। লোকে তাঁকে অত্যন্ত সম্মানের দৃষ্টিতে দেখে। এমন লোকেরা চার দিকেই সম্মান প্রাপ্ত করেন।

এমনিতে সেই ফুল কেউই পছন্দ করেন না, যে ফুলের সুগন্ধ থাকে না। লোকেরা সর্বদা সুগন্ধিত ফুলকেই পছন্দ করে। এই প্রকার সমাজে এমন লোকেরা সম্মান প্রাপ্ত করেন না, যাঁদের কাছে জ্ঞান থাকে না। সঠিক অর্থে দেখতে গেলে জ্ঞান ব্যক্তির ব্যক্তিগত উন্নতির জন্য তো অনিবার্য হয়-ই... তার সাথে-সাথে সেটা ব্যক্তিকে সমাজে প্রতিষ্ঠা প্রদান করতেও এক অত্যন্ত গুরুত্বপূর্ণ ভূমিকা পালন করে। এজন্য প্রতিটি ব্যক্তিরই জ্ঞান হাসিল করার প্রতিটি সুযোগের লাভ উঠিয়ে যত বেশী সম্ভব জ্ঞান অর্জন করা উচিত। কারণ সঠিক অর্থে দেখতে গেলে জ্ঞান এক বিরাট বড় শক্তি হয়।

এই জিনিষটাকেই আরও এগিয়ে নিয়ে গিয়ে ম্যানেজমেন্ট গুরু চাণক্য নীতিতে লিখেছেন –

**कोकिलानां स्वरो रूपं नारी रूपं पतिव्रतम्।**
**विद्या रूपं कुरूपाणां क्षमा रूपं तपस्विनाम्॥**

এখানে আচার্য চাণক্য রূপের ব্যাপারে আলোচনা করে রূপের থেকে গুণকে বেশী গুরুত্ব দিয়েছেন। উনি বলেছেন যে, কোকিলের রূপ তার কণ্ঠস্বর হয়। পতিব্রতা হওয়াই হচেছ স্ত্রীয়ের সৌন্দর্য। কুরূপ লোকেদের রূপ তাদের জ্ঞান হয় এবং তপস্বীদের ক্ষমা ভাবই তাঁদের রূপ হয়।

এই বক্তব্যের উদ্দেশ্য হচেছ এই যে, কোকিলের সুরেলা কণ্ঠস্বরই তার সৌন্দর্য হয়। এর দ্বারাই কোকিল নিজের প্রতি আকর্ষণ সৃষ্টি করে। স্ত্রীদের সত্যিকারের সৌন্দর্য হচেছ তাদের পতিব্রত ধর্ম। এর মধ্যেই তাদের সার্থকতা লুকিয়ে থাকে। কুরূপ ব্যক্তির সৌন্দর্য হয় তার বিদ্যা। এমনটা এজন্য হয়, কারণ জ্ঞান দ্বারাই সে নিজের আত্ম পরিস্কার করে জগতকে প্রকাশিত করতে পারে। এর থেকে এমনটা অনুমান লাগানো যেতে পারে যে, মানব জীবনে জ্ঞানের গুরুত্ব কতটা!

বিদ্যা বা জ্ঞান কি ভাবে ব্যক্তির জীবনের সঙ্গে যুক্ত হয়ে থাকে, সেই ব্যাপারে আচার্য চাণক্য আরও একটা সূত্র প্রদান করেছেন –

# বিদ্যা চৌরৈরপি ন গ্রাহ্যা।

*এই সূত্রের অর্থ হচ্ছে – বিদ্যাকে চোরেও চুরি করতে পারে না।*

সমস্ত ভৌতিক ধনের চুরি সহজেই করা যেতে পারে। সেগুলোর মালিকানার ওপরে অন্য যে কেউ দাবী করতে পারে। মুহূর্তের মধ্যে সেই ধন এক ব্যক্তির থেকে অন্য ব্যক্তির কাছে চলে যেতে পারে। কিন্তু বিদ্যা অর্থাৎ জ্ঞানই হচ্ছে সঠিক অর্থে এমন এক ধন... যেটাকে না তো কেউ কখনো চুরি করতে পারে আর না-ই এটার মালিকানার ওপরে অন্য কেউ দাবী করতে পারে। এই সম্পত্তি একেবারে ব্যক্তিগত হয়। এজন্য এই ধন অর্জন করার এক বিশেষ গুরুত্ব থাকে।

এই ব্যাপারটাকে বুঝে সফল ব্যক্তিরা যত বেশী মাত্রায় সম্ভব জ্ঞান অর্জন করার জন্য সর্বদা প্রচেস্টারত হয়ে থাকেন। এই সব লোকেরা একটা কাজে সফলতা অর্জন করার পরে এমনটা ভাবেন না যে, এখন আর এই ক্ষেত্রের সঙ্গে সম্বন্ধিত তথ্য সংগ্রহ করে কি লাভ... এখন তো আমাদের কাজ হয়ে পড়েছে ! তার পরিবর্তে এমন লোকেরা তার পরেও সেই ক্ষেত্রের সঙ্গে সম্বন্ধিত তথ্য হাসিল করতে থাকেন। এজন্য ভবিষ্যতে আবার যদি কখনো সেই প্রকারের কোন কাজ হাতে নিতে হয়, তাহলে এমন লোকেরা সহজেই সেই কাজ সম্পন্ন করে ফেলেন। সঠিক অর্থে বলতে গেলে, জ্ঞান হাসিল করার উৎকৃস্ট ইচ্ছাই সফল লোকেদের পরিচিতি হয়। যে ব্যক্তির ভেতরে এই ক্ষুধা যত বেশী জেগে ওঠে, তিনি তত বেশী সফল হন অথবা তিনি ততটাই দ্রুত গতিতে সফলতার পথে অগ্রসর হতে থাকেন। এমন লোকেদের জীবন সম্পূর্ণ রূপে খুশীতে ভরে থাকে।

জ্ঞানে বৃদ্ধি করার জন্য ব্যক্তির প্রতিটি মুহূর্তে তৎপর হয়ে থাকা উচিত। তাঁর কখনো এমনটা ভাবা উচিত নয় যে, তিনি অনেক কিছু জেনে নিয়েছেন আর তাঁর আর এখন আর কিছ জানার প্রয়োজন নেই। এই ব্যাপারটাকে এক উদাহরণের মাধ্যমে সহজে বোঝা যেতে পারে।

এক বার স্বামী শংকরাচার্য সমুদ্রের ধারে বসে নিজের শিষ্যদের সঙ্গে বার্তালাপ করছিলেন। হঠাৎ ওনার এক শিষ্য চাটুকারিতা ভরা শব্দে বললেন – *"গুরুদেব! আপনি এত বেশী জ্ঞান কি করে অর্জন করলেন, সেটা ভেবে আমি আশ্চর্য হয়ে উঠি। হয়তো আর কারো কাছে জ্ঞানের এত বেশী ভাণ্ডার হবে না!"*

শংকরাচার্য বললেন – *"আমার কাছে জ্ঞানের ভাণ্ডার রয়েছে, এমনটা তোমাকে কে বলল ? আমাকে তো নিজের জ্ঞানে আরও বৃদ্ধি করতে হবে!"*

এর পরে উনি হাতের কাঠটাকে জলে ডুবোলেন আর সেটা নিজের সেই শিষ্যকে দেখিয়ে বললেন – *"এই মাত্র আমি এই অতল সমুদ্রে এই কাঠটাকে ডুবিয়েছি... কিন্তু কাঠটা কেবলমাত্র এক ফোঁটা জলই গ্রহণ করেছে। ব্যস্... এটাই জ্ঞানের*

*ব্যাপারেও বলা যেতে পারে। জ্ঞানাগার কখনো ভরে না। তাকে কিছু-না-কিছু গ্রহণ করতেই হয়। আমার থেকেও বড় বিদ্বান এই দুনিয়ায় বিদ্যমান রয়েছেন। আমার এখনও অনেক কিছু গ্রহণ করার বাকী আছে।"*

সঠিক অর্থে বলতে গেলে জ্ঞান অর্জিত করার এমনই ক্ষুধা থাকা উচিত। শংকরাচার্যের বিদ্বতা কে না জানে! তা সত্ত্বেও জ্ঞান হাসিল করার প্রতি ওনার দৃষ্টিভঙ্গী কতটা প্রেরণাদায়ক ছিল! এই উদাহরণ থেকে শিক্ষা গ্রহণ করে প্রতি মুহূর্তে নিজের জ্ঞানের সঙ্গে কিছু-না-কিছু যুক্ত করার ক্ষুধা নিজের ভেতরে জাগিয়ে তোলা উচিত।

জ্ঞান ব্যক্তির পক্ষে সকল দৃষ্টিতেই অত্যন্ত উপযোগী হয়। এই ব্যাপারে আচার্য চাণক্য এক অত্যন্ত গুরুত্বপূর্ণ সূত্র প্রদান করেছেন –

**বিদ্যা খ্যাপিতা খ্যাতিঃ।**

এই সূত্রের অর্থ হচ্ছে – *বিদ্যা খ্যাতির বিস্তার করে।*

এই সূত্রের মাধ্যমে ম্যানেজমেন্ট গুরু চাণক্য আমাদের এটা বোঝাতে চেয়েছেন যে, বিদ্যা দ্বারা যশ ছড়িয়ে পড়ে। এজন্য যে ব্যক্তির কাছে যত বেশী জ্ঞান হবে, তাঁর যশ তত বেশী ছড়িয়ে পড়বে। এটাকে অন্য শব্দে এমন ভাবে বলা যেতে পারে যে, যে ব্যক্তি যত জ্ঞানী হন... দুনিয়ায় তাঁর তত বেশী নাম হয়। এজন্য যত বেশী সম্ভব জ্ঞান হাসিল করার চেষ্টা করা উচিত।

আসলে এমনটা এজন্যও হয় যে, যে ব্যক্তি যত বেশী জ্ঞানী হন... তিনি তত বেশী সফলও হন। এজন্য তাঁর খ্যাতিও স্বাভাবিক রূপে চার দিকে ছড়িয়ে পড়ে। জ্ঞানে পরিপূর্ণ ব্যক্তি প্রতিটি কাজকেই অত্যন্ত সঠিক ভাবে আর সঠিক সময়ে করেন। এজন্য এমন লোকেদের নাম দূর-দূরান্ত পর্যন্ত ছড়িয়ে পড়ে। এটা অত্যন্ত পরিস্কার যে, যে ব্যক্তির যত বেশী খ্যাতি হয়... তাঁর পক্ষে নিজের কাজ সম্পন্ন করাটা তত বেশী সহজ হয়ে ওঠে। খ্যাতি যদিও নিজের সাথে কিছু দায়িত্বও নিয়ে আসে... কিন্তু সেটার সাথে-সাথে এত বেশী লাভও নিয়ে আসে যে, ব্যক্তির সামনে কোন সমস্যার সৃষ্টি হয় না আর তিনি সফলতার চূড়োয় উঠে চলেন।

জ্ঞান হাসিল করার সময় সর্বদা এই জিনিষটা মাথায় রাখা উচিত যে, বিষয়ের মূলের ওপরে আপনাদের দখল রয়েছে। আপনারা যখন কোন বিষয়ের মূলটাকে বুঝে নেন, তখন বাকী সব জিনিষ বোঝাটা অত্যন্ত সহজ হয়ে ওঠে। সফল লোকেরা এমনটাই করেন। এজন্য এই প্রবৃত্তির বিকাশ নিজের ভেতরে অতি অবশ্যই করা উচিত। এই জিনিষটাকে বোঝানোর জন্য এক অত্যন্ত সুন্দর উদাহরণের সহায়তা গ্রহণ করা যেতে পারে।

সীমান্ত গান্ধীর লোকালয়ে এক মৌলবী সাহেব বাস করতেন। সমস্ত লোকালয় তাঁকে পীরের মতই পূজা করত। এক দিন মৌলবী সাহেব নিজের ছাগল সীমান্ত গান্ধীকে দিয়ে বললেন – *"এটাকে খুঁটির সঙ্গে বেঁধে দাও।"* সেই ছাগলটা বড়ই শয়তান ছিল। ও সহজে মানার পাত্র মোটেই ছিল না। ও লাফিয়ে উঠে পালাল আর সীমান্ত গান্ধীর হাত থেকে দড়ি ছেড়ে গেল। কিন্তু উনিও ছেড়ে দেওয়ার পাত্র ছিলেন না। উনি ঝাঁপিয়ে পড়ে ছাগলটার দুটো পা চেপে ধরলেন।

*এই দৃশ্য মৌলবী সাহেব দেখছিলেন। উনি বললেন – "বেটা! এটাই হচ্ছে জীবনের বাস্তবিক সূত্র। মূল চেপে ধরলে গোটা গাছ নিজের হয়ে পড়ে। সুতরাং আমাদের যে কোন বিষয়ের মূল চেপে ধরা উচিত... তাহলেই আমরা সেটাকে আত্মসাৎ করতে পারব।"*

জ্ঞান হাসিল করতে কখনো কোন প্রকারের সংকোচ করা উচিত নয়। জ্ঞান হাসিল করার কোন শুভ মুহূর্তও হয় না... এটা যে কোন জাগয়ায় আর যে কোন সময় হাসিল করা যেতে পারে। এই ব্যাপারে ম্যানেজমেন্ট গুরু চাণক্য এক অত্যন্ত উপযোগী সূত্র প্রদান করেছেন।

উনি লিখেছেন –

**गुणे न मत्सरः कार्यः।**

এর অর্থ হচ্ছে – *গুণ শেখায় মৎসর করা উচিত নয়।*

এই সূত্রের মাধ্যমে ম্যানেজমেন্ট গুরু চাণক্য এটা বলতে চেয়েছেন যে, জ্ঞান বা গুণ হাসিল করার কাজে কখনো অন্য কোন জিনিষকে বাধা হয়ে উঠতে দেওয়া উচিত নয়। ধরুন আপনি কোন ব্যক্তিকে ঘৃণা করেন। কিন্তু তার অর্থ এটা নয় যে, আপনি সেই ব্যক্তির গুণ বা তাঁর জ্ঞানকে ঘৃণা করতে লাগবেন। এমনটা করা সেই ব্যক্তির নয়... সেই জ্ঞান আর গুণের অপমান করা হবে। এজন্য জীবনে সফল সেই ব্যক্তিরাই হন, যাঁরা নিজেদের প্রতিপক্ষের থেকেও ভালো কিছু শেখার চেষ্টা করেন। হয়তো সেটা আপনার কোন কাজে এসে যেতেও পারে। অনেক বার এমনও হয় যে, যে ব্যক্তিকে আমরা কোন কাজের নয় বলে মনে করি... সেই ব্যক্তির মধ্যে এমন কোন গুণ থাকে বা তার কাছে এমন কোন জ্ঞান থাকে – যেটা আমাদের অনেক কাজে আসে। এজন্য সঠিক অর্থে কোন কিছু শেখার রাস্তায় কোন প্রকারের বাধা আসতে দেওয়া উচিত নয়।

❑

09

# ধনের গুরুত্ব

এটা সত্য যে, ব্যক্তির জীবনে ধনের অত্যন্ত গুরুত্বপূর্ণ স্হান থাকে। যদিও জ্ঞান আর বিদ্যার সাথে এর তুলনা করা চলে না... কিন্তু আজকের সমাজে ধনের গুরুত্ব দিনের-পর-দিন ক্রমশঃ বেড়েই চলেছে। আজ আমাদের সামাজিক গঠন প্রণালী এমন হয়ে উঠেছে যে, যে ব্যক্তির কাছে ধন থাকে... তিনি সব কিছুই প্রাপ্ত করে নেন। এজন্য ধনের উপযোগিতা আর গুরুত্বকে অন্য কোন কিছুর থেকে কম বলা চলে না।

ম্যানেজমেন্ট গুরু চাণক্য ধনের গুরুত্বকে বুঝে বেশ কিছু সূত্র প্রদান করেছেন। সেগুলোর মাধ্যমে উনি মানব জীবনে ধনের প্রয়োজন আর সেটার গুরুত্বকে প্রতিপাদিত করেছেন। আসলে, আজকের যুগের সব থেকে বড় সত্যতা হচেছ এটা যে, ধন দ্বারা সব কিছু প্রাপ্ত করা যেতে পারে না... কিন্তু ধন দ্বারা অনেক কিছু অবশ্যই প্রাপ্ত করা যেতে পারে। সমাজও সেই ব্যক্তিকেই সফল হিসেবে মান্যতা প্রদান করে, যাঁর কাছে ধন থাকে। এজন্য ধন অর্জন করার ব্যাপারে সংকোচ করা একেবারেই উচিত নয়।

ধন অর্জন করার প্রবৃত্তিকে ভুলও মানা হয়নি। আচার্য চাণক্য এক সূত্র প্রদান করেছেন –

**अर्थेषणा न व्यसनेषु गण्यते।**

এর অর্থ হচেছ – *ধনের অভিলাষাকে ব্যসন হিসেবে মানা হয় না।*

এই সূত্রের মাধ্যমে আচার্য চাণক্য এই ব্যাপারটাকে স্পষ্ট করার চেষ্টা করেছেন যে, ধন অর্জন করার ইচছা রাখাটা কোন খারাপ জিনিষ নয়। বরং সঠিক অর্থে দেখতে গেলে ধন অর্জন করার ইচছা রাখা ব্যক্তিরা নিজেদের ক্ষমতার থেকে অনেক বেশী পরিশ্রম করেন আর তাঁরা সেই অনুসারে সফলতাও হাসিল করে নেন। এজন্য ধন অর্জন করার ইচছার সাথে কাজ করাকে কোন ভাবেই ভুল বলে মানা যেতে পারে না।

তবে হ্যাঁ...এই ইচ্ছার সাথে কাজ করার সময় কিছু-কিছু ক্ষেত্রে সাবধান থাকাটা অত্যন্ত জরুরী হয়। এই ব্যাপারটাকে সর্বদা সুনিশ্চিত করে নেওয়া উচিত যে. ধন কামানোর চক্করে কখনো যেন কোন ভুল মাধ্যমের সহায়তা না গ্রহণ করা হয়। কার্যের গুণবত্তার ওপরে ধন কামানোর ইচ্ছাকে প্রাথমিকতা প্রদান করা উচিত নয়। এমনটা করলে কাজও পঙ্গু হয়ে পড়ে আর ধনও হাতে আসে না... তার সাথে-সাথে ব্যক্তি ব্যর্থও হয়ে পড়েন। এজন্য সর্বদা এই দিকে বিশেষ দৃষ্টি রাখা উচিত।

অর্থ অর্থাৎ ধনের গুরুত্বকে প্রতিপাদিত করে আচার্য চাণক্য আরও একটা অত্যন্ত গুরুত্বপূর্ণ সূত্র প্রদান করেছেন –

**अर्थमूलौ धर्मकामौ।**

এর অর্থ হচেছ – *ধর্ম আর কামের মূল হচেছ 'অর্থ'!*

এই সূত্রের মাধ্যমে ম্যানেজমেন্ট গুরু চাণক্য এই জিনিষটাকে অত্যন্ত পরিস্কার করে তুলেছেন যে, ধর্মের সাথে কামের জন্যও প্রেরিত করে তোলা সব থেকে গুরুত্বপূর্ণ কারক ধনই হয়। এজন্য ধন অর্জন করার প্রতি অনুদার দৃষ্টিভঙ্গী ঠিক হয় না। সঠিক অর্থে বলতে গেলে ব্যক্তি জীবনে সুখী থাকার জন্য এবং নিজের মনের শান্তির জন্য পূজা-পাঠ অর্থাৎ ধর্মের আশ্রয় গ্রহণ করে। এই ধর্মের পালনের জন্য আর জীবনের প্রাথমিক আবশ্যকতাগুলোর পূর্তির জন্যও ব্যক্তির ধনের প্রয়োজন পড়ে। এজন্য সব থেকে জরুরী হচেছ ধন অর্জন করা। ধন না থাকলে ব্যক্তির পক্ষে ধর্ম পালনের সাথে-সাথে স্বাভাবিক রূপে নিজের পরিবারের পালন-পোষণ করাটাও অত্যন্ত মুশ্কিল হয়ে ওঠে।

ধন কামানো আর সেটা সঞ্চয় করার ইচ্ছা রাখা ব্যক্তির মধ্যে একটা গুণ থাকাটা অত্যন্ত জরুরী হয়। তাঁর ভেতরে মিতব্যয়িতা থাকা উচিত। এমনটা না থাকলে তিনি ধন তো কামিয়ে নেবেন... কিন্তু সেটাকে সামলে রাখতে পারবেন না। এজন্য ব্যক্তির স্বভাবের মধ্যে এই গুণ থাকাটা অত্যন্ত জরুরী হয়। এই গুণের গুরুত্বকে এক উদাহরণের মাধ্যমে বোঝা যেতে পারে।

তামিল সাহিত্য জগতে ভল্লুভর এক বিরাটা বড় নাম। উনি এক অত্যন্ত প্রসিদ্ধ কবিও ছিলেন। ওনার পত্নীর নাম ছিল বাসুকী। তিনি এক অত্যন্ত পতিব্রতা মহিলা ছিলেন। বিবাহের দিন ভল্লুভর খাবার পরিবেশন করার সময় নিজের পত্নীকে বললেন – "*আমার খাবার খাওয়ার সময় প্রতি দিন একটা বাটিতে জল আর একটা ছুঁচ রাখবে।*" বাসুকী সারাটা জীবন নিজের পতির এই আজ্ঞার পালন করেছিলেন।

জীবনের অন্তিম মুহূর্তে যখন ভল্লুভর নিজের পত্নীকে প্রশ্ন করলেন –

*"তোমার কি চাই ? তোমার কি কোন ইচ্ছা আছে ?"*

ওনার পত্নী বললেন – *"হ্যাঁ... আমার একটা প্রশ্ন আছে। আমাদের বিবাহের দিন তুমি তোমার খাবার খাওয়ার সময় প্রতি দিন একটা বাটিতে জল আর একটা ছুঁচ রাখার জন্য বলেছিলে। আমি কোন প্রশ্ন না করে তোমার সেই আজ্ঞার পালন সারাটা জীবন ধরে করে এসেছি। তবুও আজ আমার এটা জানার বড়ই ইচ্ছা হচেছ যে, তুমি এই দুটো জিনিষ কেন চেয়েছিলে ? এটা যদি তুমি আমাকে জানিয়ে দাও, তাহলে আমি শান্তিতে মরতে পারব !"*

ভল্লুভর অত্যন্ত স্নেহের সাথে উত্তর দিলেন – *"আমি জল আর ছুঁচ এজন্য চাইতাম, যাতে তুমি খাবার পরিবেশন করার সময় যদি ভাতের দানা মাটিতে পড়ে যায়... তাহলে আমি ছুঁচ দিয়ে সেটাকে মাটি থেকে তুলে জল দিয়ে ধুয়ে খেতে পারব... কিন্তু তুমি এতটাই দক্ষ ছিলেন যে, তুমি একদিনও আমাকে ছুঁচ আর জলের উপযোগ করার সুযোগই দাওনি !"*

এর থেকে এই শিক্ষা পাওয়া যায় যে, ব্যক্তির কি ভাবে মিতব্যয়িতার পালন করা উচিত। মিতব্যয়িতার অর্থ কঞ্জুস হওয়া মোটেই নয়। মিতব্যয়িতার অর্থ হচেছ ফালতু খরচকে নিয়ন্ত্রণে রাখা। জরুরী কাজগুলোর জন্য জরুরী খরচ তো প্রতিটি ব্যক্তিরই করা উচিত... কিন্তু অপ্রয়োজনীয় কাজের জন্য উল্টো-পাল্টা খরচ করাকে মূর্খতা ছাড়া আর কিছুই বলা চলে না। এজন্য ধন কামানোর ইচ্ছা রাখা ব্যক্তিদের এই ব্যাপারে অত্যন্ত সজাগ হয়ে থাকা উচিত।

নির্ধনতাকে আচার্য চাণক্য অভিশাপ মানতেন। এই কারণে উনি চাণক্য নীতিতে লিখেছেন –

**अपुत्रस्य गृहं शून्यं दिशः शून्यास्त्वबान्धवाः।**
**मूर्खस्य हृदयं शून्यं सर्वशून्यं दरिद्रता॥**

নির্ধনতাকে অভিশাপ মেনে আচার্য চাণক্য এখানে এই শ্লোকের মাধ্যমে বলেছেন – *পুত্রহীনের কাছে ঘর-বাড়ী শূণ্য হয়ে পড়ে... যার ভাই নেই, তার কাছে চার দিক শূণ্য হয়ে পড়ে... মূর্খের হৃদয় শূণ্য হয়ে পড়ে... কিন্তু নির্ধনের কাছে সব কিছুই শূণ্য হয়ে পড়ে !*

এর থেকেই এটা অত্যন্ত স্পষ্ট হয়ে ওঠে যে, ব্যক্তির জীবনে ধনের গুরুত্ব কত বেশী হয়। যে ব্যক্তি ধনকে গুরুত্ব দেন না, তাঁকে বেশ কয়েক প্রকারের সমস্যার মুখোমুখি হতে হয়। ধন দ্বারাই ব্যক্তি সমাজে সম্মান প্রাপ্ত করেন। যাঁর কাছে ধন না থাকে, তিনি সমাজে সম্মান প্রাপ্ত করেন না। এছাড়া এমন ব্যক্তিকে নিজের পরিবার আর আত্মীয়-স্বজনদের মধ্যেও সম্মান পেতে দেখা যায় না।

এজন্য যদি কোন ব্যক্তি সব দিকে সম্মান প্রাপ্ত করতে চান... তাহলে তাঁর ধন কামানোর ওপরে বিশেষ জোর দেওয়া উচিত... কারণ এটা ছাড়া জীবনই শূণ্য হয়ে পড়ে। এটা পরিস্কার যে. ধন কামানোর জন্য কঠোর পরিশ্রম করতে হয়। এজন্য ব্যক্তির কঠোর পরিশ্রম করায় কখনো সংকোচ করা উচিত নয়... কারণ কঠোর পরিশ্রম না করলে কখনোই ধনের প্রাপ্তি হতে পারে না।

ধনের প্রয়োজনকেও আচার্য চাণক্য রেখাঙ্কিত করেছেন। উনি চাণক্য নীতিতেই লিখেছেন –

**यस्यार्थास्तस्य मित्राणि यस्यार्थास्तस्य बांधवा:।**
**यस्यार्था: स पुमांल्लोके यस्यार्था: स च पंडित:।।**

এখানে আচার্য চাণক্য ধনবান হওয়ার ফলে উৎপন্ন গুণবত্তার আলোচনা করে বলেছেন – *যে ব্যক্তির কাছে টাকা-পয়সা থাকে, লোকেরা আপনা থেকেই তাঁর মিত্র হয়ে ওঠে। বন্ধু-বান্ধবরাও তাঁর চার পাশে এসে ভীড় জমায়। ধনবান ব্যক্তিকেই আজকের যুগে বিদ্বান আর সম্মানিত ব্যক্তি হিসেবে মানা হয়ে থাকে। ধনবান ব্যক্তিকেই বিদ্বান আর জ্ঞানবান ব্যক্তি হিসেবে মনে করা হয়ে থাকে।*

বস্তুতঃ আজ থেকে অনেক বছর আগে ম্যানেজমেন্ট গুরু চাণক্যের এই উক্তি আজকের পরিস্থিতিতে ষোল আনা সত্য প্রমাণিত হচ্ছে। এমনটা দেখতে পাওয়া গেছে যে, যে ব্যক্তির কাছে টাকা-পয়সা না থাকে... তাঁর পরিচিতরা তাঁর দিক থেকে মুখ ঘুরিয়ে নেন। তাঁর বন্ধু-বান্ধব আর পরিবারের সদস্যরা তাঁকে ত্যাগ করে দেন। অনেক বার তো পরিস্থিতি এমনও হয়ে ওঠে যে, সমাজ নির্ধনকে মানুষ পর্যন্ত মেনে নিতেও প্রস্তুত হয় না।

এটা অত্যন্ত পরিস্কার যে, এমনটা সঠিক প্রবৃত্তি বলা চলে না... কিন্তু এটাই সত্য আর আজকের সমাজে এমনটাই হচ্ছে। নির্ধন ব্যক্তিকে কেউই গুরুত্ব দেয় না। অনেক বার তো এমনটাও দেখতে পাওয়া যায় যে, বিভিন্ন গুণে সম্পন্ন হওয়া সত্ত্বেও নির্ধন ব্যক্তি সমাজে সেই সম্মানের অধিকারী হন না... যেটার যোগ্য অধিকারী তিনি হন। এমনটা কেবলমাত্র একটা অভাবের কারণেই হয় আর সেটা হচ্ছে ধনের অভাব! এজন্য যে ব্যক্তি আত্মীয়-পরিজনের সাথে-সাথে সমাজেও সম্মান হাসিল করতে চান... তাঁর ধন অর্জন করার ওপরে বিশেষ জোর দেওয়া উচিত। ধন অর্জন করার জন্য যে ধরণের পরিশ্রম করার প্রয়োজন পড়ে, ততটা পরিশ্রম যে কোন ব্যক্তির অবশ্যই করা উচিত।

ধন কামিয়ে নেওয়ার পরে সব থেকে বড় চ্যালেঞ্জ এটা হয় যে, সেটার ব্যবস্থাপনা সঠিক ভাবে করা হোক্। আজকাল ধন ব্যবস্থাপনা এক বিশেষজ্ঞতার

ক্ষেত্র হয়ে উঠেছে আর বড়-বড় ম্যানেজমেন্ট গুরুরা ওয়েল্থ ম্যানেজমেন্টের পাঠ পড়িয়ে লাখো টাকা কামাচেছন। কিন্তু আচার্য চাণক্য হচেছন সব থেকে প্রাচীন ম্যানেজমেন্ট গুরু আর উনি নিজের যুগেই এই জিনিষটার গুরুত্ব বুঝে নিয়েছিলেন। এজন্য উনি এই ব্যাপারে এক অত্যন্ত উপযোগী সূত্র প্রদান করেছেন। উনি লিখেছেন –

**परीक्ष्यकारिणी श्रीश्चिरं तिष्ठति।**

এর অর্থ হচেছ – *পরীক্ষা করে কাজ করলে লক্ষ্মী দীর্ঘকাল পর্যন্ত থাকেন!*

এটা কোন সাধারণ সূত্র মোটেই নয়... এর অর্থ অত্যন্ত গভীর। কাজ শুরু করার আগে জরুরী জিনিষগুলোর ওপরে যে ব্যক্তি ভাবনা-চিন্তা করে নেন, তাঁর মস্তিস্কে ধন ব্যবস্হাপনা নিয়ে এক স্পষ্ট রূপরেখা তৈরী হয়ে পড়ে। এজন্য এমন ব্যক্তির কাছে ধন দীর্ঘ সময় পর্যন্ত থাকে। এমনটা বলাও হয়েছে যে, লক্ষ্মীর স্বভাব অত্যন্ত চঞ্চল হয় আর তিনি দীর্ঘ সময় পর্যন্ত কোন এক স্হানে থাকা পছন্দ করেন না। এমনটা করার জন্য ব্যক্তিকে বিশেষ প্রচেস্টা করতে হয়। যে ব্যক্তি ভেবে-চিন্তে কাজ করেন... তাঁর কাছে লক্ষ্মী স্বাভাবিক রূপে দীর্ঘ সময় থাকেন।

এর পেছনে কারণ অত্যন্ত সহজ হয়। যে ব্যক্তি ভেবে-চিন্তে কাজ করেন... তিনি ভেবে-চিন্তে খরচও করেন। অর্থাৎ তিনি ফালতু খরচ করবেন না। আর যে ব্যক্তি ফালতু খরচ করবেন না, তাঁর ধন-লক্ষ্মীর কোন অভাবও হবে না। সাধারণতঃ এমনটা দেখতে পাওয়া গেছে যে, যে ব্যক্তির কাছে প্রচুর ধন এসে পড়ে... তিনি অত্যধিক খরচ করতে শুরু করেন। এজন্য এমন ব্যক্তির কাছে ধন দীর্ঘ সময় পর্যন্ত টেঁকে না... কারণ লক্ষ্মী এমনটা মনে করতে থাকেন যে, সেই ব্যক্তি তাঁর অনাদর করছেন। অন্য দিকে যে ব্যক্তি ভেবে-চিন্তে জরুরী কাজেই টাকা-পয়সা খরচ করেন, তাঁর কাছে ধন স্বাভাবিক রূপে বেশী দিন টেঁকে। এমন ব্যক্তি প্রতিটি মুহূর্ত প্রসন্ন হয়ে থাকেন আর এমন ব্যক্তির সামাজিক প্রতিষ্ঠাও দিনের-পর-দিন বেড়ে চলে। এজন্য সফলতা প্রাপ্ত করতে ইচছুক ব্যক্তিদের ধন খরচ করার প্রতিও জাগরুক হয়ে থাকা উচিত।

এই সূত্রটাকে আরও একটু স্পস্ট করে আচার্য চাণক্য আরও একটা অত্যন্ত উপযোগী সূত্র প্রদান করেছেন। উনি লিখেছেন –

**भाग्यवन्तमपरीक्ष्यकारिणं श्रीः परित्यजतिः।**

এর অর্থ হচেছ – *ভাবনা-চিন্তা না করে কাজ করতে থাকা ভাগ্যশালী ব্যক্তিকেও*

*লক্ষ্মী ত্যাগ করে চলে যান!*

এই সূত্রের মাধ্যমে ম্যানেজমেন্ট গুরু চাণক্য বেশ কিছু জিনিষকে স্পস্ট করে বলেছেন যে, কাজ শুরু করার আগে সময়, স্হান, সুযোগ, পরিণাম ইত্যাদির ব্যাপারে অবশ্যই চিন্তা-ভাবনা করা উচিত। এমনটা না করলে ব্যক্তি যতই ধনী হোন্ না কেন... তিনি অত্যন্ত শীঘ্র নির্ধন হয়ে পড়েন। ভাগ্যও এমন ব্যক্তির ধন রক্ষা করতে পারে না।

এখানে এটা বলার কোন প্রয়োজন নেই যে, যে ব্যক্তি সময়, স্হান, সুযোগ পরিণাম ইত্যাদির ব্যাপারে ভাবনা-চিন্তা না করে কাজ করেন... তিনি নিজের ব্যর্থতাকেই আমন্ত্রিত করে ডেকে নিয়ে আসেন। এমনটা করা ব্যক্তি নিজের পরিশ্রমের সাথে-সাথে নিজের ধনও নস্ট করে ফেলেন। এমন ব্যক্তির পক্ষে জীবনে সফলতার আশা করাটা বৃথাই হয়। এমন ব্যক্তি ধন অর্জন করা তো দূরের কথা... উল্টে সঞ্চিত ধনও বর্বাদ করে ফেলেন। এজন্য এমন ব্যক্তির কাছে লক্ষ্মীর টিকে থাকাটা এক প্রকারে অসম্ভব হয়।

এজন্য এই সূত্রের মাধ্যমে ম্যানেজমেন্ট গুরু চাণক্য এই শিক্ষা প্রদান করেছেন যে, ধন কামিয়ে নিলেই সব কিছু হয় না। ধন কামানো একটা আলাদা জিনিষ হয় আর সেটার সঠিক ব্যবস্হাপনা করাটা অন্য জিনিষ হয়। এই দুটোর মধ্যে সামঞ্জস্য স্হাপন কর: ব্যক্তিই জীবনে সফল হতে পারেন। এজন্য সর্বদা এই জিনিষটা মাথায় রাখবেন যে, যে কোন কাজ শুরু করার আগে সেটার সকল পক্ষগুলোর ওপরে ভালোমতন ভাবনা-চিন্তা করে নিয়ে তবেই যে কোন কাজ শুরু করা উচিত। একমাত্র তখনই কাজে সফলতা পাওয়া যায়... ধনও প্রাপ্ত হয় আর সেই ধন দীর্ঘ সময় পর্যন্ত টিকেও থাকে।

যে ব্যক্তি এমনটা করেন না... তাঁর পক্ষে সামনের পথ অত্যন্ত মুশ্কিল হয়ে ওঠে। অন্য দিকে যে ব্যক্তি এমনটা করে নেন, তাঁর পক্ষে সামনের রাস্তা অত্যন্ত সহজ হয়ে ওঠে আর তিনি সব দিক থেকেই প্রতি পদক্ষেপে সফলতা হাসিল করতে থাকেন।

ধন বা সম্পত্তি অর্জন করে নেওয়াটাই পর্যাপ্ত হয় না... বরং সেটার রক্ষা করাটা অনেক বড় ব্যাপার হয়। এই ব্যাপারেও আচার্য চাণক্য এক অত্যন্ত উপযোগী সূত্র প্রদান করেছেন। উনি লিখেছেন –

**सर्वाश्च संपतः सर्वोपायेन परिग्रहेत।**

এই সূত্রের অর্থ হচ্ছে – *সকল সম্পত্তির সকল উপায় দ্বারা সংগ্রহ করা*

উচিত।

সাধারণতঃ এমনটা দেখতে পাওয়া যায় যে. কোন ব্যক্তির কাছে টাকা-পয়সা বা সম্পত্তি এসে পড়লে তিনি সেটার দুরূপয়োগ করা শুরু করে দেন। টাকা-পয়সা হাতে বেশী এসে গেলে লোকেরা ফালতু খরচ করা শুরু করে দেন। এমন লোকেদের কাছে লক্ষ্মী টেঁকেন না আর তিনি সেই ব্যক্তিকে ত্যাগ. করে চলে যান। এমনটা করতে থাকা ব্যক্তিদের ভবিষ্যৎ অন্ধকারময়ই হয়।

আর একবার ধন হাত থেকে বেরিয়ে চলে গেলে তখন তাঁদের নিজেদের ভুলের অনুভূতি হয়। কিন্তু ততক্ষনে অনেক দেরী হয়ে পড়ে আর সেই সময় ভুল সংশোধন করাটা এক প্রকার অসম্ভব হয়ে ওঠে। যদি সেই ব্যক্তি আবার একবার ধন প্রাপ্ত করার ইচ্ছা রাখেন... তাহলে তাঁকে আবার একবার প্রচণ্ড পরিশ্রম করতে হয়। এজন্য এমন প্রবৃত্তির থেকে দূরে থাকাটাই সব থেকে বেশী লাভদায়ক হয়। কারণ এমনটা করা আর নিজের ব্যর্থতাকে ডেকে নিয়ে আসা – দুটো এক জিনিষ হয়।

সমাজেও এমন লোকেদের সম্মান দেওয়া হয় না। লোকেরা এমনটা ভাবতে থাকেন যে, এর কাছে ধন এল, সম্পত্তি এল... কিন্তু এ সেগুলোর রক্ষা করতে পারল না। এর ফলে লোকেদের সেই ব্যক্তির প্রতি বিশ্বাস কমে আসে আর সেই ব্যক্তির পক্ষে ভবিষ্যতে সমাজের থেকে সহযোগ প্রাপ্ত করাটাও যথেস্ট মুশ্কিল হয়ে পড়ে। এটা অত্যন্ত পরিস্কার যে, এমনটা হলে সেই ব্যক্তির পক্ষে ভবিষ্যতে নতুন কোন কাজ করাটা ততটা সহজ হয় না। এজন্য সফলতা পেতে ইচ্ছুক ব্যক্তিদের সর্বদাই এই খারাপ প্রবৃত্তির থেকে দূরে থাকা উচিত।

আরও একটা জিনিষ দেখতে পাওয়া যায় যে, যখন কারো হাতে টাকা-পয়সা আসে... তিনি বেশ কিছু ব্যসনে আসক্ত হয়ে পড়েন। এই কারণেও তাঁর ধনের রক্ষা হতে পারে না। কারণ এমনটা করে তিনি লক্ষ্মীর অপমান করেন। এর সাথে-সাথে এমনটা করার কারণে তাঁর কাজও প্রভাবিত হয়... কারণ যে সময় তাঁর নিজের কাজের প্রতি সমর্পিত হয়ে থাকা উচিত. সেই সময় তিনি ব্যসনে ডুবে থাকেন।

এমনটা করা ব্যক্তিদের বেশ কয়েক প্রকারে ক্ষতি হয়। যে ব্যক্তি হাতে ধন আসার পরে ব্যসনী হয়ে পড়েন... সবার আগে তো তাঁর ধনের লোকসান হয়। তারপর ব্যসনের কারণে তাঁর কাজের লোকসান হয়... কারণ ব্যসনী হয়ে ওঠায় তাঁর প্রাথমিকতা বদলে যায়। তাঁর কাছে ব্যসনই প্রধান হয়ে ওঠে। তিনি নিজের কাজকে উপেক্ষা করতে থাকেন। তিনি এটা ভুলে যান যে, এই কাজের জন্যই

আজ তাঁর কাছে টাকা-পয়সা এসেছে। এমনটা বলাও হয়ে থাকে যে, বিপত্তির সময় ব্যক্তির বুদ্ধিভ্রষ্ট হয়ে পড়ে। তিনি উল্টো-পাল্টা চিন্তা করতে থাকেন। ঠিক তেমনটাই এমন ব্যক্তিদের সঙ্গে ঘটে। তিনি জেনেশুনে নিজের ক্ষতি করার জন্য উঠে-পড়ে লাগেন।

এছাড়া যে ব্যক্তি ব্যসনী হয়ে পড়েন, তাঁর স্বাস্থ্যের ওপরেও সেটার অত্যন্ত খারাপ প্রভাব পড়ে। ধীরে-ধীরে তাঁর শরীর এটার যোগ্য থাকে না যে, তিনি আবার একবার আগের মত পরিশ্রম করতে পারবেন। তাঁর কার্যক্ষমতার ওপরে অত্যন্ত খারাপ প্রভাব পড়ে। ধীরে-ধীরে সেই ব্যক্তি জীবনে ব্যর্থ হয়ে পড়েন আর কাজকর্ম করতে পারেন না। এমন পরিস্থিতির সৃষ্টি হয়ে পড়লে স্বাভাবিক রূপে সেই ব্যক্তির আরও বেশ কয়েক প্রকারের লোকসান হয়।

যে ব্যক্তি টাকা-পয়সার অহংকারে ব্যসনী হয়ে ওঠেন... তাঁর পুরো পরিবারও সুখী হতে পারে না। একজন ব্যক্তির ভুলে গোটা পরিবার ভুগতে থাকে। পরিবারে রোজ-রোজ ঝগড়া হতে থাকে আর অনেক সময় এমন পরিস্থিতিরও সৃষ্টি হয়ে পড়ে যে, পরিবার ভেঙে যায়। এমন অবস্থায় যে ব্যক্তি এই সব কিছুর জন্য দায়ী হন, তাঁর পরবর্তী প্রজন্মের ওপরেও এই সবের নেতিবাচক প্রভাব পড়ে। এজন্য জীবনে সফলতা প্রাপ্ত করতে ইচ্ছুক ব্যক্তিদের নিজেদের ভেতরে এই ধরণের দুর্গুণ কোন অবস্থাতেই সৃষ্টি হতে দেওয়া উচিত নয়।

❑

# 10

# মিত্রতা

প্রতিটি ব্যক্তির সফলতার পেছনে তাঁদের মিত্রদের গুরুত্বপূর্ণ অবদান থাকে। যে ব্যক্তির মিত্র যত ভালো হয়, তিনি তত বেশী সফলতা প্রাপ্ত করেন। ভারতীয় সমাজে মিত্রতার বেশ কিছু উদাহরণ দেওয়া হয়ে থাকে। কৃষ্ণ-সুদামার মিত্রতার চর্চা তো প্রায়ই করা হয়ে থাকে। মিত্রতা রক্তের সম্পর্ক তো হয় না... কিন্তু এটা রক্তের সম্পর্কের থেকে অনেক উঁচু হয়। সঠিক অর্থে বলতে গেলে এটা এমন এক সম্পর্ক হয়... যেটা বেশ কিছু ব্যক্তিকে সফলতার শিখরে পৌঁছে দিয়েছে। আপনাদের আশপাশেও খুঁজলে এমন মিত্রতার নমুনা আপনারা খুঁজে পাবেন।

আচার্য চাণক্য মিত্রতার গুরুত্ব জানতেন। এই কারণেই উনি মিত্রতাকে নিয়ে বেশ কিছু উপযোগী সূত্র প্রদান করেছেন। উনি মিত্রতাকে এমন এক সম্পর্ক হিসেবে মানতেন... যার মাধ্যমে বড়-বড় বাধাও সহজেই পার করা যেতে পারে। সঠিক অর্থে দেখলে মিত্রতা এমনই এক সম্পর্ক হয়! যে ব্যক্তির মিত্র ভালো হয়, সেই ব্যক্তি সফলতার সিঁড়ি বেয়ে লাগাতার ওপরের দিকে উঠে যেতে থাকেন। অন্য দিকে যে ব্যক্তির মিত্র কপটী হয়, তাঁর জীবনে ব্যর্থ হয়ে পড়তে একটুও সময় লাগে না। এজন্য সঠিক মিত্রের পরিচিতি অত্যন্ত জরুরী হয়।

সঠিক অর্থে বলতে গেলে সত্যিকারের মিত্র পাওয়াটাও আজকের এই যুগে অত্যন্ত মুশ্কিল হয়ে উঠেছে। কিন্তু এটাও ঠিক ততটাই সত্য যে, প্রতিটি যুগে ভালো আর খারাপ লোক থাকে। আর এমনটাও বলা হয়ে থাকে যে, ব্যক্তির প্রবৃত্তি যেমন হয়... তিনি মিত্র হিসেবে তেমন লোকই পান। এজন্য মিত্র বেছে নেওয়ার ক্ষেত্রে সজাগ হয়ে থাকাটা অত্যন্ত জরুরী হয়। এই জিনিষটা সর্বদা মাথায় রাখা উচিত যে, এক দিকে যেমন ভালো মিত্র আপনাকে সফলতার শিখরে পৌঁছে দিতে পারে... অন্য দিকে খারাপ মিত্র আপনাকে ঠিক ততটাই বিগড়ে দিতে পারে। প্রথম কথা হচ্ছে এই যে, এমন লোকেদের সঙ্গে মিত্রতা করাই উচিত নয়।

সত্যিকারের মিত্র চিনে নেওয়াটা এক অত্যন্ত গুরুত্বপূর্ণ কলা হয় আর এই জিনিষটা রাতারাতি বিকশিত করা যেতে পারে না। এই জিনিষটা অভিজ্ঞতার সাথে-সাথেই বিকশিত হয়। কিন্তু যদি কিছুটা মানসিক প্রস্তুতি নিয়ে রাখা যায়, তাহলে

এই মামলায় সঠিক নির্ণয় নেওয়া যেতে পারে।

এই ব্যাপারে আচার্য চাণক্য এক অত্যন্ত গুরুত্বপূর্ণ সূত্র প্রদান করেছেন। উনি লিখেছেন –

**आपत्सु स्नेहसंयुक्तं मित्रम्।**

এই সূত্রের অর্থ হচ্ছে – *বিপত্তির সময়েও স্নেহ ভাব রাখা ব্যক্তিই সত্যিকারের মিত্র হয়।*

এর মাধ্যমে ম্যানেজমেন্ট গুরু চাণক্য স্পষ্ট রূপে এমনটা বলেছেন যে, সুখের সময় তো সকলেই আপন হয়... কিন্তু খারাপ সময়ে পাশে থাকা ব্যক্তিই সঠিক অর্থে মিত্র বলার যোগ্য হয়। যখন পরিস্থিতি আপনার অনুকূলে থাকে আর সব কিছু আপনার মনের মত হয়ে চলে... এমন পরিস্থিতিতে যদি আপনার সকল পরিচিত ব্যক্তিরা আপনার পাশে এসে দাঁড়ায়, তাহলে তাতে আশ্চর্য হওয়ার কিছুই নেই। এমন পরিস্থিতিতে সেই সব ব্যক্তিদের মিত্র মনে করার ভুল কখনো করা উচিত নয়। কারণ এমন লোকেরা হয়তো নিজেদের স্বার্থের খাতিরেই আপনার সাথে যুক্ত হয়ে রয়েছে।

এমন পরিস্থিতিতে এই প্রশ্ন উঠতে পারে যে, তাহলে সত্যিকারের মিত্র কি ভাবে চেনা যেতে পারে ? এর জন্য আচার্য চাণক্য এক অত্যন্ত সাধারণ সূত্র প্রদান করেছেন – বিপত্তির সময়ে যে ব্যক্তি আপনার পাশে এসে দাঁড়ায়, সেই হচ্ছে আপনার সত্যিকারের মিত্র! প্রতিটি ব্যক্তির জীবনেই ভালো আর খারাপ সময় আসে। মিত্রদের পরিচয় খারাপ সময়েই পাওয়া যায়। যে ব্যক্তি আপনার খারাপ সময়ে আপনার পাশে এসে দাঁড়াবে, সেই সঠিক অর্থে আপনার মিত্র। এমনটাও বলা হয়ে থাকে যে, যখন কোন ব্যক্তির খারাপ সময় আসে... তখন তাঁর ছায়াও তার সঙ্গ ত্যাগ করে চলে যায়। এটা সত্যও বটে যে, ভালো সময়ে শুভাকাংখী হওয়ার অভিনয় করতে থাকা লোকেরা কোন ব্যক্তির খারাপ সময়ে তাঁর পাশে এসে দাঁড়াতেও চান না। এর অর্থ অত্যন্ত পরিস্কার যে, তাদের স্বার্থ শেষ হয়ে পড়েছে আর সেজন্যই তারা সবাই কেটে পড়েছে।

সফলতার ইচ্ছুক ব্যক্তিদের এমন স্বার্থপর লোকেদের থেকে শত যোজন দূরে থাকাই উচিত। এমন লোকেরা আপনার সামনে আপনার বন্ধু হওয়ার অভিনয় তো করতে থাকে... কিন্তু সুযোগ পাওয়ামাত্র এমন লোকেরা আপনার ক্ষতি করতেও পেছপা হবে না। অন্য দিকে, যে ব্যক্তি আপনার খারাপ সময়েও আপনার পাশে এসে দাঁড়াবেন, তিনিই আপনার সত্যিকারের হিতৈষী আর সত্যিকারের মিত্র হন। এমন লোকেদের সংখ্যা অবশ্য অনেকটাই কম হয়। একবার যদি সত্যিকারের মিত্রের পরিচিতি হয়ে পড়ে... তাহলে তেমন লোকেদের সঙ্গে বন্ধুত্ব যে কোন মূল্যেই করা উচিত।

ভালো মিত্র পাশে থাকলে ব্যক্তির আত্মবিশ্বাসও বেড়ে ওঠে। এটা অত্যন্ত স্পষ্ট যে, আত্মবিশ্বাসে পরিপূর্ণ ব্যক্তি প্রতিটি কাজেই সহজে সফলতা অর্জন করে নেন। এজন্য ভালো মিত্রদের রত্নের মতই সামলে রাখা উচিত। কারণ আজকাল ভালো মিত্র অনেক খুঁজলেও পাওয়া যায় না... এমন অবস্থায় যে কোন ভালো মিত্রকে যে কোন ভাবে হারানোটা ব্যক্তির নিজের আর সেই মিত্রের বিরাট বড় ক্ষতির সমান হয়।

এর অর্থ এটা কখনোই নয় যে, কপটী আর ছলপূর্ণ ব্যক্তিদের সাথেও মিত্রতা করা হোক্। এই ব্যাপারে ম্যানেজমেন্ট গুরু কৌটিল্য চাণক্য নীতিতে এক অত্যন্ত গুরুত্বপূর্ণ কথা বলেছেন। উনি লিখেছেন –

**परोक्षे कार्यहन्तारं प्रत्यक्षे प्रियवादिनम्।**
**वर्जयेत्तादृशं मित्रं विषकुम्भं पयोमुखम्॥**

আচার্য চাণক্য বলেছেন যে, পেছনে কাজ পণ্ড করা আর সামনে প্রিয় ভাষণ করতে থাকা মিত্রের ত্যাগ ঠিক সেই প্রকার করে দেওয়া উচিত, যে প্রকার কোন ব্যক্তি মুখের সঙ্গে সাঁটিয়ে ধরা দুধের ঘড়া এটা জেনে সরিয়ে দেন যে, সেটা বিষ!

এই বক্তব্যের তাৎপর্য হচেছ এটা যে, এক বিষে পরিপূর্ণ ঘড়ায় যদি ওপরের দিকে কিছুটা দুধ ঢেলে দেওয়া হয়, তাহলেও সেটাকে বিষেরই ঘড়া বলা হবে। ঠিক এই প্রকার সামনে মিষ্টি-মিষ্টি কথা বলতে থাকা আর পেছনে কাজ পণ্ড করতে থাকা মিত্রও সেই বিষে পরিপূর্ণ ঘড়ার সমানই হয়।

যে প্রকার বিষে পরিপূর্ণ ঘড়াকে কোন ব্যক্তি গ্রহণ করতে পারে না... ঠিক সেই প্রকার কপটী আর ছলপূর্ণ মিত্রকেও কখনো গ্রহণ করা উচিত নয়। সত্যি কথা তো হচেছ এটা যে, এমন ব্যক্তিকে মিত্র বলাই যেতে পারে না। এমন ছলপূর্ণ মিত্রকে মিত্র বলাটা মিত্র শব্দের সাথে এক প্রকার ছল করাই হয়। এমন লোকেদের ত্যাগ করাই সার্থক জীবনের সূত্র হয়!

এমন লোকেরা মিত্র হওয়ার অভিনয় তো করে... কিন্তু সুযোগ পাওয়ামাত্র এরা নিজেদের আসল রূপ ধারণ করে নেয়। যখন নিজেদের স্বার্থপূর্তির প্রশ্ন আসে... তখন এমন লোকেরা নিজেদের স্বার্থে এত বেশী অন্ধ হয়ে পড়ে যে, অন্যদের ভালো-মন্দের ব্যাপারে এদের কিছুই যায়-আসে না। এমন লোকেদের থেকে দূরে থাকা ব্যক্তিই জীবনে সফল হন।

আর যেসব ব্যক্তি এমন কপটী লোকেদের সংস্পর্শে থাকেন... তাঁরা নিজেদের ব্যর্থতার কাহিনী নিজের হাতেই লেখেন। আমাদের বক্তব্যের তাৎপর্য হচেছ এই যে, তাঁদের জীবনে ব্যর্থ হয়ে পড়াটা কেউই আটকাতে পারে না। কারণ এমন কপটী লোকেরা তাঁদের প্রতি পদক্ষেপে ঠকাতে থাকবে আর সেটার ক্ষতিপূরণ তাঁদেরই দিতে হবে। এজন্য যে মুহূর্তে কোন মিত্রের ব্যাপারে এমন কোন পাক্কা প্রমাণ পাওয়া যাবে

যে, সে কপটী... তখনই আর এক মুহূর্ত সময় নষ্ট না করে এমন মিত্রের সঙ্গে সকল প্রকারের সম্পর্ক বিচ্ছেদ করে নেওয়াটাই সঠিক হয়।

যেহেতু মিত্রদের কাছে আপনাদের সম্পর্কিত অনেক তথ্য থাকে... তাই যদি কোন মিত্র কপটী হয়, তাহলে সে এই সব তথ্যের ব্যবহার আপনাদের বিরুদ্ধে করা শুরু করে দেয়। তার ফলে আপনাদের বেশ কয়েক প্রকারের লোকসান হতে থাকে। এজন্য বুদ্ধিমত্তার পরিচয় হচ্ছে এটা যে, এমন কপটী লোকেদের সঙ্গ ত্যাগ করে সঠিক লোকেদের সঙ্গে মিত্রতা করা হোক।

আচার্য চাণক্য ভালো মিত্রদের ব্যাপারেও এক অত্যন্ত গুরুত্বপূর্ণ সূত্র প্রদান করেছেন। উনি লিখেছেন –

**मित्रसंग्रहेण बलं सम्पद्यते।**

আচার্য চাণক্যের এই সূত্রের অর্থ হচ্ছে – *মিত্র সংগ্রহ দ্বারা শক্তি প্রাপ্ত হয়।*

ম্যানেজমেন্ট গুরু ভালো মিত্রদের গুরুত্বকে আরও একটু বাড়িয়ে বলেছেন যে, মিত্র সংগ্রহ দ্বারা শক্তি প্রাপ্ত হয়। ওনার এই বক্তব্য অত্যন্ত ব্যবহারিক এবং শতকরা একশো শতাংশ সঠিক! যে ব্যক্তির যত বেশী মিত্র আর যত বেশী ভালো মিত্র থাকে... তিনি ততটাই সফল হন। কারণ বড় সংখ্যায় ভালো মিত্র থাকার অর্থ হচ্ছে আপনার কাছে জীবনের সকল ক্ষেত্রের জ্ঞানী ব্যক্তি মজুদ রয়েছেন। আর আপনার কাছে যখন জীবনের সকল ক্ষেত্রের জ্ঞানী ব্যক্তি মজুদ থাকেন... তখন আপনি যে ক্ষেত্রেই কাজ করতে চাইবেন, সেই ক্ষেত্রের সঙ্গে সম্বন্ধিত প্রচুর তথ্য সহজেই আপনি প্রাপ্ত করে নিতে পারবেন। এমনটা হয়ে পড়লে আপনার পক্ষে যে কোন নির্ণয় নেওয়াটাও অত্যন্ত সহজ হয়ে পড়বে।

মিত্র বানানো এক বিরাট বড় কলা হয় আর প্রতিটি ব্যক্তিরই নিজের ভেতরে এই কলার বিকাশ করা উচিত। বিশেষ করে যেসব ব্যক্তি জীবনে সফল হতে চান, তাঁদের মধ্যে তো এই কলা থাকাটা অনিবার্য হয়। এ পর্যন্ত এই পৃথিবীতে যত লোক সফল হয়েছেন, তাঁরা প্রত্যেকেই এই কলায় দক্ষ ছিলেন। এই কলার বিকাশ সময়ের সাথে-সাথে আর নিজের আচরণ দ্বারা করা যেতে পারে। এই কলা কি ভাবে বিকশিত করা যায়, সেটাকে এক উদাহরণের মাধ্যমে বোঝাটা বেশী উপযোগী হবে।

একবার স্বামী রামতীর্থ জাহাজে চেপে জাপান থেকে আমেরিকা যাচ্ছিলেন। যখন সান্ ফ্রান্সিসকো বন্দর এল... তখন সকলে জাহাজ থেকে নেমে যেতে লাগলেন। কিন্তু স্বামী জী নিশ্চিন্ত ভাবে জাহাজের ডেকে পায়চারী করতে লাগলেন। এক আমেরিকান ওনাকে পায়চারী করতে দেখে প্রশ্ন করলেন – *"মহাশয়! আপনার মালপত্র কোথায়?"*

স্বামী রামতীর্থ উত্তর দিলেন – *"আমার কাছে কোন মালপত্র নেই। যা কিছু আছে, সেসব আমার শরীরে রয়েছে।"*

*এতে সেই আমেরিকান ভদ্রলোক বললেন – "আপনার কাছে কি টাকা-পয়সাও নেই ?"*

জবাবে স্বামী রামতীর্থ বললেন – *"না !"*

আমেরিকান ভদ্রলোক প্রশ্ন করলেন – *"তাহলে আপনার জীবন চলে কি ভাবে ?"*

স্বামী জী বললেন – *"সকলের সাথে প্রেমপূর্বক ব্যবহার করাটাই হচ্ছে আমার জীবন। আমার যখন পিপাসা লাগে, তখন আমি জল পেয়ে যাই আর আমার যখন ক্ষুধা লাগে, তখন কেউ-না-কেউ রুটীর টুকরো দিয়েই দেয়।"*

*এই শুনে সেই আমেরিকান প্রশ্ন করলেন – "আমেরিকায় কি আপনার কোন বন্ধু আছেন ?"*

স্বামী রামতীর্থ বললেন – *"হ্যাঁ! থাকবে না কেন ? নিশ্চয়ই আছে। এক আমেরিকান আমার বন্ধু।"* এই বলে স্বামী জী সেই আমেরিকান ভদ্রলোকের কাঁধের ওপরে হাত রেখে বললেন – *"আমার সেই বন্ধু হচ্ছে এ !"*

স্বামী জী-র এই আত্মীয়তাপূর্ণ স্পর্শ সেই আমেরিকান ভদ্রলোকের ওপরে জাদুর মত প্রভাব বিস্তার করল। সেই আমেরিকান ভদ্রলোকের এমনটা মনে হতে লাগল, যেন স্বামী জী-র সঙ্গে ওনার বহু দিনের মিত্রতা রয়েছে ! উনিও এক সত্যিকারের বন্ধুর মত স্বামী জী-র মিত্র হয়ে পড়লেন। এর পরে স্বামী জী যখনই সান্ ফ্রান্সিসকো এসেছেন, সেই আমেরিকান ভদ্রলোক স্বামী জী-কে সম্মানপূর্বক নিজের বাড়ীতে অতিথির রূপে রেখেছেন আর তাঁর আদর-যত্ন করেছেন।

মিত্রতা এই ভাবেই করা হয়ে থাকে। আপনাদের ব্যক্তিত্ব এমনটা হওয়া উচিত যে, আপনারা সঠিক ব্যক্তিকে চিনে নিতে পারবেন আর সঠিক সময়ে সঠিক পদ্ধতিতে তাঁকে নিজের মিত্র করে নিতে পাররেন। এমনটা ততক্ষন পর্যন্ত হবে না, যতক্ষন না আপনাদের নিজেদের চরিত্র ঠিক হবে আর আপনাদের আচার-আচরণে সততা থাকবে। এজন্য এই সব জিনিষগুলোকে নিজেদের ব্যক্তিত্বে অবশ্যই শামিল করে নেওয়া উচিত। এমনটা করা ব্যক্তি জীবনে অবশ্যই সফল হন।

মিত্রতা করার সময়ে সতর্কতা অবশ্যই অবলম্বন করা উচিত। কারণ মিত্রতার সুতো সর্বদাই পারস্পরিক বিশ্বাসের ওপরে টিকে থাকে। সুতো যদি দুর্বল হয়ে পড়ে, তাহলে লোকসান হওয়াটা অনিবার্য হয়। এজন্য কাউকে মিত্র বানানোর সময় তাকে ভালো করে চিনে নেওয়াটা অত্যন্ত জরুরী হয়। আজকাল সোশাল নেটওয়ার্কিং-য়ের যুগ এসে পড়েছে। লোকেরা এখন অরকুট, ফেসবুক, হাই ফাইভ, মিঙ্গলবক্স, ট্যাগ্ড – আরও না জানি কত সাইটে পাইকারী হারে বন্ধু বানাচেছন। এদের মধ্যে বেশীর ভাগ লোকেদের পারস্পরিক পরিচয় পর্যন্ত থাকে না।

মাউসের সাধ্যমে স্থাপিত হওয়া এই বন্ধুত্বে আপনারা একে-অপরের সম্বন্ধে

সেই তথ্যই প্রাপ্ত করতে পারেন... যেটা আপনারা একে-অপরকে জানাতে চান। এখন এই মিত্রতার দুরূপযোগ হওয়ার ব্যাপারেও খবর পাওয়া যাচ্ছে আর এমন মিত্রতার নামে লোকেদের সাথে ছল-কপটতাও করা হচ্ছে। এত কিছু সত্ত্বেও আজকের যুবা প্রজন্ম সোশাল নেটওয়ার্কিং-য়ের এই ব্যবস্থার পেছনে পাগলের মত ছুটে চলেছে। আজকাল সোশাল নেটওয়ার্কিং-য়ের অসংখ্য ওয়েবসাইটের ধান্ধা ফুলে-ফেঁপে উঠেছে। এগুলোর সঞ্চালকেরা যুবাদের ফাঁসানোর পুরো ব্যবস্থা করে রেখেছে। সত্যি কথা বলতে গেলে এসবের মায়াজালে যুবাদের এক বিরাট বড় শ্রেণী মিতার নামে ফেঁসেও গেছে।

দিল্লীর এক যুবক সোশাল নেটওয়ার্কিং সাইটের দ্বারা প্রভাবিত হয়ে আত্মহত্যা করে নিয়েছিল। আসলে, এই সব সাইটে আলাদা-আলাদা কম্যুনিটির কন্‌সেপ্ট রয়েছে। এগুলো এক বিশেষ বিচারধারার প্রতিনিধিত্ব করে। সেটাও আবার মিত্রতার নামে করা হয়ে থাকে। সেই আত্মহন্তা যুবক মৃত্যুর সাথে যুক্ত এক কম্যুনিটির সদস্য ছিল। এই সব কম্যুনিটিগুলোর মধ্যে তর্ক-বিতর্ক চলতেই থাকে। তাই মৃত্যুর সঙ্গে যুক্ত কম্যুনিটির ব্যাপারেও আলোচনা হয়েছিল। মৃত্যুর ওপরে আধারিত কম্যুনিটিগুলোয় প্রবেশ করার সাথে-সাথে এটাকে পৃথিবীর সব থেকে বড় সুখ হিসেবে জানানো বার্তা সহজেই দেখতে পাওয়া যায়। এমনই অশ্লীলতায় পরিপূর্ণ বেশ কিছু সাইট রয়েছে। এগুলোর মাধ্যমে নগ্নতা পরিবেশন করা হয়ে থাকে। নারী দেহ আর পুরুষ দেহের ধান্ধাকেও সঞ্চালিত করতে থাকা বেশ কিছু কম্যুনিটি কাজ করে চলেছে। এই সব সাইটে বেশ কিছু কল গার্ল আর জিগোলো নিজেদের ফোন নম্বর পর্যন্ত দিয়ে রেখেছে।

আতংকবাদকে নিয়েও বেশ কিছু কম্যুনিটি অরকুটে দেখতে পাওয়া যায়। এখানে ওসামা বিন লাদেন থেকে শুরু করে আল্ জবাহিরির ভক্তরা তাদের নামে কম্যুনিটি বানিয়ে রেখেছে। এই সব সাইটের মাধ্যমে আতংকবাদীদের বিচারধারা প্রসার করা হচ্ছে। গালিগালাজের ওপরে আধারিত বেশ কিছু কম্যুনিটিও সোশাল নেটওয়ার্কিং সাইটে দেখতে পাওয়া যাবে। ফেসবুকে মদ্যপান করতে থাকা মেয়েরা নিজেদের কম্যুনিটি বানিয়ে রেখেছে। এখানেও অশ্লীলতার সমস্ত সীমা পার করে যাওয়া হয়েছে।

এমনই অন্য আরও কিছু বিষয়ের ওপরে আধারিত অসংখ্য কম্যুনিটি বৈচারিক প্রদূষণ ছড়ানোর কাজ করে চলেছে। আসলে, আজ এক বিরাট বড় শ্রেণী সোশাল নেটওয়ার্কিং সাইটগুলোর আসক্ত হয়ে পড়েছে। এই সব সাইটগুলো তাদের জীবনের অনিবার্য অঙ্গের মত হয়ে পড়েছে। সব কাজকর্ম ছেড়েছুড়ে দিয়ে সোশাল নেটওয়ার্কিং ওয়েবসাইটগুলোয় সময় নস্ট করতে থাকা ছেলে-মেয়েদের সংখ্যা দিনের-পর-দিন ক্রমশঃ বেড়েই চলেছে। এর ফলে তাদের জীবন-শৈলীর ওপরেও নেতিবাচক প্রভাব পড়ছে।

এই সব সোশাল নেটওয়ার্কিং সাইটগুলো যুবাদের মিথ্যে আর লোক দেখানো প্রবৃত্তিকেও বাড়িয়ে তুলছে। অধিকাংশ ব্যবহারকারী নিজেদের ছবির স্থানে কোন অভিনেতা বা অভিনেত্রীর ছবি লাগিয়ে রেখেছে। এর দ্বারা ব্যবহারকারীদের সততা আর পারস্পরিক বিশ্বাসের ব্যাপারে সহজেই অনুমান লাগানো যেতে পারে। মাউসের সহায়তায় তৈরী মায়াজালের চোরাবালিতে ফেঁসে গিয়ে বেশ কিছু লোকেদের প্রাণ হারানোর ঘটনাও সামনে প্রকাশ পাচ্ছে।

এই ব্যাপারে কারো কোন সন্দেহ থাকা উচিত নয় যে, সেশাল নেটওয়ার্কিং-য়ের মায়াজাল পুরোপুরি বাজার ভিত্তিক। এর মাধ্যমে দেশের যুবা সম্প্রদায়কে ভ্রমিত করার ষড়যন্ত্রের ওপরে সময় থাকতে অঙ্কুশ লাগানোর প্রয়োজন রয়েছে। তার জন্য এই সব সাইটের সঞ্চালকদের ওপরে চাপের সৃষ্টি করার প্রয়োজন। একটা ব্যাপার নিশ্চিত যে, বর্তমান বাজারু ব্যবস্থায় কোন এক দেশের সরকারের পক্ষে এই সব ওয়েবসাইটগুলোকে প্রতিবন্ধিত করা সম্ভব নয়। তবুও এগুলোকে নিয়ন্ত্রিত করার জন্য তো কিছু-না-কিছু করা যেতেই পারে। এমনটা করা যুবাদের পথভ্রস্ট হয়ে পড়া থেকে বাঁচানোর দৃষ্টিতে অত্যন্ত জরুরী বলে মনে হচ্ছে।

ব্যবহারকারীদেরও বাজারের চালকে বুঝতে হবে আর এটা জানতে হবে যে, প্রযুক্তি তাঁদের সুবিধার জন্য রয়েছে... তাঁদের ক্ষতি করার জন্য নয়। তাঁদের এই দিকেও দৃষ্টি দিতে হবে যে, এসব কিছু মিত্রতার নামে হচ্ছে। যখন কি বাস্তবে দেখতে গেলে এগুলো মিত্রতাই হয় না। এটা হচ্ছে একে-অপরকে ভ্রমের মধ্যে রেখে ধোঁকা দেওয়ার এক মাধ্যম মাত্র! এটা হচ্ছে নিজের বাসনার শান্তির জন্য বিকশিত করা আধুনিক মাধ্যমগুলোর অন্যতম। বাজার এই জিনিষটা ভালো করেই জানে যে, লোকেদের ভাবনার ব্যবহার নিজেদের অনুকূলে কি ভাবে করা যেতে পারে। কিন্তু এর থেকে লোকেদের সাবধান থাকা উচিত... কারণ বাজারের তো উদ্দেশ্যই হয় যথাসম্ভব পয়সা কামানো। সোশাল নেটওয়ার্কিং-য়ের মাধ্যমে মিত্রতা করার নেশা বাস্তবে এক ব্যসনই হয়।

একবার আপনারা যদি এটা ঠিক করে নেন যে, আপনারা অমুক ক্ষেত্রে কাজ করবেন, তাহলে সেই ক্ষেত্রের ভালো মিত্রদের সাথে মিলে সেই কাজ পূর্ণ করাটা অত্যন্ত সহজ হয়। এটা অত্যন্ত পরিস্কার যে, মিত্রদের সহযোগে সেই নতুন ক্ষেত্রেও ব্যক্তি সফলতার পতাকা ওড়াতে পারেন আর তাঁর যশ ক্রমশঃ বেড়েই চলতে থাকে। এজন্য জীবনে সফলতা পেতে ইচ্ছুক ব্যক্তিদের নিজেদের মিত্রদের সংখ্যা... বিশেষ করে ভালো মিত্রদের সংখ্যা বাড়িয়ে চলার জন্য লাগাতার প্রয়াসরত হয়ে থাকা উচিত।

❑

# 11

# সঙ্গতি

**যে** কোন ব্যক্তির সফলতায় সঙ্গতির বিশেষ গুরুত্ব থাকে। এমনটা বলাও হয়েছে যে, যেমন সঙ্গতি হয়... ব্যক্তির স্বভাবও ঠিক তেমনটাই তৈরী হয় আর তাঁর আচার-ব্যবহারও সেই অনুসারেই হয়। এজন্য সঙ্গতি ভালো হওয়াটা অত্যন্ত জরুরী হয়। সঙ্গতি যদি ভালো হয়, তাহলে খারাপ ব্যক্তিও ভালো হয়ে ওঠেন আর তিনি ভালো পরিণাম প্রদান করতে থাকেন। কারণ ভালো লোকেদের সঙ্গতে থেকে তিনি ভালো প্রেরণা প্রাপ্ত করেন আর সেই প্রেরণার সহায়তায় তিনি ভালো পরিণাম প্রাপ্ত করতেও সফল হয়ে ওঠেন।

অন্য দিকে যদি দেখা যায়, তাহলে খারাপ সঙ্গতি ভালো লোককেও খারাপ করে তোলে। কারণ খারাপ সঙ্গতিতে ভালো লোকেদের ভালো গুণ খারাপ হয়ে পড়তে থাকে। তিনিও তখন ছোট-ছোট সুখের পেছনে ছুটতে থাকেন। তার পরিণাম এটাই হয় যে, তিনি ধীরে-ধীরে নিজের ভালো গুণগুলো হারিয়ে ফেলতে থাকেন আর শেষে তিনিও খারাপ হয়ে পড়েন। এমনটা বলাও হয়েছে – ***সঙ্গত সে গুণ হোত হ্যায়... সঙ্গত সে গুণ জাত!*** এজন্য সফলতার কামনা রাখা ব্যক্তিদের সর্বদা ভালো সঙ্গতি প্রাপ্ত করার জন্য প্রয়াসরত হয়ে থাকা উচিত।

ভালো সঙ্গতিতে থাকা ব্যক্তি নিজের সব কাজ অত্যন্ত ভালো ভাবে শেষ করে নেন। এমন লোকেদেরই সফল লোকেদের শ্রেণীতে শামিল করা হয়ে থাকে। অন্য দিকে খারাপ সঙ্গতিতে থাকা লোকেদের সমাজও খারাপই মানতে থাকে। এর পরিণাম এটাই হয় যে, সেই ব্যক্তি যদি কখনো কোন ভালো কাজও করেন... তবুও তিনি মান্যতা প্রাপ্ত করেন না।

সঙ্গতির গুরুত্বকে ম্যানেজমেন্ট গুরু চাণক্য ভালোমতন বুঝতেন। এই কারণে উনি সঙ্গতির ওপরে বেশ কিছু সূত্র প্রদান করেছেন। সেগুলোর থেকে কিছু সূত্রের মাধ্যমে আমরা এখানে সফলতা আর সঙ্গতির পারস্পরিক সম্পর্ককে বোঝার চেস্টা করব।

আচার্য চাণক্য এক সূত্র প্রদান করেছেন –

**गुणवदाश्रयन्निर्गुणोपि गुणी भवति।**

এর অর্থ হচ্ছে – *গুণবানের আশ্রয়ে নির্গুণও গুণী হয়ে ওঠে!*

এই কথাটা শতকরা একশো ভাগ সত্যি যে, গুণবান লোকেদের সাথে থাকলে গুণহীন ব্যক্তির মধ্যেও গুণ এসে পড়ে। সঙ্গতির প্রভাব তাঁর ওপরে অবশ্যই পড়ে। এজন্য সজ্জন, বিদ্বান ইত্যাদি গুণবান লোকেদেরই সঙ্গতি করা উচিত। ভালো সঙ্গতিরই এই পরিণাম হয় যে, এক সাধারণ ব্যক্তিও এক বিশেষজ্ঞের মত জ্ঞান রাখতে শুরু করেন।

আসলে হয় কি যে, ভালো লোকেদের সাথে থাকলে লোকেরা ভালো-ভালো জিনিষ শিখতে পারেন। তাঁদের চিন্তাধারার গণ্ডী বেড়ে ওঠে... তাঁদের আদর্শ বড় হয়ে ওঠে। তাঁরা ছোট-ছোট সুখে ফেঁসে যাওয়ার হাত থেকে রক্ষা পেয়ে যান। এর পরিবর্তে তাঁরা এক উচ্চ আদর্শের সাথে জীবন কাটাতে থাকেন। ঠিক যেমন এক জ্ঞানীর সঙ্গতিতে থাকা ব্যক্তি সেই জ্ঞানীর মতই সব কিছু গ্রহণ করতে থাকেন।

যদি কোন ব্যক্তির সঙ্গতি খারাপ হয়, তাহলে তাঁর বিচারধারাও খারাপ হয়ে পড়ে... তাঁর আচরণও খারাপ হয়ে পড়ে। এমন লোকেদের তো সফলতার স্বপ্ন দেখাও উচিত নয়... কারণ ব্যক্তির চিন্তাধারা যেমন হয়, তাঁর আচরণও ঠিক সেই প্রকার হয়। আর এটা অত্যন্ত স্পষ্ট যে, চিন্তাধারা তৈরী করতে সঙ্গতির গুরুত্বপূর্ণ ভূমিকা থাকে। এজন্য জীবনে সফলতা পেতে ইচ্ছুক ব্যক্তিদের ভালো সঙ্গতি করা উচিত।

সঙ্গতির গুরুত্বকে প্রতিপাদিত করে আচার্য চাণক্য আরও একটা অত্যন্ত গুরুত্বপূর্ণ সূত্র প্রদান করেছেন। উনি লিখেছেন –

**रजतं कनकसंगात् कनकं भवति।**

এর অর্থ হচ্ছে – *রজত কনকের সঙ্গতিতে কনকই হয়ে পড়ে।*

এই সূত্রের মাধ্যমে আচার্য চাণক্য বলেছেন যে, সোনার সাথে মিলে গেলে রূপো নিজের রং হারিয়ে ফেলে আর সেটা সোনার রং ধারণ করে নেয়... সেটাকে তখন সোনাই বলা হয়। এখানে সংকেতের মাধ্যমে ম্যানেজমেন্ট গুরু অত্যন্ত বড় কথা বলে গেছেন। ওনার বক্তব্য হচ্ছে এই যে, সঙ্গতি অন্যকে নিজের রং-য়ে রাঙিয়ে নেয়। এজন্য যেমন আপনার সঙ্গতি হবে, আপনিও ঠিক তেমনটাই হয়ে উঠবেন। এজন্য যেসব ব্যক্তি জীবনে সফলতা পেতে চান, তাঁদের নিজেদের সঙ্গতিকে নিয়ে অত্যন্ত সতর্ক হয়েই থাকা উচিত।

এক দিকে যেমন ভালো সঙ্গতি আপনাকে ভালো করে তুলতে পারে... অন্য দিকে খারাপ সঙ্গতি আপনাকে শেষও করে দিতে পারে। এজন্য এই ব্যাপারে অত্যন্ত সতর্কতা অবলম্বন করা উচিত। সঙ্গতি খারাপ হওয়ার প্রত্যক্ষ সম্পর্ক জীবন খারাপ হয়ে পড়ার সঙ্গে লাগানো উচিত। অন্য দিকে সঙ্গতি যদি ভালো হয়, তাহলে ব্যক্তি দৃঢ় পদক্ষেপে সফলতার পথে এগিয়ে চলতে থাকেন। কোন ব্যক্তির সঙ্গতি যখন ভালো হয়, তখন তিনি নিজের জীবনে ভালো-ভালো জিনিষ গ্রহণ করে চলেন। এই ব্যাপারটাকে এক উদাহরণের মাধ্যমে বোঝাটা অত্যন্ত উপযোগী হবে।

একবার লাল বাহাদুর শাস্ত্রীকে ওনার এক মিত্র প্রশ্ন করলেন – *"শাস্ত্রী জী! আপনি সর্বদা প্রশংসার থেকে নিজেকে দূরে সরিয়ে রাখেন আর সম্মান সমারোহ এড়িয়ে চলেন। আপনি এমনটা কেন করেন?"*

শাস্ত্রী জী নিজের মিত্রের এই প্রশ্নে জবাবে হেসে উঠলেন। উনি বললেন – *"এর কারণ হচেছ এই যে, একবার লালা লাজপত রায় আমাকে বলেছিলেন – লাল বাহাদুর! তাজমহল তৈরী করতে দু প্রকারের পাথরের ব্যবহার করা হয়েছে। এক হচেছ বহুমূল্য মার্বেল পাথর... যেটার উপযোগ গম্বুজের জন্য আর এখানে-সেখানে করা হয়েছে এবং দ্বিতীয় প্রকারের পাথর হচেছ এক সাধারণ পাথর! এই সাধারণ পাথরের ব্যবহার তাজমহলের ভিতে করা হয়েছে। সাধারণতঃ এই সাধারণ পাথরের ব্যাপারে শোনা যায় না। লালা জী আরও বলেছিলেন – লাল বাহাদুর! আমাদের নিজেদের জীবনে এই দ্বিতীয় প্রকারের পাথরেরই অনুকরণ করা উচিত। নিজের প্রশংসা আর সম্মান থেকে সর্বদা দূরে সরে থেকে সৎকর্ম করে চলা উচিত। ব্যস্... ওনার এই শিক্ষা সেই থেকে আমার মনে বসে গেছিল আর আমি আমার জীবনের ভিতে সেই দ্বিতীয় প্রকারের পাথরেরই অনুকরণ করে চলেছি!"*

সঙ্গতিকে নিয়ে আচার্য চাণক্য সতর্কও করে দিয়েছেন। উনি আমাদের সতর্ক করে দিয়ে এক সূত্র প্রদান করেছেন –

**पदुतरे तृष्णापरे सुलभमतिसंधानम्।**

এই সূত্রের অর্থ হচেছ – *চালাক আর লোভী ব্যক্তি বৃথা ঘনিষ্ঠতা বাড়ায়।*

এটা অত্যন্ত সত্য যে, চালাক আর লোভী ব্যক্তি কোন প্রকারের পরিচয় না থাকা সত্ত্বেও মিত্রতা করার তালে থাকে। যদি কোন ব্যক্তি কোন প্রকারের পরিচয় ছাড়াই আপনার কাছে আসার চেস্টা করতে থাকে... তাহলে ধরে নিতে পারেন যে, সেই ব্যক্তি অত্যন্ত চালাক আর লোভী। এমন ব্যক্তিদের থেকে সময় থাকতেই সাবধান হয়ে পড়া উচিত। অন্যথা এমন ব্যক্তিরা অত্যন্ত বেশী ক্ষতি করতে পারে।

আসলে এমন লোকেরা নিজেদের কিছু স্বার্থপূর্তি করার উদ্দেশ্যেই আপনাদের

সঙ্গে ঘনিষ্ঠতা বাড়াতে চান। নিজেদের সেই স্বার্থের কারণেই এমন লোকেরা আপনাদের কাছাকাছি আসার চেষ্টা করতে থাকে। এজন্য এমন লোকেদের সঙ্গতি সম্পর্কে সতর্ক থাকাটাই ভালো হয়। কারণ এমন লোকেরা আপনাদের দিয়ে নিজেদের স্বার্থপূর্তি তো করে নেয়... কিন্তু যখন আপনাদের এমন লোকেদের প্রয়োজন হয়, তখন তারা কেটে পড়ে। এমন সুযোগসন্ধানী লোকেদের চিনে নেওয়াটা অত্যন্ত জরুরী হয় আর এমন লোকেদের থেকে দূরে থাকাটাই উচিত!

আপনারা যদি কারো ওপরে অত্যন্ত বেশী বিশ্বাস করেন আর সেই ব্যক্তি যদি শেষ মুহূর্তে আপনাদের সঙ্গে বিশ্বাসঘাতকতা করে, তাহলে মনে দুঃখ তো হয়ই... তার সাথে-সাথে আপনাদের আত্মবিশ্বাসও কমে আসে। এমন অবস্থায় নিজেদের সামলানো খুব একটা সহজ হয় না। এমনটা হলে সফলতার পথও অপেক্ষাকৃত কঠিন হয়ে পড়ে। এজন্য এমন লোকেদের সঙ্গতিতে থাকাটা জেনেশুনে নিজেদের ব্যর্থতাকে ডেকে নিয়ে আসার সমান হয়। এজন্য সঠিক ব্যক্তি তিনিই হন আর সফলতা তাঁরই প্রাপ্ত হয়... যিনি এমন লোকেদের থেকে দূরে থাকেন।

আসলে বিগত কিছু সময় ধরে এমন ব্যবস্থা তৈরী হয়ে পড়েছে যে, সুযোগসন্ধানীরা ফুলে-ফেঁপে লাল হয়ে উঠেছে। রাজনীতি থেকে শুরু করে জীবনের সকল ক্ষেত্রে এটা দেখতে পাওয়া যাচ্ছে যে, সুযোগসন্ধানী ব্যক্তিরাই সফল হয়ে উঠছে। কিন্তু তাদের এই সফলতা কোন মিথ্যার থেকে কম হয় না। কারণ একটা সময়ের পরে তাদের এই ধোঁকাবাজী সবার সামনে প্রকাশ পেয়ে যায়। আর তখন তাদের অবস্থা ঠিক ধোবার কুকুরের মতই হয়ে পড়ে। যখন তাদের ধোঁকাবাজী সবার সামনে প্রকাশ হয়ে পড়ে, তখন তাদের এ কুল-ও কুল – দু কুলই হারিয়ে যায়।

সুযোগসন্ধানী লোকেরা নিজেদের স্বার্থ পূরণ করার জন্য ভালো লোকেদের কাছাকাছি আসার চেষ্টা করে। এই প্রবৃত্তি আজকের বাজারবাদী ব্যবস্থায় যথেষ্ট দ্রুত বেড়ে উঠেছে। বাজারবাদী ব্যবস্থা যবে থেকে নিজের শেকড় গভীরে ঢুকিয়ে দিয়েছে... তবে থেকে এই অবস্থার সৃষ্টি হয়ে পড়েছে। এর প্রভাব এটাই হয়েছে যে, স্বার্থপর লোকেরা ধন কামানোর জন্য যে কোন সীমা পর্যন্ত যেতে পারে।

তা সেটার জন্য তারা কোন ভালো ব্যক্তির সাথে বন্ধুত্বের মিথ্যে নাটক করে তাঁকে ধোঁকাও দিতে পারে। আজকাল এই ধরণের লোক অত্যন্ত সাধারণ হয়ে উঠেছে। কিন্তু একটা কথা সর্বদা মনে রাখা উচিত যে, সমাজে যে ব্যক্তি অন্যদের থেকে আলাদা হয়েছেন... তিনিই বিশেষ ব্যক্তি হয়েছেন আর সঠিক অর্থে বলতে গেলে তিনিই জীবনে সফল হয়েছেন। এজন্য অভিজ্ঞতা আর জ্ঞানের সহায়তায় প্রতিটি ব্যক্তিকে পরীক্ষা করে তবেই তাদের মিত্র বানানো উচিত।

এমনটা করা সব দিক থেকেই লাভদায়ক হয়। এর ফলে না তো কেউ আপনাদের ধোঁকা দিতে পারবে আর না-ই আপনাদের কাজের কোন ক্ষতি হবে। এছাড়া ধোঁকার কারণে উৎপন্ন মানসিক যন্ত্রণার হাত থেকেও আপনারা মুক্তি পেয়ে যাবেন। সর্বদা এই জিনিষটাকে মাথায় রাখা উচিত যে, সঠিক ব্যক্তি চিনে নেওয়াটা সহজ কাজ হয় না... কিন্তু এটা খুব একটা মুশকিল কাজও হয় না। কিছুটা সতর্কতা আর নিজেদের বিবেক অনুসারে নিজেদের অভিজ্ঞতা আর জ্ঞানের ব্যবহার করে সঠিক ব্যক্তি চিনে নেওয়া যেতে পারে আর ভুল লোকেদের সঙ্গতির হাত থেকে রক্ষা পাওয়া যেতে পারে।

সঙ্গতির ব্যাপারে চাণক্য নীতিতে ম্যানেজমেন্ট গুরু চাণক্য এক অত্যন্ত গুরুত্বপূর্ণ কথা বলেছেন। উনি বলেছেন –

**एतदर्थ कुलीनानां नृपा: कुर्वन्ति संग्रहम्।**
**आदिमध्यावसानेषु न त्यजन्ति च ते नृपम्॥**

আচার্য চাণক্য এখানে কুলীনতার বিশেষত্ব জানিয়ে বলেছেন যে, কুলীন লোকেরা শুরু থেকে শেষ পর্যন্ত সঙ্গ ত্যাগ করেন না। তাঁরা বাস্তবে সঙ্গতি ধর্মের পালন করেন। এজন্যই আগেকার দিনে রাজারা কুলীনদের সংগ্রহ করতেন অর্থাৎ তাঁদের সঙ্গতি করতেন... যাতে সময়ে-সময়ে তাঁদের থেকে ভালো পরামর্শ পাওয়া যায়।

এর অর্থ হচ্ছে এই যে, ভালো খানদানী ব্যক্তি যদি কারো সঙ্গে মিত্রতা করেন... তিনি সেই মিত্রতা সারাটা জীবন ধরেই পালন করেন। তিনি শুরু থেকে শেষ পর্যন্ত সুখে-দুঃখে নিজের মিত্রের সঙ্গ কখনো ত্যাগ করেন না। এজন্যই আগেকার দিনে রাজারা এমন কুলীন ব্যক্তিদের নিজেদের সঙ্গে রাখতেন।

আমাদের বক্তব্যের তাৎপর্য হচ্ছে এই যে, কুলীন লোকেদের ওপরে ভরসা করা যেতে পারে। এমন লোকেরা কখনো নীচ কাজ করে নিজের মিত্রদের সঙ্গে ধোঁকাবাজী করেন না। এজন্য সফলতার ইচ্ছা রাখা ব্যক্তিদের সঙ্গতি কুলীন লোকেদেরই করা উচিত। নীচ লোকেদের সঙ্গতি সর্বদা ক্ষতিই করে। এজন্য এমন লোকেদের প্রতি সাবধান থেকে এদের থেকে দূরত্ব বজায় রেখে থাকাই উচিত।

আচার্য চাণক্য মূর্খদের সঙ্গতিকে অত্যন্ত বিপজ্জনক বলে মানেন। এই ব্যাপারে উনি চাণক্য নীতিতে বলেছেন –

**मूर्खस्तु परिहर्तव्य: प्रत्यक्षो द्विपद: पशु:।**
**भिनत्ति वाक्यशूलेन अदृश्ययं कण्टकं यथा॥**

এখানে আচার্য চাণক্য নরপশুদের ব্যাপারে বলেছেন। উনি বলেছেন যে, মূর্খ ব্যক্তিদের দু পায়ের পশু মনে করে ত্যাগ করা উচিত। মূর্খ ব্যক্তিরা নিজেদের শব্দ

দ্বারা শূলের মত বিদ্ধ করতে থাকে... ঠিক যেমন অদৃশ্য কাঁটা পায়ে ফুটে যায়।

এর অর্থ হচ্ছে এই যে, মূর্খ ব্যক্তি মনুষ্য হয়েও পশুরই সমান হয়। যেমন পায়ে ফোটা কাঁটা দেখতে তো পাওয়া যায় না... কিন্তু সেটার যন্ত্রণাও সহ্য করা যায় না। ঠিক সেই প্রকার মূর্খ ব্যক্তির শব্দও দেখতে পাওয়া যায় না... কিন্তু সেগুলো হৃদয়ে ঠিক কোন কাঁটার মতই ফুটে যায়। এজন্য মূর্খ ব্যক্তিদের ত্যাগ করাই উচিত।

আসলে এমনটা দেখতে পাওয়া গেছে যে, মূর্খ লোকেদের সঙ্গতি ব্যক্তির চিন্তা-ভাবনা করার আর কোন কিছু বোঝার ক্ষমতার ওপরে অত্যন্ত নেতিবাচক প্রভাব বিস্তার করে এবং এমন লোকেদের সঙ্গতিতে আসা লোকেদের ওপরে বেশ কয়েক প্রকারের খারাপ প্রভাব পড়ে। সব থেকে প্রথম কথা তো হচেছ এটা যে, মূর্খ ব্যক্তির ভাবনা-চিন্তা করার গণ্ডী অত্যন্ত সীমিত হয়। এজন্য তারা অত্যন্ত নীচ চিন্তা করতে থাকে। সে নিজে যেমনটা চিন্তা করে, অন্যদেরও সে তেমনটাই চিন্তা করার পরামর্শ দেয়।

এটাকে কেউই অস্বীকার করতে পারে না যে, সঙ্গতির প্রভাব অত্যন্ত গভীর হয়। এই জিনিষটাকে যদি মাথায় রাখা যায়... তাহলে এটা জানতে পারা যায় যে, অনেক বার জ্ঞানী লোকেরাও মূর্খ লোকেদের সঙ্গতিতে পড়ে মূর্খের মতই ভাবনা-চিন্তা করতে থাকে। এজন্য সব থেকে ভালো হয়, যদি মূর্খদের যত শীঘ্র সম্ভব বিষের মতই ত্যাগ করে দেওয়া হয়। কারণ যে ব্যক্তি এমনটা করেন না, তিনি নিজের ব্যর্থতাকে নিজেই ডেকে নিয়ে আসেন। এমনটা এজন্য হয়, কারণ মূর্খদের সঙ্গতি কখনো কাউকে সফল হতে দেয় না।

ভালো সঙ্গতির আলোচনা করে আচার্য চাণক্য এই সূত্র প্রদান করেছেন। উনি লিখেছেন –

## সত্সংগ: স্বর্গবাস:।

আচার্যের এই সূত্রের অর্থ হচেছ – *সৎসঙ্গ স্বর্গনিবাসের সমান হয়।*

এটা পরীক্ষিত যে, সজ্জনদের সাথে থাকলে স্বর্গের মত সুখ প্রাপ্ত হয়। ভালো লোকেদের সঙ্গ প্রাপ্ত হওয়াটাও সৌভাগ্যের বিষয় হয়। এজন্য যখনই সুযোগ পাওয়া যাবে, ভালো লোকেদের সঙ্গে সময় কাটানো উচিত। তাঁদের সঙ্গে থাকাটা স্বর্গে থাকার সমান হয়। স্বর্গ আকাশে থাকে না... বরং ব্যবহারিক অর্থে বলতে গেলে স্বর্গের তাৎপর্য হচেছ ভালো ভাবে সম্মানজনক জীবন কাটানো! সজ্জনদের সঙ্গতি থেকে যে প্রেরণা প্রাপ্ত হয়, সেটা জীবনকে সফল-সুখকর আর মঙ্গলময় করে তুলতে গুরুত্বপূর্ণ ভূমিকা পালন করে। এজন্য সফলতার ইচ্ছা রাখা ব্যক্তিদের সজ্জনদের সঙ্গতি প্রাপ্ত করার জন্য লাগাতার প্রচেষ্টারত হয়ে থাকা উচিত। যে

ব্যক্তি সজ্জনদের সঙ্গতি প্রাপ্ত করে নেন, তাঁর ভুল করেও কখনো সজ্জনদের সঙ্গতি ত্যাগ করা উচিত নয়।

অনেক বার এমন সময়ও আসে... যখন সঙ্গতির ব্যাপারে প্রয়োগ করতে হয়। আমাদের বক্তব্যের তাৎপর্য হচ্ছে এই যে, সমাজ কল্যাণের উদ্দেশ্যে খারাপ লোকেদের আচার-ব্যবহারকে উন্নত করে তোলার প্রয়োজন অনুভূত হয়। এমনটা করার জন্য তাদের সঙ্গতির প্রয়োজন হয়। কিন্তু ঝুঁকি এটা থাকে যে, আপনারা তাদের সঙ্গতির প্রভাবে তাদের মতই না হয়ে পড়েন। এমন পরিস্থিতিতে এটা সর্বদা মাথায় রাখা উচিত যে, যদি আপনাদের আত্মবল মজবুত থাকে, তাহলে আপনারা নিজেদের ইচ্ছামতন অন্যদের পরিবর্তন করতে সফল হয়ে উঠবেন। কিন্তু যদি আপনাদের নিজেদের আত্মবল দুর্বল হয়, তাহলে অন্যদের বদলানোর ইচ্ছে ত্যাগ করে দিন। এই যোগ্যতাকে অভ্যাস দ্বারা নিজের ভেতরে সৃষ্টি করা যেতে পারে। মজবুত আত্মবলের ব্যক্তি কি ভাবে অন্যদের দিয়ে নিজের ইচ্ছামতন কাজ করিয়ে নেন, সেটাকে এক উদাহরণের মাধ্যমে বোঝা যেতে পারে।

সন্ত জলালুদ্দীন একবার বাদশাহের সঙ্গে দেখা করতে তাঁর প্রাসাদে গেলেন। এই ব্যাপারটা যখন তাঁর শিষ্যরা জানতে পারলেন, তখন তাঁদের অত্যন্ত দুঃখ হল... কারণ তাঁরা কুরাণে এমনটা পড়েছিলেন যে, কোন ফকিরের রাজা বা ধনী ব্যক্তির প্রাসাদে যাওয়া উচিত নয়।

বাদশাহের প্রাসাদ থেকে সন্ত ফিরে আসার পরে ওনার এক শিষ্য ওনাকে বললেন – *"আমরা কুরাণে পড়েছি যে, কোন ফকিরের রাজার প্রাসাদে যাওয়া উচিত নয়। কিন্তু আপনি সেই নিয়মের উল্লংঘন করে সেখানে গেলেন। বাদশাহ চাইলে আপনার সঙ্গে দেখা করতে নিজে আসতে পারতেন।"*

এতে জলালুদ্দীন বললেন – *"এই নিয়ে তুমি মিথ্যে মাথা ঘামাচ্ছ কেন? আমি ওনার কাছে যাই বা উনি আমার কাছে আসুন – ব্যাপার তো একই! তুমি এমনটা কেন ধরে নিচ্ছ না যে, উনিই আমার কাছে এসেছিলেন?"* উনি আরও বললেন – *"আমার কাছে আসার মত সময় বাদশাহের কাছে কোথায়? উনি যে বড়ই অজ্ঞানী! আর আমি এটা চাই যে, আমার পক্ষে যতটা সম্ভব... আমি ওনাকে সঙ্গ দেব। আমি ওনার কাছে গেলে উনিও আমার কাছে আসার চেষ্টা করবেন।"*

উনি আরও বললেন – *"আমি ওনার কাছে কিছু চাইতে যাইনি। আমি তো ওনাকে কিছু দিতেই গিয়েছিলাম... আমি ওনাকে পরামর্শ দিতে গিয়েছিলাম, যাতে সেটার সহায়তায় ওনার জীবনে পরিবর্তন আসে আর উনি সদাচারী, সহিষ্ণু*

*আর সহৃদয় হয়ে ওঠেন। উনি সর্বদাই নিজের দরবারীদের দ্বারা ঘিরে থাকেন আর আমি চাই যে, কয়েক মুহূর্তের জন্য হলেও উনি তাদের থেকে দূরে থাকুন আর নিজের মনের মত কাজ করুন!"*

সন্ত জলালুদ্দীন এর পরে বললেন – *"আর তুমি কুরাণের কথা বলছ? কুরাণে এমন নিয়ম আছে যে, কোন ফকিরের কোন ধনী ব্যক্তির কাছে এজন্য যাওয়া উচিত নয়... যাতে তিনি সেই জায়গার আরামদায়ক জিনিষ দেখে লোভ আর মোহে না পড়ে যান। ফকিরের সঙ্গতি তো রাজাকেও সৎ পথ দেখাতে পারে।"*

এজন যখনই এমন কোন সুযোগ আসবে, পেছনে সরে আসা উচিত নয়। কারণ কোন একজন ব্যক্তির জীবনকে উন্নত করে তোলার অর্থ কেবলমাত্র একজনের জীবনকে উন্নত করে তোলা হয় না... বরং তার সাথে আরও অনেকে যুক্ত হয়ে থাকে আর আরও অনেক কিছু উন্নত হয়ে পড়ে। যদি কোন ব্যক্তি প্রভাবশালী হন আর তাঁর কাছে এমন নির্ণয় গ্রহণ করার শক্তি থাকে, যার দ্বারা সমাজ প্রভাবিত হয়... তাহলে এমন ব্যক্তির জীবনে পরিবর্তন নিয়ে আসার জন্য অবশ্যই তাঁর সঙ্গ তে যাওয়া উচিত। কারণ এমনটা এক বিরাট বড় সামাজিক দায়িত্বের পালন করা হয়।

❑

# 12

# ধৈর্য্য

এমনটা বলার কোন প্রয়োজন নেই যে, প্রতিটি সফল ব্যক্তির মধ্যে জবরদস্ত ধৈর্য্যও থাকে। সঠিক অর্থে বলতে গেলে সফলতা পাওয়ার জন্য ধৈর্য্য এক প্রাথমিক গুণ হয়। যদি ব্যক্তির মধ্যে ধৈর্য্য না থাকে, তাহলে ব্যক্তি কাজে ভুল করে বসে। অন্য দিকে ধৈর্য্যবান ব্যক্তি মুশ্কিল পরিস্থিতিরও মোকাবিলা অত্যন্ত সহজেই করে নেন। এমনটা বলাও হয়েছে যে, প্রতিটি ব্যক্তির জীবনেই ভালো আর খারাপ পরিস্থিতি আসে। ভালো পরিস্থিতিতে তো সকলেই ভালো ভাবে জীবন কাটিয়ে নেয়... কিন্তু খারাপ পরিস্থিতির মোকাবিলা যে ব্যক্তি যত সঠিক ভাবে করতে পারেন... তিনি জীবনে তত বেশী সফলতা অর্জন করেন।

ধৈর্যের ক্ষমতাকে বিকশিত না করে সফল হওয়ার কামনা করা খোলা চোখে স্বপ্ন দেখার মত হয়। কারণ যে ব্যক্তির মধ্যে ধৈর্য্যের স্থানে হড়বড়ি থাকে... সেই ব্যক্তি প্রায় শেষ হয়ে আসা কাজকেও পণ্ড করে তোলে। এজন্য সফলতা প্রাপ্ত করতে ইচ্ছুক ব্যক্তিদের ধৈর্য্যবান হওয়াটা অত্যন্ত জরুরী হয়। এটা হচ্ছে এমন এক গুণ... যেটার উপযোগিতা সব সময়ে আর সকল ক্ষেত্রে থাকে। ধৈর্য্যের মত গুণকে নিজের ব্যক্তিত্বে রাতারাতি সমাবেশ করা চলে না। এর জন্যও অত্যন্ত ধৈর্য্যের সাথে প্রচেস্টা চালিয়ে যাওয়ার প্রয়োজন হয়।

ধৈর্য্য কোন ব্যক্তির মধ্যে এতটা থাকা উচিত যে, তিনি নিজের সমালোচকদের নিজের কাছে রাখার সাহস করতে পারেন। এই জিনিষটার বেশ কিছু লাভ হয়। প্রথম কথা হচ্ছে এটা যে, সেই ব্যক্তির কাজ আর কাজ করার পদ্ধতির নিরপেক্ষ সমীক্ষা হতে থাকে। এর সহায়তায় সেই ব্যক্তি নিজের প্রচেস্টায় ইতিবাচক উন্নতি নিয়ে আসতে পারেন আর সফলতা অর্জন করতে পারেন। সমালোচকদের নিজের কাছে রাখার কতটা লাভ হয় আর সফল ব্যক্তিরা এই কাজটা কি ভাবে করেন... সেটাকে এক উদাহরণের মাধ্যমে বোঝা যেতে পারে।

বিনোবা ভাবে জী নিজের সব জরুরী চিঠিপত্র সামলে রাখতেন। উনি সব চিঠিপত্রের উত্তরও দিতেন। এক দিন ওনার কাছে গান্ধী জী-র এক পত্র এলে উনি সেটাকে পড়ে ছিঁড়ে ফেলে দিলেন। ওনার কাছেই সেই সময় শ্রী কমল নয়ন

বাজাজ বসে ছিলেন। *এই দেখে ওনার খুবই আশ্চর্য লাগল।* উনি নিজের উদ্বেগকে চাপা দিয়ে রাখতে পারলেন না। উনি পত্রের সেই সব ছেঁড়া টুকরোগুলোকে এক সঙ্গে জুড়ে পড়লেন – সেই পত্রে বিনোবা জী-র উচ্ছসিত প্রশংসা করা হয়েছিল। গান্ধী জী পত্রে লিখেছিলেন – *"আপনার মত উচ্চ আত্মা আমি আর দেখিনি!"*

আশ্চর্যে ভরে উঠে শ্রী বাজাজ বিনোবা জী-কে প্রশ্ন করলেন – *"আপনি এই পত্র ছিঁড়ে ফেললেন কেন? এতে তো ঠিক কথাই লেখা হয়েছে। এটা তো আপনার সামলে রাখা উচিত ছিল।"*

বিনোবা জী উত্তরে বললেন – *"এই পত্র আমার কাছে বেকার! এজন্যই আমি এটা ছিঁড়ে ফেলেছি। পূজনীয় বাপু নিজের বিশাল দৃষ্টিতে যেমনটা দেখেছেন, ঠিক তেমনটাই উনি এই পত্রে লিখেছেন। কিন্তু আমার দোষগুলোর ব্যাপারে উনি কিছুই জানেন না। আমার আত্ম প্রশংসা একেবারেই পছন্দ হয় না। তবে হ্যাঁ... কেউ যদি আমার দোষের ব্যাপারে জানায়, তাহলে আমি সেগুলো দূর করার চেষ্টা করব।"*

আচার্য চাণক্য ধৈর্য্যের গুরুত্ব বুঝতেন। এজন্য উনি ধৈর্য্যের ওপরে বেশ কিছু সূত্র প্রদান করেছেন। এমনিতে তো ওনার সব সূত্রই অত্যন্ত উপযোগী... কিন্তু এখানে আমরা সেই সব সূত্রগুলোর মধ্যে থেকে কিছু সূত্রের ভিত্তিতে ধৈর্য্য আর সফলতার মধ্যেকার সম্পর্ককে বোঝার চেষ্টা করব।

সূত্রগুলোর ভিত্তিতে আলোচনা এগিয়ে নিয়ে যাওয়ার আগে চাণক্য নীতিতে ম্যানেজমেন্ট গুরু দ্বারা বলা এক অত্যন্ত গুরুত্বপূর্ণ জিনিষ বোঝা জরুরী। উনি এক জায়গায় লিখেছেন –

**तावद् भयेषु भेतव्यं यावद्भयमनागतम्।**
**आगतं तु भयं दृष्ट्वा प्रहर्तव्यमशंकया।।**

আচার্য চাণক্য এখানে মাথার ওপরে ঘনিয়ে আসার সংকটের মোকাবিলা করার প্রসঙ্গে বলেছেন যে, বিপত্তি আর সংকটকে ততক্ষন পর্যন্ত ভয় পাওয়া উচিত... যতক্ষন সেটা দূরে রয়েছে। কিন্তু সংকট যখন সামনে এসে পড়বে, তখন বাহাদুরীর সাথে সেটার মোকাবিলা করা উচিত আর শংকারহিত হয়ে সেটার ওপরে প্রহার করা উচিত। সংকটকে কখনো ভয় পাওয়া উচিত নয়... বরং সেটা দূর করার রাস্তা খোঁজার চেষ্টা করাই উচিত।

আসলে হয় কি, ব্যক্তি সংকটে ঘাবড়ে উঠে পলায়ন করতে লাগে... যখন কি পলায়ন করাটা উচিত নয়। সংকট ততক্ষন পর্যন্ত আপনাকে ভয় দেখাতে থাকে, যতক্ষন আপনি সেটাকে ভয় পান। আর একবার যখন আপনি ভয় পাওয়া বন্ধ করে দেবেন, তখন সংকটও আপনাকে ভয় দেখানো বন্ধ করে দেবে।

এই প্রসঙ্গে উনি আরও একটা উপযোগী সূত্র প্রদান করেছেন –

## दैवं शांतिकर्मणा प्रतिषेद्धव्यम्।

এর অর্থ হচ্ছে – *দৈবের শান্তিকর্মের প্রতিষেধ করা উচিত।*

অনেক বার এমনটা হয় যে, প্রাকৃতিক বিপর্যয় আপনার কোন প্রায় শেষ হয়ে আসা কাজকেও পণ্ড করে দেয়। ভূমিকম্প, আকাশ থেকে বাজ পড়া, অত্যধিক বৃষ্টি, খরা, ঝড়-তুফান ইত্যাদি প্রাকৃতিক বিপর্যয় হয়। এগুলোর ওপরে ব্যক্তির কোন বশই চলে না। এই সব বিপর্যয় প্রায় শেষ হয়ে কাজকেও নষ্ট করে দেয়। এমনটা হয়ে পড়লে হুঁশিয়ার ব্যক্তির ধৈর্যের সাথে কাজ করা উচিত। এমন পরিস্থিতিতে সাহস হারানো ভীরুতার সমান হয়। সেটা পলায়নবাদী মনোভাবেরই প্রদর্শন করে। এমন পরিস্থিতিতে মনকে শান্ত রাখা উচিত আর বিপত্তি থেকে মুক্তি পাওয়ার ভরপুর প্রচেস্টা চালানো উচিত।

এতেও যদি আপনি সফল না হতে পারেন... তাহলেও আপনার সাহস হারানো উচিত নয় আর ধৈর্যের সাথে ক্ষতির পরিমাণকে যথাসম্ভব কম করার চেস্টা করা উচিত। সাধারণতঃ এমনটা দেখতে পাওয়া যায় যে, এমনটা করতে ধৈর্যবান লোকেরা সফলও হয়ে ওঠেন। বিপত্তি যদি খুব বড় হয় আর সব কিছু নষ্ট হয়ে পড়ে... তাহলেও মন ছোট করা উচিত নয়।

কারণ যা হওয়ার ছিল, তা তো হয়েই গেছে। এখন মন ছোট করলে হয়ে পড়া ক্ষতি আর পূরণ হয়ে পড়বে না। এজন্য ধৈর্যবান ব্যক্তির এটাই করা উচিত যে, তিনি হয়ে পড়া লোকসান আর কাজকে সেই পর্যন্ত পৌঁছনোর সময় প্রাপ্ত অভিজ্ঞতার থেকে শিক্ষা গ্রহণ করে নতুন ভাবে কাজ শুরু করবেন। সর্বদা মনে এমন আত্মবিশ্বাস রাখা উচিত যে, আমিই তো এই কাজটাকে এই পর্যন্ত পৌঁছে দিয়েছিলাম আর নতুন করে কাজ শুরু করলে আমি নিশ্চিত রূপে এই কাজটাকে আরও কম সময়ে আর আরও ভালো ভাবে এই পর্যন্ত পৌঁছে দেব। এমন চিন্তা করে কাজ শুরু করা ব্যক্তি অবশ্যই সফল হন আর অন্যরাও তাঁদের থেকে প্রেরণা গ্রহণ করতে থাকেন।

এই সূত্রকে আরও একটু বিস্তার প্রদান করে আচার্য চাণক্য বলেছেন –

## मानुवीं कार्यविपत्ति कौशलेन विनिवारयेत्।

এর অর্থ হচ্ছে – *ব্যক্তির কার্য বিপত্তির নিবারণ কুশলতার সাথে করা উচিত।*

এমনটা সম্ভব হতে পারে যে, আপনার বিরোধী বা আপনার ক্ষতি চাইতে থাকা লোকেরা আপনার কোন কাজে যে কোন ভাবে বাধার সৃষ্টি করতে চাইছে বা বাধার সৃষ্টি করে দিয়েছে। এমন পরিস্থিতিতে অত্যন্ত ধৈর্য্য আর হুঁশিয়ারীর প্রয়োজন

হয়। কারণ তাদের উদ্দেশ্য বাস্তবে আপনার কাজের ক্ষতি করে আপনার ক্ষতি করাই হয়। এজন্য তারা আপনাকে ওস্কানোর চেস্টা করতে থাকে। তাদের দ্বারা করা ক্ষতিতে হড়বড়ি না করে অত্যন্ত ধৈর্য্যের সাথে সেই লোকসানকে কম করার চেস্টা করা উচিত। সাধারণতঃ সমস্যার সমাধান হয়ে পড়ে আর আপনার কাজ আবার একবার গতি প্রাপ্ত করে। নিজের কাজকে মাথায় রেখে কি ভাবে অন্যদের দ্বারা উৎপন্ন বাধাগুলোর উপেক্ষা করা উচিত, সেই ব্যাপারটাকে এক উদাহরণের মাধ্যমে বোঝার চেস্টা করা যাক।

কারো ওপরে রাগ না করার ব্যাপারে সন্ত একনাথের বড়ই নাম ছিল। ওনার বিনম্রতা আর সহ্যশীলতার প্রশংসা সকলেই করতেন। এক দিন কিছু দুস্ট লোক ওনাকে রাগিয়ে তোলার সিদ্ধান্ত নিল। ওরা এই কাজটার জন্য এক দুস্ট ব্যক্তিকে বেছে নিল আর তাকে সন্ত একনাথকে রাগিয়ে তোলার পরিবর্তে টাকা-পয়সার লোভ দেখাল।

একনাথ জী ভজন করছিলেন... এমন সময় সেই দুস্ট ব্যক্তি সেখানে এল। ও দেখল যে, সন্ত একনাথ চোখ বন্ধ করে ভজনে লীন হয়ে রয়েছেন। সে একনাথ জী-র কাঁধে চেপে বসল। সন্ত চোখ খুললেন আর হেসে উঠে বললেন – *"বন্ধু! আপনার মত আত্মীয়তার প্রদর্শন করা আর কোন অতিথি আমার ঘরে আজ পর্যন্ত আসেনি। আমি আপনাকে খাবার না খাইয়ে যেতে দেব না!"*

উনি সত্যি-সত্যিই সেই দুস্ট ব্যক্তিকে প্রেমপূর্বক ভোজন করালেন। এতে সেই দুস্ট ব্যক্তির অনুতাপ হতে লাগল আর তার সাথে-সাথে তাকে ওস্কাতে থাকা ব্যক্তিরাও সন্তের ধৈর্য্যের ব্যাপারে জানতে পেরে গেলেন। এজন্য নিজের কাজ করার সময় জবরদস্ত ধৈর্য্য রাখা উচিত। কেউ আপনার কাজে যত বাধা দেওয়ার চেস্টাই করুক না কেন... সেসবের উপেক্ষা করাটাই ঠিক হয়।

এই প্রসঙ্গে আরও একটা উদাহরণ অত্যন্ত উপযোগী হয়। একবার স্বামী দয়ানন্দ ফরুর্খাবাদ গেছিলেন। সেখানে গঙ্গার কিনারে উনি নিজের আসন পাতলেন। কাছেই এক ঝুপড়িতে এক সাধু থাকত। স্বামী জী-কে সেখানে আসতে দেখে ওর ঈর্ষা হল আর সে রোজ স্বামী জী-র কাছে এসে তাঁকে গালিগালাজ করতে লাগল। কিন্তু স্বামী জী সেসবের উপেক্ষা করে দিতেন।

এক দিন স্বামী জী-র ভক্তরা ওনাকে ফলের ঝুড়ি অর্পিত করল। স্বামী জী তার থেকে কিছু ভালো ফল বার করে আনলেন আর নিজের এক শিষ্যকে সেগুলো সেই সাধুকে দিয়ে আসতে বললেন। সেই শিষ্য ফল নিয়ে সেই সাধুর কাছে গিয়ে পৌঁছল। সে স্বামী জী-র নাম নিতেই সেই সাধু চেঁচিয়ে উঠল। ও বলল – *"সক্কাল-সক্কাল তুমি এ কোন্ পাখণ্ডীর নাম নিলে? আজ আমার ভোজন প্রাপ্ত*

*হবে কি না... সেই ব্যাপারে সন্দেহ হচ্ছে। যাও... এই সব ফল ও অন্য কাউকে দেওয়ার জন্য বলেছে হয়তো।"*

সেই শিষ্য স্বামী জী-র কাছে ফিরে এল আর ওনাকে সব কিছু খুলে বলল। স্বামী জী তাকে আবার একবার সেই সাধুর কাছে যাওয়ার জন্য বললেন – *"যাও... ওনাকে বলো যে, উনি আমার ওপরে প্রতি দিন যে অমৃতবর্ষা করেন... তাতে ওনার পর্যাপ্ত শক্তি নষ্ট হয়। এজন্য উনি যেন এই সব ফলের রসাস্বাদন করেন... যাতে ওনার শক্তি বজায় থাকে।"*

সেই শিষ্য স্বামী জী-র বার্তা হু-ব-হু সেই সাধুকে শুনিয়ে দিল। এই শুনেই সেই সাধুর বড়ই অনুতাপ হতে লাগল আর সে নিজে এসে স্বামী জী-র চরণে লুটিয়ে পড়ে বলল – *"আপনি আমাকে ক্ষমা করুন... আমি আপনাকে এক সাধারণ মনুষ্য ভেবেছিলাম। কিন্তু আপনি তো দেবতা!"* স্বামী জী সেই সাধুকে নিজের বুকে টেনে নিলেন। এজন্য নিজেদের জীবনে সফলতা পেতে ইচ্ছুক ব্যক্তিদের নিজেদের কাজ সম্পন্ন করার জন্য দুর্জনদেরও নিজেদের আচরণ দ্বারা জয় করার অভ্যাস করা উচিত।

একবার যখন সব কাজে গতি এসে পড়বে, তখন আপনাদের আত্মবিশ্বাস বেড়ে উঠবে আর আপনারা আপনাদের কাজে ক্ষতি করতে থাকা লোকেদের উচিত জবাব দেওয়ার মত অবস্থায় চলে আসবেন। এমন পরিস্থিতিতে সেই সব লোকেদের ওপরে দু দিক থেকে আঘাত হয়। প্রথমতঃ, তারা আপনাদের ক্ষতি করার প্রচেষ্টায় ব্যর্থ হওয়ায় এমনিতেই ক্ষুব্ধ হয়ে থাকে আর দ্বিতীয়তঃ, আপনাদের জবাব তাদের কাছে কাটা ঘায়ে নুনের ছিটে দেওয়ার মত কাজ করে।

এমন পরিস্থিতিতে সাধারণতঃ এটাই দেখতে পাওয়া যায় যে, তারা এটাকে এক শিক্ষার রূপে গ্রহণ করে আর ভবিষ্যতে আর কখনো আপনাদের ক্ষতি করার চেষ্টা করে না। কারণ তারা তখন আপনাদের ধৈর্য্য ক্ষমতার ব্যাপারে জানতে পেরে যায়। তারা তখন এটা জানতে পেরে যায় যে, তাদের তুচ্ছ প্রচেস্টা ব্যর্থই হবে। এর থেকে এটা পরিস্কার হয়ে পড়ে যে, জীবনে সফলতা প্রাপ্তির ইচ্ছা রাখা ব্যক্তিদের নিজেদের ভেতরে এই অত্যন্ত উপযোগী গুণ অর্থাৎ ধৈর্য্যকে বিকশিত করে তোলার জন্য প্রচেস্টা করে চলা উচিত।

ধৈর্য্যের অন্তর্গত সংযমের অভ্যাসকেও শামিল করে নেওয়া উচিত। সংযম দ্বারা বড়-বড় কাজও সফল হয়ে পড়ে। এজন্য সফলতা পেতে ইচ্ছুক ব্যক্তিদের সংযমেরও অভ্যাস করা উচিত। সংযম কতটা হওয়া উচিত... সেটা এক উদাহরণের মাধ্যমে বোঝা যেতে পারে।

মহাভারত লেখার জন্য ব্যাসদেব জী একজন লোকের সন্ধান করছিলেন।

এজন্য উনি গণেশ জী-কে বেছে নিলেন। কাজ শুরু হয়ে পড়ল। ব্যাস জী বলে চললেন আর গণেশ জী লিখে চললেন। মহাভারত লেখা শেষ হলে ব্যাস জী গণেশ জী-কে প্রশ্ন করলেন – *"মহাভাগ! আমি চব্বিশ লক্ষ শব্দ আপনাকে দিয়ে লিখিয়েছি... কিন্তু আমি এটা দেখে অত্যন্ত আশ্চর্য হয়ে উঠেছি যে, এই ফাঁকে আপনি একটাও শব্দ উচ্চারণ করেননি আর চুপচাপ লিখে চলেছেন।"*

এই শুনে গণেশ জী উত্তর দিলেন – *"হে বাদরায়ণ! কোন বড় কাজ করার জন্য শক্তির প্রয়োজন হয় আর শক্তির ভিত্তি সংযম হয়! আমি যদি বাণীর সংযম না রাখতাম, তাহলে এই গ্রন্থ কি করে প্রস্তুত হত?"*

যাই হোক্, গত দুটি সূত্রকে ম্যানেজমেন্ট গুরু চাণক্য পরের সূত্রের মাধ্যমে আরও বিস্তৃতি প্রদান করেছেন। উনি লিখেছেন –

## कार्यविपत्तौ दोषान् वर्णयन्ति बालिशाः।

এই সূত্রের অর্থ হচ্ছে – *মূর্খ লোকেরা কার্য-বিপত্তির জন দোষের বর্ণনা করে।*

ধৈর্য্যবান ব্যক্তির এটাই পরিচয় হয় যে, যদি তাঁর কাজ কোন কারণে পূর্ণ না-ও হয়... তবুও তিনি তার জন্য অন্যদের ওপরে দোষ চাপিয়ে দেন না। কাজের ব্যর্থতার জন্য না তো অন্যদের ওপরে দোষ চাপানো উচিত আর না-ই নিজের সাথে কাজ করতে থাকা লোকেদের দোষ দেওয়া উচিত। কারণ এমন পরিস্থিতিতে কাজ শেষ হওয়ার বদলে সেটা আরও বিগড়ে যেতে থাকে।

এজন্য সব থেকে ভালো হয়, যদি ব্যর্থতার সব দায় নিজের ওপরে নিয়ে নিজের প্রচেস্টার সমীক্ষা করা যায়। এটা দেখার চেস্টা করা উচিত যে, আমাদের প্রচেস্টায় কোথায় কি এমন অভাব থেকে গেছিল, যার জন্য আমাদের কাজ পূরণ হল না। এমনটা করলে ব্যর্থতার জন্য দায়ী সঠিক কারণ আপনা থেকে সামনে চলে আসতে থাকে আর সেগুলোর থেকে শিক্ষা গ্রহণ করে পরবর্তী রণনীতি তৈরী করা উচিত।

যখন পরবর্তী রণনীতি তৈরী হয়ে পড়বে, তখন দ্বিগুণ আত্মবিশ্বাসের সাথে নতুন করে সেই কাজ পূরণ করার চেস্টা লেগে পড়া উচিত। তবে এই জিনিষটাকে অবশ্যই মাথায় রাখা উচিত যে, আগের বার যে ভুল হয়েছিল... সেগুলো এমন এবারেও না হয়। এমন ভাবনা-চিন্তা করে যে কোন কাজ শুরু করা ব্যক্তি সফলতা অবশ্যই প্রাপ্ত করেন। সঠিক অর্থে বলতে গেলে এমন পরিস্থিতিতেই ধৈর্য্যের আসল পরীক্ষা হয়। যে ব্যক্তির ভেতরে ধৈর্য্য থাকে, তিনি এমন মুশকিল পরিস্থিতিতেও নিজের বুদ্ধিমত্তার সহায়তায় পার পেয়ে যান আর কোন কিছুর পরোয়া না করে নিজের কাজে লেগে পড়েন। এজন্য এমন গুণ থাকাটা অত্যন্ত

জরুরী হয়।

এতটা তো নিশ্চিত যে, যে ব্যক্তির ভেতরে ধৈর্য্য থাকে... তিনি সফলতার সিঁড়ি বেয়ে ওপরের দিকে উঠে চলেন। কারণ তিনি লাগাতার ধৈর্য্যের সাথে প্রচেস্টারত হয়ে থাকেন। তিনি সাহস হারান না আর লাগাতার পরিশ্রম করে চলেন। এজন্য আমাদের এটা ভোলা উচিত নয় যে, যে ব্যক্তি ছোটেন... তিনিই মাটিতে পড়েন। এজন্য ব্যক্তির ছোটখাটো ব্যর্থতায় মন খারাপ করে নিজের ধৈর্য্য হারানো উচিত নয়। কারণ সঠিক অর্থে বলতে গেলে জীবনে এই সব ছোটখাটো ব্যর্থতা আমাদের শিক্ষা দেওয়ার জন্যই আসে।

যে ব্যক্তি সেগুলোকে ধৈর্য্যপূর্বক সহ্য করে নেন আর সেগুলোর থেকে শিক্ষা গ্রহণ করে নিজের কাজে লেগে থাকেন... তিনি অবশ্যই সফল হন। তিনি যেমনটা চান, তেমনটা করা ধীরে-ধীরে তাঁর পক্ষে বাঁ হাতের খেল্ হয়ে ওঠে। এজন্য মুশ্কিল থেকে মুশ্কিলতর পরিস্হিতিতেও ধৈর্য্য হারানো উচিত নয়। কারণ সফলতায় এই জিনিষটার অত্যন্ত গুরুত্বপূর্ণ অবদান থাকে।

❑

13

# অলসতার ত্যাগ

বিভিন্ন শাস্ত্রে অলসতাকে মনুষ্যের সব থেকে বড় শত্রু হিসেবে জানানো হয়েছে। সঠিক অর্থে বলতে গেলে অলস ব্যক্তি জীবনের কোন ক্ষেত্রেই সফল হতে পারেন না। এমন লোকেদের সব থেকে বড় সমস্যা এটাই হয় যে, তাঁরা নিজেদের ব্যর্থতার জন্য নিজেদের দায়ী মানার পরিবর্তে অন্যদের দায়ী করতে থাকেন। এমন লোকেরা কোন কাজের হন না।

সফলতা প্রাপ্ত করতে ইচ্ছুক ব্যক্তিদের এই দুর্গুণকে নিজেদের আশপাশেও ঘেঁষতে দেওয়া উচিত নয়। কারণ অলসতা এমন এক ভয়ানক রোগ হয়... যেটা ব্যক্তিকে সামনের দিকে এগিয়ে যেতে দেয় না আর তার সাথে-সাথে অন্যান্য আরও কিছু দুর্গুণেরও সৃষ্টি করে। অলস ব্যক্তির সঙ্গতিও অত্যন্ত বিপজ্জনক মানা হয়ে থাকে। কারণ সঙ্গতির প্রভাব ব্যক্তির স্বভাবের ওপরে পড়ে। এজন্য অলস লোকেদের সঙ্গতি করা উচিত নয়। যেহেতু অলস লোকেদের সঙ্গতও অলসতা ভরে তোলে আর আপনাদের আপনাদের লক্ষ্যের থেকে দূরে সরিয়ে নিয়ে যায়... এজন্য অলসতা নামের রোগের থেকে অত্যন্ত সাবধান থাকাই উচিত।

সফলতার পথে অলসতা অত্যন্ত বড় বাধা হয়। এই জিনিষটাকে আচার্য চাণক্য ভালো করেই জানতেন। এজন্য উনি এই প্রসঙ্গে বেশ কিছু সূত্র প্রদান করেছেন। অলসতার মত সমস্যার ওপরে ওনার দ্বারা প্রদান করা সমস্ত সূত্রই অত্যন্ত উপযোগী... কিন্তু সেগুলোর থেকে কয়েকটা সূত্রকে বেছে নিয়ে আমরা এটা বোঝার চেষ্টা করব যে, অলসতা কি ভাবে সফলতার পথে বাধার সৃষ্টি করে।

অলসতার ব্যাপারে আচার্য চাণক্য এক সূত্র প্রদান করেছেন। উনি লিখেছেন –

**आलस्य लब्धमति रक्षितुं न शक्यते।**

*এই সূত্রের তাৎপর্য হচ্ছে – অলস ব্যক্তি প্রাপ্ত বস্তুর রক্ষা করতে পারে না।*

সব থেকে বড় কথা হচ্ছে এটা যে, প্রথমতঃ তো অলস ব্যক্তি কিছু প্রাপ্ত করেন না... কারণ তিনি যখন কোন কাজই করেন না, তখন তিনি ফল কোথা

থেকে প্রাপ্ত করবেন ? কিন্তু যদি কোন কারণে তিনি কিছু প্রাপ্ত করেও নেন... তাহলেও অলসতার কারণে তিনি সেটার রক্ষা করতে পারেন না আর সেই জিনিষটা নস্ট হয়ে পড়ে।

এই ব্যাপারটাকে এক উদাহরণের মাধ্যমে বোঝাটা সহজ হবে। ধরুন, এক কৃষক বড়ই অলস। সে ঠিক ভাবে নিজের কাজ শেষ করতে পারে না। সে সময় মত নিজের ক্ষেতে চাষ করে না। এই কারণে তার ক্ষেতে ফসলও উৎপন্ন হয় না আর সে সর্বদাই লোকসানে থাকে বা এমনটাও বলতে পারেন যে, তার কোন আমদানীও হয় না। এবার ধরে নিন যে, কোন সরকারী প্রকল্পের অন্তর্গত সে চাষ করার জন্য এক জোড়া ষাঁড় পেয়ে গেল। সাধারণতঃ এটাই হওয়া উচিত যে, সেই ষাঁড়দের সহায়তায় সেই কৃষক নিজের ক্ষেতে চাষ করা শুরু করে দেবে। কিন্তু যে ব্যক্তি অলস হয়... সে ঠিক এর উল্টোটাই করবে। সে ষাঁড়েদের দেখাশোনা করার কাজেও অলসতা করবে। সে ষাঁড়েদের সময় মত খেতে দেবে না। এর প্রভাব এটাই হবে যে, ক্ষুধার জ্বালায় ষাঁড়েরা ধীরে-ধীরে অসুস্হ হয়ে পড়তে লাগবে। এমনটাও সম্ভব হতে পারে যে, কিছু সময় পরে তারা মারাও যেতে পারে। আমাদের বক্তব্যের তাৎপর্য হচ্ছে এটা যে, সে নিজের জীবনকে বদলানোর জন্য যে সুযোগটা পেয়েছিল... সেটাকে সে হারিয়ে বসবে। এজন্য অলসতাকে নিজের আশপাশেও ঘেঁযতে দেওয়া আর নিজেই নিজের ব্যর্থতাকে আমন্ত্রণ করে ডেকে নিয়ে আসা – দুটোই সমান হয়। এছাড়া জীবনে সফল হতে ইচ্ছুক লোকেদের অলস ব্যক্তিদের আশপাশেও থাকা উচিত নয়। এর দ্বারাও তাঁদের ওপরে নেতিবাচক প্রভাব পড়ে।

এই সূত্রের মূল বক্তব্যকে বিস্তার প্রদান করে আচার্য চাণক্য আরও একটা সূত্র প্রদান করেছেন –

**ন আলসস্য রক্ষিতং বিবর্ধতে:।**

*এই সূত্রের অর্থ হচেছ – অলস ব্যক্তির রক্ষিতের বৃদ্ধি হয় না।*

ম্যানেজমেন্ট গুরু চাণক্য এই সূত্রের মাধ্যমে এই ব্যাপারটাকে স্পস্ট করে দিতে চেয়েছেন যে, ভাগ্যের জোরে যদি অলস ব্যক্তির সম্পত্তির রক্ষা হয়েও পড়ে... তবুও তিনি সেগুলোয় বৃদ্ধি কখনোই করতে পারেন না। আমাদের বক্তব্যের তাৎপর্য হচ্ছে এই যে, কোন অলস ব্যক্তির কাছে যদি তাঁর বাপ-ঠাকুর্দার অপার ধন-সম্পত্তি এসেও পড়ে আর সেগুলো যদি কোন কারণে নস্ট হওয়ার হাত থেকে বেঁচেও যায়... তাহলেও এতটা নিশ্চিত যে, সেই অলস ব্যক্তি সেই সম্পত্তিতে কখনো বৃদ্ধি করতে পারবে না।

কারণ সম্পত্তি বৃদ্ধি করার জন্য কর্ম করতে হবে বা এমনটাও বলা যেতে পারে যে, তাকে নিজের অলসতা ত্যাগ করতে হবে। কিন্তু সাধারণতঃ এমনটাই দেখা যায় যে, যে ব্যক্তির একবার অলসতার রোগ হয়ে পড়ে... সে সেই রোগের থেকে বড় মুশ্কিলে মুক্তি পায়। এমন ব্যক্তি এই ভেবে চলতে থাকে যে, বাপ-ঠাকুর্দার সম্পত্তিতে তো তার জীবন কেটে যাবে... কিন্তু এই জিনিষটাও ঠিক ততটাই সত্য হয় যে, একবার যদি তার সময় খারাপ হয়ে পড়ে... তাহলে সেই সম্পত্তি নস্ট হয়ে পড়তে এক মুহূর্ত সময়ই পর্যাপ্ত হয়।

এজন্য এটা অত্যন্ত জরুরী হয় যে, অলসতার আশ্রয় না নেওয়া হোক্। যদি আপনার মধ্যে কিছুটা মাত্রাতেও অলসতা মজুদ থাকে, তাহলে সেটাকে যত শীঘ্র সম্ভব ত্যাগ করে দিন। কারণ এই জিনিষটা আপনাকে কোন কিছুর যোগ্য রাখবে না। অলসতার পরিত্যাগ করে যদি সফলতার পথে এগিয়ে চলা যায়, তাহলে জীবনে সফল হয়ে ওঠাটা নিশ্চিত হয়। অন্য দিকে কোন অলস ব্যক্তি যদি কোন বড় লক্ষ্যের সাথে কাজ শুরু করে দেন, তাহলে তাঁর ব্যর্থ হওয়াটাও নিশ্চিত হয়। কারণ যে আত্মবিশ্বাস আর গতির সাথে তিনি কাজ শুরু করেন, সেটাকে তিনি সময়ের সাথে-সাথে বজায় রাখতে পারেন না।

একবার কাজ শুরু করে দেওয়ার পরে মাঝখানে অলসতা করাটা দ্বিগুণ অপযশ প্রদান করে। এই জিনিষটাকে স্পস্ট করে ম্যানেজমেন্ট গুরু চাণক্য এক সূত্র প্রদান করেছেন –

**কার্যান্তরে দীর্ঘসূত্রতা ন কর্তব্যা।**

*এই সূত্রের অর্থ হচেছ – কাজের মাঝে আলস্য করা উচিত নয়।*

সব থেকে প্রথম কথা হচেছ এটা যে, কোন সময়েই অলসতা করা উচিত নয়। কিন্তু আপনি যদি কোন কাজ শুরু করে দিয়েছেন, তাহলে সেটাকে যে কোন অবস্থাতেই শেষ করা উচিত। কাজের মাঝে অলসতা করলে দ্বিগুণ অপযশ হয়। আপনি যখন কোন কাজ শুরু করেন, তখন সেই ব্যাপারটা বেশ কিছু লোক জানতে পারেন। এমন অবস্থায় যদি আপনার সেই কাজ শেষ না হয় আর সেই সব ব্যক্তিরা যদি এটা জানতে পেরে যান যে, আপনার কাজ শেষ না হওয়ার কারণ হচেছ আপনার অলসতা... তাহলে সেটা আপনার যশ কম করার কাজ করে।

এজন্য জীবনে সফলতা প্রাপ্ত করতে ইচছা রাখা ব্যক্তিদের নির্দিষ্ট সময়ে যে কোন কাজ শেষ করার ওপরে নিজেদের পুরো জোর লাগানো উচিত। কারণ এমনটা না করলে কাজ সময় মত শেষ হয় না আর আপনারাও সফল হতে পারেন না। অন্য দিকে যে ব্যক্তি অলসতার চক্করে না পড়ে সজাগতার সাথে নিজের কাজের

প্রতি সমর্পিত হয়ে থাকেন... তিনি নিশ্চিত রূপে সফলতা প্রাপ্ত করেন আর সফল ব্যক্তিদের শ্রেণীতে তাঁর নাম শামিল হয়ে পড়ে।

একবার যখন কোন কাজ শুরু হয়ে পড়বে, তখন অর্জুন যে ভাবে কেবলমাত্র মাছের চোখই দেখতে পাচ্ছিলেন... ঠিক সেই ভাবে প্রতিটি ব্যক্তিরই নিজের লক্ষ্যের প্রতি নিবদ্ধ হয়ে থাকা উচিত। অলসতার কারণে এদিক-ওদিকে দেখতে থাকা মোটেই উচিত নয়। এই জিনিষটা আপনাদের পুরো জীবনটাকেই এদিক-ওদিকে ঘুরিয়ে দিতে পারে... এজন্য অলসতা ত্যাগ করে নিজের কাজ ঠিক সময়ে শেষ করাটাই যে কোন সফল ব্যক্তির পরিচয় হয়।

ম্যানেজমেন্ট গুরু চাণক্য অলসতার সঠিক স্থিতির বর্ণনা করে এক অত্যন্ত উপযোগী আর শিক্ষাপ্রদ সূত্র প্রদান করেছেন। আচার্য চাণক্য লিখেছেন –

**नास्त्यलसस्यैहकायुष्मिकम्।**

এই সূত্রের অর্থ হচ্ছে – অলস ব্যক্তির বর্তমান আর ভবিষ্যৎ থাকে না।

এটা একেবারে ঠিক কথা যে, অলস ব্যক্তির বর্তমান আর ভবিষ্যৎ বলে কিছু থাকে না। কারণ তিনি বর্তমানকে *'কাল-কাল'* করে এড়িয়ে যেতে থাকেন বা এমনটা বলা যেতে পারে যে, তিনি এই ভাবে সময় নষ্ট করতে থাকেন। সঠিক অর্থে এমনটা করে তিনি নিজের জীবনের অমূল্য মুহূর্তগুলোকে হারিয়ে ফেলতে থাকেন। কিন্তু ওনার সেই *'কাল'* কখনো আসে না। কারণ *'কাল'* তো কখনো হয়-ই না।

যখন কি জীবনে সফল হওয়ার ইচ্ছা রাখা ব্যক্তিদের এর ঠিক বিপরীত চিন্তা করা উচিত। তাঁদের *'কালকের কাজ আজ করা উচিত'* আর *'আজকের কাজ এখনই করা উচিত'* নীতির পালন করা উচিত। এমন লোকেদের সব কাজ আজ আর এখনই সম্পন্ন করার ব্যাপারে চিন্তা করা উচিত। সঠিক অর্থে বলতে গেলে আজকের সফলতাই সোনালী ভবিষ্যতের নির্মাণ করে আর আগামীকালকে আরও ভালো করে তোলে।

এই সত্যতাকে অলস ব্যক্তি জানতে পারেন না। যদি কেউ তাঁকে এই ব্যাপারে জানায়, তাহলেও তিনি সেটাকে মেনে নেন না। কারণ ওনার মাথায় তো অলসতার ভূত চেপে রয়েছে। তিনি অলসতাকে বাদ দিয়ে আর কোন জিনিষকে গুরুত্বই দিতে চান না। সঠিক অর্থে বলতে গেলে অলস ব্যক্তি নিজের বর্তমানের সাথে-সাথে নিজের ভবিষ্যতকেও নষ্ট করে দেন আর তার জন্য তিনি নিজেই দায়ী থাকেন। কিন্তু তিনি এই ব্যাপারটাকেও স্বীকার করেন না আর নিজের ববাদীর জন্য সমস্ত দোষ অন্যদের ওপরে চাপিয়ে দিতে থাকেন।

আর যে ব্যক্তি অলসতা ত্যাগ করে পরিশ্রমের জোরে নিজের বর্তমানকে ঠিক করে নেন, তাঁর ভবিষ্যতকে ভালো হয়ে ওঠা থেকে কেউই আটকাতে পারে না। কারণ কর্মই ফল প্রদান করে। এমনটা নয় যে, কোন ব্যক্তি হাতের ওপরে হাত রেখে বসে থাকবেন আর তিনি নিজের মনের মত পরিণামও প্রাপ্ত করবেন। কিছু পাওয়ার জন্য কিছু হারাতেও হয়। এজন্য যদি সঠিক অর্থে কেউ জীবনে সফল হয়ে উঠতে চান... তাহলে তাঁকে নিজের দুর্গুণগুলোকে ত্যাগ করতেই হবে। ব্যক্তির জীবনের এক বড় দুর্গুণ হচ্ছে অলসতা। যে ব্যক্তি অলসতাকে ত্যাগ করেছেন... তিনি জীবনের যে কোন ক্ষেত্রেই থাকুন না কেন... অবশ্যই সফল হয়েছেন। এমন উদাহরণে বিভিন্ন পুস্তক ভরে রয়েছে আর আপনারাও নিজেদের আশপাশে এমন অসংখ্য উদাহরণ সহজেই দেখতে পাবেন।

❑

## 14

# ব্যসনের ত্যাগ

সাধারণতঃ এমনটা দেখতে পাওয়া যায় যে, জীবনে ব্যর্থ হওয়া লোকেরা ব্যসনীও হন অর্থাৎ তাঁদের ভেতরে কোন-না-কোন ব্যসন অবশ্যই থাকে। আবার অন্য দিকে দেখলে এটা স্পস্ট ভাবে দেখতে পাওয়া যায় যে, যে ব্যক্তি জীবনে সফল হন... তিনি ব্যসনের থেকে দূরেই থাকেন। আসলে এমনটা বলাও হয়েছে যে, ব্যসন প্রায় শেষ হয়ে আসা কাজকেও পণ্ড করে তোলে। অন্য দিকে, যে ব্যক্তি এর গোলাম না হন... তিনি মুশ্‌কিল পরিস্হিতিকেও নিজের অনুকূল করে নেন আর সফলতার রথে চেপে বসেন।

এজন্য এটা অত্যন্ত গুরুত্বপূর্ণ হয় যে, জীবনের যে কোন ক্ষেত্রে সফল হওয়ার ইচ্ছা রাখা ব্যক্তিদের ব্যসন ত্যাগ করে দেওয়া উচিত। কারণ ব্যসনের চক্করে ফেঁসে থাকাটা নিজের ব্যর্থতাকে ডেকে আনার সমান হয়। এছাড়া ব্যসনের আরও বেশ কিছু লোকসান থাকে। যে ব্যক্তি ব্যসনী হন, তাঁর ব্যক্তিগত জীবন বড়ই দুঃখের হয়। তাঁর ঘর-পরিবারে না তো কেউ তাঁকে বিশ্বাস করেন আর না-ই কেউ তাঁকে সম্মান করেন। তিনি নিজের পরিবারেই অপমান আর তিরস্কারের পাত্র হয়ে থাকেন।

এছাড়া ব্যসন স্বাস্হ্যের পক্ষেও অত্যন্ত বিপজ্জনক হয়। ব্যসনে আসক্ত লোকেদের স্বাস্হ্য সর্বদা খারাপই থাকে। এমনটা বলাও হয়েছে যে, স্বাস্হ্যই হচ্ছে ধন! এমন অবস্হায় যদি কারো স্বাস্হ্য প্রায়ই খারাপ থাকে, তাহলে তিনি মনের মত পরিণাম প্রদান করতে পারবেন না। আর এর থেকেই তাঁর জীবনে সফল হওয়ার ইচ্ছার ওপরে গ্রহণ লেগে যায়। এজন্য যে ব্যক্তিই জীবনে সফল হয়ে উঠে নাম করতে চান, তাঁর সব দিক থেকেই ব্যসনের থেকে দূরে থাকা উচিত। ব্যসন তো নিজেই এক দুর্গুণ হয়... তার সাথে-সাথে সেটা ব্যক্তির ভেতরে আরও বেশ কয়েক প্রকারের দুর্গুণ সৃষ্টি করার কাজও করে। এই ব্যাপারটাকে বর্ধমান মহাবীরের জীবনের সঙ্গে যুক্ত এক উদাহরণের মাধ্যমে বোঝা যেতে পারে।

বর্ধমান মহাবীরকে ওনার এক শিষ্য প্রশ্ন করলেন – *"গুরুদেব! মনুষ্যের অধঃপতনের কারণ কি আর সেটার থেকে মুক্তি পাওয়ার জন্য কি করা উচিত?"*

এই প্রশ্নের জবাবে মহাবীর বললেন – *"যদি কোন কমণ্ডল ভারী হয় আর তাতে বেশী মাত্রায় জল ভরা যেতে পারে... তাহলে কি সেটা খালি অবস্থায় নদীতে ছেড়ে দিলে ডুববে?"*

ওনার সেই শিষ্য জবাব দিলেন – *"কক্ষনো না!"*

এবার মহাবীর বললেন – *"যদি সেটার ডান দিকে একটা ছিদ্র করে দেওয়া হয়, তাহলে কি সেই অবস্থাতেও সেটা ভাসতে পারবে?"*

সেই শিষ্য উত্তর দিলেন – *"না... সেটা ডুবে যাবে!"*

ভগবান মহাবীর আবার বললেন – *"যদি সেই ছিদ্র বাঁ দিকে হয়, তাহলে কি সেটা ডুবে যাবে?"*

এবার সেই শিষ্য বললেন – *"ছিদ্র বাঁ দিকে হোক্ বা ডান দিকে... জল সেই ফুটো দিয়ে প্রবেশ করবে আর শেষ পর্যন্ত সেটা ডুবে যাবে!"*

এই শুনে মহাবীর বললেন – *"ব্যস্... শুধু এটা জেনে নাও যে, এই মানব জীবন কমণ্ডলেরই সমান হয়। তাতে যদি কোন দুর্গুণরূপী ছিদ্র হয়ে পড়ে, তাহলে এমনটা ধরে নিতে পারো যে, সেটা টিকবে না। ক্রোধ, লোভ, মোহ, মৎসর, অহংকারের মত সমস্ত দুর্গুণ মনুষ্যকে ডোবানোর কারণ হয়ে উঠতে পারে। এজন্য আমাদের সর্বদা এটা মাথায় রাখতে হবে যে, আমাদের জীবনরূপী কমণ্ডলে যেন কোন দুর্গুণরূপী ছিদ্র সৃষ্টি হতে না পারে! আর আমরা যদি এমন ছিদ্র না হতে দিই... তাহলে আমাদের জীবন নিস্কংটক থাকবে আর আমরা সব কিছুই সহজে প্রাপ্ত করব।"* এর থেকে এটা পরিস্কার হয়ে ওঠে যে, কি প্রকার ব্যসন আর সেটার থেকে সৃষ্টি হওয়া দুর্গুণ ব্যক্তির জীবন নস্ট করার ক্ষমতা রাখে। এজন্য জীবনে সফলতা পেতে ইচ্ছুক ব্যক্তিদের স্বাভাবিক রূপেই ব্যসনকে নিজেদের আশপাশে ঘেঁষতে দেওয়া উচিত নয়।

ব্যসনের থেকে হওয়া ক্ষতিকে ম্যানেজমেন্ট গুরু চাণক্য বেশ ভালো ভাবেই জানতেন। এজন্য উনি ব্যসন থেকে হওয়া ক্ষতিগুলোর ব্যাপারে আমাদের সতর্ক করে দিয়ে বেশ কিছু সূত্র প্রদান করেছেন। সেই সব সূত্রগুলোর সহায়তায় আমরা এখানে ব্যসন থেকে হওয়া ক্ষতি আর সেগুলো সফলতার পথে কি ভাবে বাধা হয়ে ওঠে – সে ব্যাপারে জানার চেস্টা করব।

আচার্য চাণক্য এক অত্যন্ত গুরুত্বপূর্ণ সূত্র প্রদান করেছেন –

**নব্যসনপরস্য কার্যাবাপ্তিঃ।**

*এই সূত্রের অর্থ হচ্ছে – ব্যসনাসক্ত ব্যক্তির কার্যের প্রাপ্তি হয় না!*

এটা আমরা সকলেই জানি যে, ব্যসন অর্থাৎ খারাপ অভ্যাসে আসক্ত হয়ে পড়লে ব্যক্তি কোন কাজই পূরণ করতে পারেন না। এর পেছনে সব থেকে বড় কারণ এটাই হয় যে, ব্যসনী ব্যক্তির মধ্যে উৎসাহ, নিষ্ঠা আর আত্মবিশ্বাসের অভাব হয়ে পড়ে। এই জিনিষটা দেখতে পাওয়া যায় যে, যে ব্যক্তি ব্যসনী হয়ে পড়েন... তাঁর ইচ্ছাশক্তি কমে আসতে থাকে। প্রথম কথা তো হচ্ছে এটা যে, তাঁর মনে কোন বড় কাজ করার ইচ্ছাই জাগ্রত হয় না।

আর যদি কোন কারণে ব্যসনী ব্যক্তির মধ্যে কোন বড় কাজ করার ইচ্ছা জেগেও ওঠে... তবুও তিনি এমন ভাবে ব্যসনাসক্ত হয়ে থাকেন যে, তিনি সেই কাজটাকে শেষ করতে পারেন না। সঠিক অর্থে বলতে গেলে তিনি ব্যসনের গোলাম হয়ে থাকেন। তাঁর কাছে ব্যসন করাটাই সব থেকে বড় প্রাথমিতকতা হয়। এজন্য এমন লোকেরা হাতে কোন কাজ নেওয়া সত্ত্বেও স্বাভাবিক রূপে সেই কাজকে শেষ করতে অক্ষম হন। সফলতা প্রাপ্ত করার ইচ্ছা রাখা ব্যক্তিদের নিজেদেরকে ব্যসনের থেকে দূরে রাখাই উচিত... তার সাথে-সাথে ব্যসনী লোকেদের সঙ্গও এড়িয়ে চলা উচিত। কারণ এমন লোকেরা নিজেদের কাজ তো ঠিক ভাবে করেন-ই না... তার সাথে-সাথে অন্যদের কাজও পণ্ড করে দেন।

ব্যসনের কারণে ব্যক্তির মধ্যে স্বাভাবিক রূপে লোভের সৃষ্টি হয়ে পড়ে আর এই লোভ যথেস্ট ক্ষতিসাধন করে। লোভের কারণে প্রায় শেষ হয়ে আসা কাজও পণ্ড হয়ে পড়ে। এই ব্যাপারটাকে বোঝার জন্য এক উদাহরণের আশ্রয় নেওয়া যেতে পারে।

মিশর দেশে জুন্নুন নামক এক মহাত্মা ছিলেন। ওনার কাছে প্রখ্যাত মুসলমান সন্ত ইউসুফ হুসেন ধর্মের দীক্ষা নিতে গিয়েছিলেন। তখন মহাত্মা জুন্নুন তাঁকে একটা ছোট্ট বাক্স দিয়ে বললেন – *"আমার এক মিত্র এখান থেকে অনেক দূরে নীল নদের কিনারায় বাস করে। তুমি এই বাক্সটাকে অত্যন্ত সাবধানে তাকে দিয়ে এসো আর তারপর আমি তোমাকে দীক্ষা দেব!"*

রাস্তায় ইউসুফ হুসেন ভাবলেন যে, বাক্সটায় যখন তালা লাগানো নেই... তখন এটাকে খুলে দেখা যাক এবং উনি কৌতূহলবশতঃ বাক্সটার ঢাকনা খুললে সেটার থেকে এক ইঁদুর বেরিয়ে পালিয়ে গেল। সেই বাক্সটায় সেই ইঁদুরটা ছাড়া আর কিছুই ছিল না।

এবার ইউসুফ হুসেনের বড়ই অনুতাপ হতে লাগল যে, উনি বাক্সটার ঢাকনা কেন খুলতে গেলেন ? কিন্তু এখন অনুতাপ করে আর কোন লাভ ছিল না। শেষ পর্যন্ত উনি সেই খালি বাক্সটাই মহাত্মা জুন্নুনের সেই সন্ত মিত্রকে দিয়ে দিলেন।

বাক্স খোলার পরে যখন সেই সন্ত সেটার ভেতরে কিছুই দেখতে পেলেন না, তখন উনি বললেন – *"মহাত্মা জুন্নুন তোমাকে দীক্ষা দেবেন না... কারণ তোমার মধ্যে সংযম নেই। উনি এই বাক্স করে নিশ্চয়ই কিছু পাঠিয়েছিলেন। সত্যি করে বলো, এতে উনি কি বস্তু পাঠিয়েছিলেন?"*

এতটা শোনার পরে ইউসুফ সব কিছু সত্যি-সত্যি বলে দিয়ে ক্ষমা চেয়ে নিলেন। সেই সন্ত মিত্র ওনাকে মহাত্মা জুন্নুনের কাছে ক্ষমা চাইতে বললেন।

হতাশ ইউসুফ হুসেন মহাত্মা জুন্নুনের কাছে ফিরে এলেন আর ওনাকে সব কিছু খুলে বলে ওনার কাছে ক্ষমা চাইলেন।

এতে মহাত্মা বললেন – *"ইউসুফ! তুমি এখনও পরম জ্ঞানের অধিকারী হওনি। আমি তোমার হাত দিয়ে একটা ইঁদুর পাঠিয়েছিলাম... সেটাকেও তুমি হারিয়ে ফেলেছ। তাহলে তুমি ধর্ম-জ্ঞানের মত অমূল্য নিধি কি করে সুরক্ষিত রাখতে পারবে? তার জন্য তোমার অত্যন্ত সংযমের প্রয়োজন! যাও, নিজের চিত্তকে বশে নিয়ে আসার অভ্যাস করো আর তারপর আমার কাছে এসো... কারণ তুমি যে উদ্দেশ্য পূরণ করতে এসেছে, সংযম ছাড়া সেটা কখনোই পূরণ হতে পারে না!"*

এর পরে ইউসুফ হুসেন নিজের বাসস্থানের উদ্দেশ্যে ফিরে চললেন আর আত্মসংযমের অভ্যাস করতে লাগলেন। বেশ কয়েক বছর পরে উনি পূর্ণ আত্মবিশ্বাসের সাথে আবার একবার মহাত্মা জুন্নুনের কাছে এলেন আর এবার ওনার মনোরথ পূরণ হল।

এর থেকে এটা পরিস্কার যে, ব্যসন থেকে সৃষ্টি হওয়া লোভ কতটা ক্ষতি করতে পারে! যদি ইউসুফ লোভ না করতেন, তাহলে যে কাজটা শেষ করতে ওনার বেশ কয়েক বছর সময় লেগে গিয়েছিল, সেটা উনি তৎক্ষনাত পূরণ করতে পারতেন। এজন্য সর্বদা এটা মাথায় রাখা উচিত যে, লোভ করলে হয় কাজ একেবারে নষ্ট হয়ে পড়ে... নয়তো নতুন করে সেটার জন্য প্রস্তুতি নিতে হয়।

ব্যসনও বেশ কয়েক প্রকারের হয়। এমনিতে সকল প্রকারের ব্যসনই বিপজ্জনক হয়... কিন্তু সেগুলোর মধ্যে কয়েকটা অত্যন্ত বেশী বিপজ্জনক হয়। এগুলোর মধ্যেই একটা হচ্ছে জুয়া খেলা। আজকালকার নতুন সংস্কৃতিতে জুয়া খেলার প্রবৃত্তি নতুন-নতুন রূপে ক্রমশঃ বেড়েই চলেছে। আচার্য চাণক্য এর থেকে হওয়া ক্ষতির ব্যাপারে ভালোমতন জানতেন। এজন্য উনি এর থেকে হওয়া ক্ষতির ব্যাপারে এক সূত্র প্রদান করেছেন।

উনি লিখেছেন –

**নাস্তি কার্য দ্যূতপ্রবর্তস্য।**

*এই সূত্রের অর্থ হচেছ – দ্যূতাসক্ত ব্যক্তির কোন কাজই হয় না।*

দ্যূতকর্মকেই জুয়া খেলা বলা হয়ে থাকে। ম্যানেজমেন্ট গুরু চাণক্য জুয়া খেলা থেকে হওয়া ক্ষতি এই সূত্রের মাধ্যমে ব্যক্ত করেছেন। সঠিক অর্থে বলতে গেলে জুয়ারীর কাছে জুয়া খেলা ছাড়া আর কোন কাজই থাকে না। সে জুয়া খেলার চক্করে নিজের অন্য আর সব জরুরী কাজ ভুলে যায়।

এজন্য এমনটা দেখতেও পাওয়া যায় যে, যে পরিবারে জুয়ারীর বাস হয়, সেই পরিবারের নাশ অত্যন্ত দ্রুত হয়ে পড়ে। জুয়ারী ব্যক্তির হাতে যদি ক্ষমতা থাকে, তাহলে সে সেই ক্ষমতাকেও নিজের হাতেই নস্ট করে ফেলে। এজন্য এই খারাপ অভ্যাসকে নিজের আশপাশে ঘেঁষতে দেওয়াও উচিত নয়। এমনটা করা নিজের ব্যর্থতাকে নিজে ডেকে নিয়ে আসার সমান হয়।

সফলতার ইচ্ছা রাখা ব্যক্তিদের জুয়া খেলার মত দুস্প্রবৃত্তির থেকে পর্যাপ্ত দূরত্ব বজায় রাখা উচিত। এছাড়া যে ব্যক্তির মধ্যে এই দুর্গুণ থাকে, তার সাথে মিত্রতাও করা উচিত নয়। কারণ এমন ব্যক্তিরা আপনাদের কোন লাভ তো প্রদান করবে-ই না... উল্টে আপনাদের ক্ষতিই করবে। এটা অত্যন্ত স্পস্ট যে, এর ফলে আপনাদের উদ্দেশ্যের ওপরে নেতিবাচক প্রভাব পড়বে... কারণ জুয়ারীদের কোন সার্থক উদ্দেশ্যই থাকে না।

ব্যসনী লোকেদের কি ভাবে চেনা যেতে পারে? এটা এক অত্যন্ত গুরুত্বপূর্ণ প্রশ্ন! যদিও এমনটা করা খুব একটা সহজ হয় না... কিন্তু এমনও নয় যে, এই কাজটা করা একেবারেই অসম্ভব। এমনটা করা যেতে পারে। এর জন্য জ্ঞান আর অভিজ্ঞতার আশ্রয় গ্রহণ করা যেতে পারে। সময়ের সাথে-সাথে ব্যক্তির ভেতরে এমন লোকেদের চিনে নেওয়ার ক্ষমতা এসে পড়ে। এমনিতে এই ব্যাপারে ভগবান বুদ্ধের জীবনের এক উদাহরণ আমাদের প্রেরণা প্রদান করে।

একবার ভগবান বুদ্ধ কোণ্ডিয়া নগরে ভ্রমণ করছিলেন। এক দিন ভিক্ষু সঙ্গাম জী ওনাকে প্রশ্ন করলেন – *"ভগবন্! সংসারের প্রমাদে পড়ে থাকা ব্যক্তিকে কি ভাবে চেনা যেতে পারে?"*

এই প্রশ্নের কোন উত্তর ভগবান বুদ্ধ সেই সময় দিলেন না আর উনি অন্য ব্যাপারে আলোচনা করতে লাগলেন।

তার পরের দিনই উনি কোলিয়পুত্রী সুপ্পবাসার বাড়ীতে ভোজন করার নিমন্ত্রণ পেলেন। সুপ্পবাসা সাত বছর পর্যন্ত গর্ভধারণ করার কস্ট ভোগ করেছিল আর বুদ্ধদেবের কৃপায় সে এই কস্টের হাত থেকে মুক্তি প্রাপ্ত করেছিল। এই উপলক্ষে ও শ্রদ্ধাবশতঃ ভিক্ষু সঙ্ঘকে ভোজনে নিমন্ত্রণ করেছিল। ভোজন করার সময়

তথাগত দেখলেন যে, সুপ্পবাসার পতি নবজাত শিশুর জন্য কাছেই দাঁড়িয়ে রয়েছে।

উনি দেখলেন যে, বালক সাত বছর পর্যন্ত মায়ের গর্ভে থাকার কারণে অত্যন্ত বিকশিত আর সুন্দরও ছিল। ওর খেলা করার গতিবিধি বড়ই মনমোহক ছিল। ও নিজের মায়ের কাছে যাওয়ার জন্য বার-বার অস্থির হয়ে উঠছিল।

এই দেখে বুদ্ধদেব হেসে উঠে প্রশ্ন করলেন – *"মা! তুমি যদি এমন পুত্র পাও, তাহলে তুমি কতজন পুত্রের কামনা কর?"*

এই প্রশ্নে সুপ্পবাসা উত্তর দিল – *"ভগবন! এমন পুত্র যদি আমার সাতটাও হয়, তাহলেও আমার কোন দুঃখই হবে না!"*

সঙ্গাম জী তথাগতের ঠিক পাশেই বসে ছিলেন। উনি এই শুনে অত্যন্ত আশ্চর্য হয়ে উঠলেন যে, যে নারী কাল পর্যন্ত প্রসব যন্ত্রণায় অত্যন্ত ব্যাকুল হয়ে উঠেছিল... আজ সে এক নয় – সাত-সাত পুত্রের কামনা করছে! বুদ্ধদেব ওনার মনের কথা বুঝতে পেরে গেলেন আর বললেন – *"তোমার কালকের প্রশ্নের এটাই হচ্ছে উত্তর!"*

এর থেকে এই শিক্ষাই পাওয়া যায় যে, পুরোন কষ্ট আর অভিজ্ঞতার উপেক্ষা করে মোহবশতঃ কোন জিনিষের কামনা করাটাও এক ধরণের ব্যসনই হয় আর শেষ পর্যন্ত এর দ্বারা ক্ষতিই হয়। এজন্য এই দুষ্প্রবৃত্তিকে নিজের ভেতরে স্থান করে দেওয়া উচিত নয়। সফলতা প্রাপ্তির ইচ্ছুক লোকেদের এমনটা করার হাত থেকে যে কোন অবস্থাতেই রক্ষা পাওয়া উচিত। কারণ এর চক্করে পড়ার সরাসরি অর্থ হচ্ছে আপনি নিজেই নিজের ব্যর্থতাকে আমন্ত্রিত করছেন!

কাম-বাসনাও এক ধরণের ব্যসনই হয়। ব্যক্তির জীবনে কাম একটা নির্দিষ্ট সীমা পর্যন্ত থাকলে ঠিক আছে... কিন্তু যে ব্যক্তি সর্বদাই কামাতুর হয়ে থাকে, সে কোন কাজই ঠিক ভাবে করতে পারে না। এই জিনিষটাকেও আচার্য চাণক্য অনেক আগেই বুঝে গেছিলেন। এই কারণে উনি এই ব্যাপারে এক অত্যন্ত উপযোগী সূত্র প্রদান করেছেন।

উনি লিখেছেন –

**ন কামাসক্তস্য কার্যনুষ্ঠাম্।**

*এই সূত্রের অর্থ হচ্ছে – কামাসক্ত ব্যক্তি কোন কাজই করতে পারে না।*

এটা ঠিক যে, সর্বক্ষণ কামের চিন্তায় ডুবে থাকা ব্যক্তি কোন কাজই পূর্ণ নিষ্ঠা আর সততার সাথে করতে পারে না। এজন্য এমন ব্যক্তিদের ওপরে কেউ কোন গুরুত্বপূর্ণ কাজের দায়িত্ব দেয় না আর যদি কেউ এমন লোকেদের কোন গুরুত্বপূর্ণ

কাজের দায়িত্ব দিয়েও দেয়... তাহলে তার এটা জেনে রাখা উচিত যে, তার সেই কাজ কখনোই পূরণ হবে না।

ধর্ম, অর্থ, কাম আর মোক্ষকে জীবনের চার গুরুত্বপূর্ণ তত্ত্ব হিসেবে মানা হয়েছে। এতে কামের এক নিজস্ব বিশেষ ভূমিকা থাকে আর সেটাকে কেউ-ই অস্বীকার করতে পারে না। কিন্তু আজকাল বাজারবাদী শক্তি দ্বারা যে পরিবেশের সৃষ্টি করা হয়েছে, তাতে সব দিকে কামের প্রধানতা ব্যক্ত করা হচ্ছে। সব দিকেই আজ সেক্সের প্রাধান্য দেখতে পাওয়া যাচ্ছে। প্রতিটি জিনিষকে সেক্সী করে তোলার এক মূর্খতাপূর্ণ অন্ধ দৌড় দেখতে পাওয়া যাচ্ছে। এর থেকে আমাদের সকলের সাবধান থাকা উচিত।

সফলতা পেতে ইচ্ছুক ব্যক্তিদের বিশেষ করে এই জিনিষটার থেকে সাবধানে থাকা উচিত। কারণ কাম এমন এক ব্যসন হয় যে, এর হাত থেকে মুক্তি পাওয়া অপেক্ষাকৃত সহজ হয় না। ব্যক্তির সহজাত প্রকৃতিই এমন হয় যে, সে সময়ে-অসময়ে কামাতুর হয়ে ওঠে। কিন্তু সঠিক অর্থে সফল সেই ব্যক্তিই হন, যিনি নিজের এই ভাবনার ওপরে নিয়ন্ত্রণ বজায় রাখতে পারেন। এমনটা করার সব থেকে ভালো উপায় হচ্ছে নিজের লক্ষ্যকে উঁচু রাখা! আপনাদের লক্ষ্য যখন উঁচু হবে, তখন আপনাদের চিন্তাধারার স্তরও উঁচু হয়ে পড়বে। আর তারপর সেই হিসেবে আপনাদের বিচারধারা তৈরী হবে আর সেই অনুসারে আপনাদের কাজও হবে।

এজন্য লক্ষ্যকে উঁচু রেখে কামাতুর হওয়ার হাত থেকে অনেকটাই বাঁচা যেতে পারে। সফলতার কামনা রাখা ব্যক্তিদের যে কোন মূল্যে এই খারাপ অভ্যাসের থেকে রক্ষা পাওয়া উচিত। আরও একটা জিনিষ বিশেষ ভাবে মাথায় রাখা উচিত। সেটা হচ্ছে এই যে, যদি কোন ব্যক্তির সম্বন্ধে এমনটা জানতে পারা যায় যে, তিনি কামাসক্ত... তাহলে তাঁর ওপরে কোন গুরুত্বপূর্ণ কাজের দায়িত্বভার দেওয়া উচিত নয়। কারণ এমন লোক কোন কাজ করায় তেমন একটা আগ্রহ দেখান না। তা সত্ত্বেও আপনারা যদি এমন কোন ব্যক্তির ওপরে ভরসা করেন... তাহলে লোকসান আপনাদেরই হবে।

ব্যসন কি ভাবে ব্যক্তির জীবনে লোকসান করে আর ব্যক্তিকে তার লক্ষ্য পর্যন্ত পৌঁছতে দেয় না... সেটা জানানোর জন্য আচার্য চাণক্য এক সূত্র প্রদান করেছেন। উনি লিখেছেন –

**व्यसनार्तो विरमत्यप्रवेशन।**

*এই সূত্রের অর্থ হচ্ছে – ব্যসনাসক্ত ব্যক্তি নিজের লক্ষ্য পর্যন্ত পৌঁছনোর আগেই থেমে যায়।*

এই কথাটা ষোল আনা সত্য যে, যে ব্যক্তি একবার ব্যসনের জালে ফেঁসে যায়... সে নিজের লক্ষ্য পর্যন্ত পৌঁছনোর আগেই থেমে যায়। কারণ খারাপ অভ্যাসে ডুবে থাকা ব্যক্তি নিজের কর্তব্য ভুলে যায়। সে এটা ভুলে যায় যে, তার কোন্ কাজটা করার ছিল আর সে কোন্ কাজটা করছে! সে ঠিক আর ভুলের পার্থক্য বোঝার ক্ষমতাও হারিয়ে ফেলে। এজন্য এমন ব্যক্তিদের নিজেদের লক্ষ্যের ব্যাপারে কোন খেয়ালই থাকে না।

ব্যসনের চক্ষুলে ফেঁসে থাকা ব্যক্তি কোন কাজই শেষ করতে পারেন না। এটা অত্যন্ত পরিস্কার যে, তিনি যদি কোন কাজই শেষ না করেন... তাহলে তাঁর কোন আমদানীও হবে না। আর যখন আমদানী হবে না, তখন তাঁর জীবনটা নরক হয়ে উঠবে। জীবনে বেঁচে থাকার জন্য প্রয়োজনীয় প্রাথমিক প্রয়োজনগুলো পূরণ করার জন্যও এমন লোকেদের কাছে পয়সা থাকবে না। অন্য দিকে, তিনি যে কোন মূল্যে নিজের ব্যসনগুলোকে পূরণ করতে চাইবেন।

এমন লোকেরা এমন পরিস্থিতিতে ভুল রাস্তায় চলতে শুরু করেন। অনেক বার ব্যসনে আসক্ত লোকেরা অপরাধের রাস্তাও গ্রহণ করে নেন। কারণ তাঁদের ভাবনা-চিন্তা করার শক্তি প্রায় শেষ হয়ে পড়ে। তাঁদের কি করা উচিত আর কি করা উচিত নয়... এই ব্যাপারে নির্ণয় নেওয়ার মত মানসিক অবস্থা থাকে না আর তাঁরা ভুল পথে পা বাড়িয়ে দেন। এর ফলে তাঁদের পুরো জীবনটাই বর্বাদ হয়ে পড়ে।

এমন লোকেরা নিজেদের ক্ষতি তো করেন-ই... তার সাথে-সাথে তাঁরা অন্যদের ক্ষতিও করে দেন। এজন্য এমন লোকেদের থেকে দূরেই থাকা উচিত। যেসব ব্যক্তি নিজেদের জীবনে সফলতা অর্জন করতে চান... তাঁদের যে কোন অবস্থাতেই এমন লোকেদের থেকে দূরে থাকা উচিত। কারণ এমন লোকেরা আপনাদের কোন সহায়তা তো করতে পারবেন-ই না... কিন্তু তাঁরা যে আপনাদের ক্ষতি অবশ্যই করবেন, সেটার গ্যারান্টি আমরা আপনাদের দিচ্ছি। এমন লোকেদের সংস্পর্শে থাকার স্পষ্ট অর্থ হচ্ছে এই যে, আপনারা নিজেরাই নিজেদের ব্যর্থতাকে আমন্ত্রণ করে ডেকে নিয়ে আসছেন!

❑

## 15

# মধুর বচন

এই কথাটা তো আমরা সকলেই জানি যে, পণ্ড হয়ে পড়া কাজও মধুর বচন দ্বারা সম্পন্ন হয়ে পড়ে। অন্য দিকে যদি কোন কাজ প্রায় শেষ হয়ে আসার মুখে এসে পড়ে, তাহলেও কটু বচন সেই কাজকে পণ্ড করে দেয়। এমনটা বলাও হয়েছে যে, আমাদের এমন বাণী বলা উচিত, যেটা নিজের কাছে ঠিক লাগার সাথে-সাথে অন্যদেরও ভালো লাগবে। সঠিক অর্থে বলতে গেলে মধুর বচন দ্বারা আজ পর্যন্ত অনেক বড়-বড় যুদ্ধ জেতা হয়েছে আর ভবিষ্যতেও জেতা হবে।

এজন্য সফলতা পেতে ইচ্ছুক লোকেদের মধুর বচন বলার অভ্যাস করা উচিত। অনেক লোকেদের মধ্যে এই গুণ সংস্কারগত হয়। কিন্তু এমনটা নয় যে, এই গুণকে নিজের মধ্যে বিকশিত করা যেতে পারে না। অভ্যাস দ্বারা সব কাজই সহজ হয়ে পড়ে। এই অভ্যাস বিকশিত করার জন্য সব থেকে জরুরী হচ্ছে এটা যে, আপনারা নিজেদের চিন্তাধারার স্তরে স্পস্ট হবেন। আপনারা যখন চিন্তাধারার স্তরে স্পস্ট হয়ে উঠবেন... তখন আপনাদের কথা বলার সময় শব্দের নির্বাচন করতে কোন অসুবিধাই হবে না। তবে হ্যাঁ... এটা সর্বদা মাথায় রাখবেন যে, এমন কোন শব্দ যেন ভুল করেও আপনাদের মুখ দিয়ে বেরিয়ে না আসে... যেটা সামনের ব্যক্তির খারাপ লাগবে।

মধুর বচনের অনেক লাভ হয়। প্রথম কথা হচ্ছে এটা যে, আপনাদের দ্বারা বলা মধুর বচনের মাধ্যমে আপনাদের কাজ হয়ে পড়ে। এছাড়া আপনারা মধুর বচনের মাধ্যমে লোকেদের সঙ্গে ভালো সম্পর্ক তৈরী করে নেন। লোকেরা আপনাদের কথার-দ্বারাই আপনাদের ব্যক্তিত্বের পরীক্ষা নেন। আপনাদের মুখের কথা যখন মধুর হয়, তখন লোকেদের এমনটা মনে হতে থাকে – এই লোকটা ভালো! এই জিনিষটার দুটো লাভ হয়। প্রথমতঃ, আপনাদের কাজ তৎক্ষনাত হয়ে পড়ে আর সেই ব্যক্তি আপনাদের প্রশংসক হয়ে ওঠেন। এর পরে ভবিষ্যতে যখন আপনাদের আবার সেই ব্যক্তির প্রয়োজন হয়, তখন তিনি আপনাদের সহায়তা করার জন্য সর্বদা প্রস্তুত হয়ে থাকেন বা এমনটাও বলতে পারেন যে, তিনি সর্বদাই আপনাদের পাশে থাকেন।

মধুর বচন দ্বারা ব্যক্তির ভেতরে আরও কিছু গুণের সৃষ্টি হয়ে পড়ে। এই সব গুণের মাধ্যমেও ব্যক্তির যশ ছড়িয়ে পড়ে আর তিনি সফলতার সিঁড়ি বেয়ে ওপরের দিকে উঠে চলেন। মধুর বচন বলতে থাকা ব্যক্তির স্বভাবে স্বাভাবিক ভাবেই বিনম্রতা এসে পড়ে আর এই বিনম্রতা বড়ই লাভদায়ক হয়। এই ব্যাপারটা বোঝার জন্য এক উদাহরণের আশ্রয় নেওয়া যেতে পারে।

হজরত মুহম্মদের এক কাকা ছিলেন – হুসেন। উনি এক বিরাট বড় প্রাসাদে থাকতেন। ওনার কাছে টাকা-পয়সার কোন অভাবই ছিল না। ওনার প্রাসাদের ঘরগুলোয় মূল্যবান কার্পেট বেছানো ছিল। গোলাম আর চাকর-বাকরদের ওপরে ওনার বড়ই প্রতিপত্তি ছিল আর তারা সকলে ওনার ভয়ে থরথর করে কাঁপত।

এক দিন এক গোলাম টেবিলে ওনার খাবার সাজাচ্ছিল। ও যখন টেবিলে বাটি রাখছিল, সেই সময় কার্পেটের ওপরে ওর পা হঠাৎ করে পিছলে গেল আর ওর হাত থেকে কয়েকটা বাটি পাটিতে পড়ে ভেঙে গেল। সেই গোলাম বড়ই ভয়ভীত হয়ে পড়ল যে, না জানি এবার ওর কপালে কি শাস্তি নাচছে! কিন্তু ওর মালিক ওকে বাকবকি করার আগে আর ওকে কোন শাস্তি দেওয়ার আগেই ও নিজের মালিকের সামনে হাঁটু গেড়ে বসে পড়ল আর মাথা নীচের দিকে করে নিয়ে বলল – "*মালিক! যে ব্যক্তি অন্যদের ওপরে রাগ করেন না... তিনি মহান হন!*"

হুসেন কিছুক্ষন পর্যন্ত সেই গোলামের মুখের দিকে তাকিয়ে রইলেন আর তারপর বললেন – "*আমি তোমার ওপরে রাগ করিনি!*"

এতে সেই গোলাম বলল – "*মালিক! যে ব্যক্তির একেবারেই রাগ আসে না... তিনি সবার থেকে মহান হন!*"

হুসেন বললেন – "*তুমি ঠিকই বলেছ!*"

গোলাম আবার একবার বলল – "*কিন্তু যিনি অন্যদের ভুল মাফ করে দেন... তিনি তার থেকেও মহান হন!*"

হুসেন বললেন – "*আমি তোমাকে মাফ করে দিয়েছি। এই নাও, চারশো দিরহাম। আমি তোমাকে শুধু মাফই করিনি... আমি তোমাকে মুক্তও করে দিয়েছি। তুমি যেতে পারো!*"

হুসেনের ওপরে সেই গোলামের কথাগুলোর এত বেশী প্রভাব হয়েছিল যে, উনি এর পর থেকে নিজের স্বভাবই পাল্টে ফেলেছিলেন।

এর থেকে এই শিক্ষা প্রাপ্ত হয় যে, মধুর বচনের সাথে-সাথে যে বিনম্রতা বিকশিত হয়... সেটা বড়ই কাজের জিনিষ হয়। বিনম্রতাও থাকবে, মধুর বচনও থাকবে আর শব্দের সঠিক নির্বাচন হবে... তাহলে তো কঠিন থেকে কঠিনতর কাজও বড়ই সহজে সম্পন্ন করা যেতে পারে। কারণ এগুলোর সহায়তায় যে কোন ধরণের ব্যক্তির সাথে স্বাভাবিক রূপে ভালো সম্পর্ক গড়ে তোলার কাজে সুবিধা হয়।

এমনটা দেখতে পাওয়া যায় যে, যে ব্যক্তি মধুর বচন বলেন, তাঁর মিত্রদের সংখ্যা অনেক বেশী হয়। এটাও দেখতে পাওয়া গেছে যে, সেই ব্যক্তির কাজ কখনো বাধাপ্রাপ্ত হয় না। এছাড়া এমন ব্যক্তি জীবনে সফলও হন। আচার্য চাণক্য মধুর বচনের মূল্যকে অত্যন্ত ভালো ভাবেই জানতেন। এজন্য উনি মধুর বচনের উপযোগিতার সাথে যুক্ত বেশ কিছু সূত্র প্রদান করেছেন। এমনিতে তো ওনার দ্বারা প্রদান করা সকল সূত্রই অত্যন্ত উপযোগী... কিন্তু আমরা সেগুলোর থেকে কয়েকটা সূত্রের মাধ্যমে মধুর বচন আর সফলতার মধ্যেকার পারস্পরিক সম্পর্ককে বোঝার চেস্টা করব।

উনি এক সূত্র প্রদান করেছেন –

**अग्निदाहादपि विशिष्टं वाक्यापारुष्यम्।**

এই সূত্রের অর্থ হচেছ – *বাক্যাপারুষ্য অগ্নিদাহের থেকেও বেশী হয়।*

এমনটা বলা মোটেই অনুচিত হবে না যে, বাণীর কঠোরতা এত বেশী দুঃখ প্রদান করে... সেটার তুলনা আগুনে পোড়ার কস্টের সাথেও করা চলে না। একটা ব্যাপার তো ঠিক যে, যদি কোন ব্যক্তি আগুনে পুড়ে যান আর তাঁর শরীরে কোন ক্ষতস্হানের সৃস্টি হয়ে পড়ে... তাহলে সেই ক্ষতস্হান ওযুধ সেবন আর সময়ের সাথে-সাথে শুকিয়ে আসে। কিন্তু কঠোর শব্দের বাণ দ্বারা ঘায়েল হওয়ার কারণে যে, ক্ষতস্হানের সৃস্টি হয়... সেটা শুকোন প্রায় অসম্ভব হয়। সঠিক অর্থে বলতে গেলে কঠোর শব্দ কখনো সমাপ্ত না হওয়া শত্রুতার জন্ম দেয়।

এজন্য সফলতার ইচছা রাখা ব্যক্তিদের সর্বদাই মধুর বচনের ব্যবহার করা উচিত। ভুল করেও কখনো কারো প্রতি কঠোর বচনের ব্যবহার করা উচিত নয়। এর দ্বারা সেই ব্যক্তির মনে তো আঘাত লাগেই... তার সাথে-সাথে নিজের ব্যক্তিত্বের মর্যাদাও ভঙ্গ হয়। এছাড়া আমাদের এই ব্যাপারটাও মাথায় রাখা উচিত যে, পথ চলতি ব্যক্তি বা যাঁর সঙ্গে আমাদের প্রতি দিনের কোন সম্পর্ক নেই... এমন ব্যক্তিদের সঙ্গেও কখনো কঠোর বচনের ব্যবহার করা উচিত নয়। কারণ এটা আমরা কেউই জানি না যে, কখন কোন্ ব্যক্তির সহায়তা আমাদের প্রয়োজন হয়ে পড়ে। এছাড়া যে ব্যক্তির প্রতি আপনি কঠোর বচনের ব্যবহার করছেন, তিনি আবার সেই ব্যাপারে আরও বেশ কিছু ব্যক্তিকে জানান। এর ফলে শেষ পর্যন্ত লোকসান আপনারই হয়। আপনারই ইমেজ খারাপ হয়ে পড়ে। সঠিক অর্থে বলতে গেলে মধুর বচন দ্বারা বড়-বড় কাজও অত্যন্ত সহজে সম্পন্ন করা যেতে পারে।

অপশব্দের ববহার কখনোই করা উচিত নয়। এর ফলে প্রায় শেষ হয়ে আসা কাজও পণ্ড হয়ে পড়ে। এছাড়া অপশব্দের ব্যবহার দ্বারা আপনাদের নতুন-নতুন শত্রুরও সৃস্টি হয়ে পড়ে... কারণ অপশব্দের আঘাত বড়ই গভীর হয়। ভয়ানক ক্ষতস্হানও ওযুধ সেবন আর সময়ের সাথে-সাথে কিছু দিনের মধ্যে শুকিয়ে

আসে... কিন্তু অপশব্দের মার তো এমন হয়, যেটা ব্যক্তি মন থেকে চাওয়া সত্ত্বেও ভুলতে পারেন না। এজন্য জীবনে সফলতার প্রাপ্ত করতে ইচ্ছুক ব্যক্তিদের ভুল করেও কখনো কারো প্রতি অপশব্দের ব্যবহার করা উচিত নয়। এই ব্যাপারটা বোঝার জন্য একটা উদাহরণের আশ্রয় নিলে বেশী ভালো হবে।

সন্ত বহিনাবাঈ-য়ের বিবাহ কম বয়সেই শিবাপুরের প্রৌঢ় জোশী জী-র সাথে হয়ে পড়েছিল। জোশী জী বড়ই নাস্তিক ছিলেন। অন্য দিকে বহিনাবাঈ সর্বদাই ধর্ম চিন্তনে লীন হয়ে থাকতেন। এক বার বিঠ্‌ঠল মন্দিরে হরিভক্ত পরায়ণ জয়রাম স্বামীর কীর্তন হচ্ছিল। বহিনাবাঈ-ও কীর্তন শুনতে গেলেন। ওনার পেছনে-পেছনে ওনার বাছুরও সেখানে গেল আর এক কোণে চুপচাপ দাঁড়িয়ে রইল। এমনটা লাগছিল, যেন সে-ও মন দিয়ে কীর্তন শুনছে। বাছুরকে সেখানে আসতে দেখে কিছু শ্রোতা তাকে মেরে সেখান থেকে তাড়ানোর চেষ্টা করল... কিন্তু বাছুর নিজের জায়গা থেকে এক চুলও নড়ল না। লোকেদের নিজের বাছুরকে মারতে দেখে বহিনাবাঈ-য়ের মনে বড়ই দুঃখ হল আর উনি লোকেদের এমনটা করতে মানা করলেন।

উনি বললেন – "*এই বেচারা ভগবানের নামের শ্রবণ করছে। সেজন্য তোমরা একে মারছ কেন? এ এখানে আসায় কীর্তনের আসরে তো তো কোন বাধার সৃষ্টি হয়নি।*" লোকেরা ওনার কথায় কান দিল না আর তারা বাছুরটাকে নিষ্ঠুর ভাবে মারতে লাগল। এবার বহিনাবাঈ-য়ের চোখ দিয়ে অশ্রুধারা বইতে লাগল। ঠিক তখনই জয়রাম স্বামী সেখানে এসে উপস্থিত হলেন আর উনি বাছুরটার শরীরে হাত বুলিয়ে বললেন – "*একে দেখে আমার পূর্ব জন্মের কোন ধর্মাত্মা বলে মনে হচ্ছে। এজন্য একেও কীর্তন শুনতে দাও।*" উনি বহিনাবাঈ-য়ের মাথায় হাত বুলিয়ে ওনাকে আশীর্বাদ দিলেন। লোকেরা সকলে শান্ত হয়ে পড়ল আর কীর্তন আবার একবার শুরু হয়ে পড়ল।

পরের দিন বহিনাবাঈ-য়ের পতি আগের দিন রাতের সব ঘটনার ব্যাপারে জানতে পারলেন। এই শুনে ওনার প্রচণ্ড রাগ হল যে, ওনার পত্নী নিজের মাথায় এক পরপুরুষকে হাত বোলাতে দিয়েছে। উনি বহিনাবাঈ-কে প্রচণ্ড জোরে মারধোর করতে লাগলেন। যখন এই ব্যাপারে বাড়ীওয়ালা জানতে পারলেন, তখন উনি এসে মামলা শান্ত করলেন। এর ঠিক তিন দিন পরে সেই বাছুরটার মৃত্যু হয়ে পড়ল। বহিনাবাঈ-য়ের অত্যন্ত দুঃখ হল আর উনি শোক পালন করতে লাগলেন। রাতে স্বপ্নে সন্ত তুকারাম এসে ওনাকে দর্শন দিলেন আর উনি বহিনাবাঈ-কে গীতার এক মন্ত্র প্রদান করে বললেন যে, কষ্ট আর ক্লেশের পরেই পরমার্থের প্রাপ্তি হয়।

এই ব্যাপারে বহিনাবাঈ-য়ের পতি জানতে পারলে উনি এসবকে ভণ্ডামীর আখ্যা দিলেন আর সন্ত তুকারামের প্রতি অপশব্দের ব্যবহার করলেন। শুধু তাই নয়...

উনি নিজের পত্নীকে ত্যাগ করারও প্রস্তুতি নিলেন। বহিনাবাঈ যেই নিজের সব মালপত্র বেঁধে যেতে লাগলেন... ঠিক সেই সময় ওনার পতির সর্বশরীরে অসহ্য যন্ত্রণা হতে লাগল। উনি মাটিতে পড়ে ছট্‌ফট্ করতে লাগলেন... কিন্তু ওনার যন্ত্রণা কমার নামই নিচ্ছিল না। তখন উনি এমনটা চিন্তা করতে লাগলেন যে, এমনটা কেন হচ্ছে আর ওনার মনে পড়ে গেল যে, উনি শুধু নিজের পত্নীরই অমার্যাদা করেননি... উনি তুকারামের মত মহাত্মার প্রতিও অপশব্দের ব্যবহার করেছেন। উনি মনে-মনে তুকারাম জী-র প্রতি ক্ষমা চেয়ে নিলেন... তখন গিয়ে ওনার শরীরের যন্ত্রণা শান্ত হল। উনি নিজের পত্নীর কাছে গেলেন আর ওনার কাছেও ক্ষমা চেয়ে নিলেন এবং ওনাকে *'গুরু'* বলে সম্বোধন করলেন। এবার ওনার কায়াকল্প হয়ে পড়ল আর এর পর থেকে উনি আর কখনো বহিনাবাঈ-য়ের অপমান করেননি। এর থেকে এটা অত্যন্ত পরিস্কার হয়ে পড়ে যে, অপশব্দের ব্যবহার করার লোকসান ব্যক্তিকে কি ভাবে ভোগ করতে হয়।

অনেক বার এমন পরিস্থিতির সৃষ্টি হয়ে পড়ে, যখন আপনাদের সংস্পর্শ কোন মূর্খ ব্যক্তির সাথে হয়ে পড়ে। এমন পরিস্থিতিতে মন থেকে না চাওয়া সত্ত্বেও আপনারা কঠোর বচনের ব্যবহার করতে বাধ্য হয়ে ওঠেন। কিন্তু সঠিক অর্থে বলতে গেলে এমন পরিস্থিতিতেই আপনাদের ধৈর্য্যের সত্যিকারের পরীক্ষা হয়। এমন পরিস্থিতিতে যে ব্যক্তি ধৈর্য্যের সাথে কাজ করেন... তিনিই সঠিক অর্থে সফলতার পথে এগিয়ে চলেন।

এমন পরিস্থিতিতে কেমন আচরণ করা উচিত, সেই ব্যাপারে আচার্য চাণক্য এক সূত্র প্রদান করেছেন –

**मूर्खेषु विवादो न कर्तव्य:।**

এই সূত্রের অর্থ হচ্ছে – *মূর্খদের সঙ্গে বিবাদ করা উচিত নয়।*

এটা তো আমরা সকলেই জানি যে, মূর্খদের ভালো-মন্দের কোন জ্ঞান থাকে না। এজন্য এমন লোকেদের সঙ্গে বিবাদ করাটা ঠিক নয়। এদের সঙ্গে বিবাদ করলে অন্য লোকেরাও এমনটাই বলেন – *"এ তো মূর্খ ছিলই... কিন্তু এই লোকটা হুঁশিয়ার হওয়া সত্ত্বেও এমন আচরণ কেন করল ?"* এর ফলে সমস্ত দোষ আপনার ওপরেই চাপিয়ে দেওয়া হবে। মূর্খ তো নিজের মূর্খতার কারণে দোষের ভাগী হওয়ার হাত থেকে রক্ষা পেয়ে যাবে।

এজন্য এমন পরিস্থিতিতে মূর্খ ব্যক্তির থেকে দূরত্ব বজায় রাখাই একমাত্র উপায় হয়। সঠিক অর্থে বলতে গেলে সফল ব্যক্তির এটাই পরিচিতি হয়। কারণ মূর্খ ব্যক্তির প্রতি কঠোর বচনের ব্যবহার যদি কেউ করেও নেন, তাহলেও কোন সমস্যার সমাধান তো হয়-ই না... উল্টে নিজের সময় আর শ্রমের বর্বাদীই হয়।

এজন্য এমন লোকেদের যত বেশী উপেক্ষা করা যায়, ততই ভালো হয় আর এমন পরিস্থিতিতে অত্যন্ত সংযমের সাথে কাজ করা উচিত। এমন পরিস্থিতিতে মধুর বচনের আশ্রয় ত্যাগ করা উচিত নয়। এমন পরিস্থিতিতে যদি মধুর বচনের আশ্রয় ত্যাগ করে কঠোর বচনের ব্যবহার করা হয়... তাহলে শেষ পর্যন্ত লোকসান আপনারই হবে।

যেসব ব্যক্তি মধুর বচন বলেন না, তাঁরা বৃথা বাদ-বিবাদে জড়িয়ে পড়ে নিজেদের সময় নষ্ট করেন। এই সব বাদ-বিবাদের কোন লাভই হয় না... বরং লোকসানই হয়। এজন্য জীবনে সফলতা পেতে ইচ্ছুক ব্যক্তিদের সর্বদা বাদ-বিবাদ এড়িয়ে চলা উচিত। বাদ-বিবাদ থেকে উৎপন্ন লোকসানকে বোঝার জন্য গৌতম বুদ্ধের জীবনের এক উদাহরণ অত্যন্ত উপযোগী।

এক বার গৌতম বুদ্ধ কৌশাম্বীতে বিহার করছিলেন। হঠাৎ এক ভিক্ষু এসে ওনাকে বললেন – *"ভগবন! এখানকার ভিক্ষুরা প্রায়ই নিজেদের মধ্যে বিবাদ করে আর নিজেদের বাণীরূপী বর্শা দ্বারা পরস্পরকে বিদ্ধ করতে থাকে। আপনি যদি তাদের উচিত শিক্ষা দিয়ে এই বৃথা বাদ-বিবাদ মিটিয়ে দেন, তাহলে সব থেকে ভালো হয়!"*

বুদ্ধদেব চুপচাপ সেই ভিক্ষুর কথা শুনে তাঁর সঙ্গে মঠে গেলেন। সেই সময়ও কিছু ভিক্ষু পরস্পরের সঙ্গে বিবাদ করছিলেন। তাঁদেরকে সম্বোধিত করে উনি বললেন – *"ভিক্ষুগণ! তোমাদের পরস্পরের সঙ্গে বিবাদ আর কলহের থেকে দূরে থাকা উচিত। এতে তোমাদেরই মঙ্গল হবে!"*

এই শুনে এক ভিক্ষু বললেন – *"দেখুন... আপনি আমাদের কলহের মধ্যে নিজেকে জড়াবেন না। আমরা নিজেরাই ব্যাপারটাকে সামলাতে পারব।"*

এই শুনে তথাগত বললেন – *"পরস্পরের সঙ্গে কলহ করলে শত্রুতা কখনো শেষ হয় না... বরং আরও বেড়ে ওঠে। মনে শত্রুভাব থাকলে বাণীও কঠোর হয়ে ওঠে আর যে ব্যক্তি কঠোর বচনের প্রয়োগ করেন... তিনি নিজেকে পণ্ডিত বলে মনে করতে থাকেন। এই প্রকারের আচরণ করতে থাকা ব্যক্তিদের না নিজের চিন্তা থাকে আর নাই সঙ্ঘ ভেদের। আমরা যদি নিজেদের চার পাশে তাকাই... তাহলে আমরা এটা দেখতে পাব যে, পশুদের চুরি করা, নীচ কর্ম করতে থাকা আর অন্যদের প্রাণ পর্যন্ত হরণ করা লোকেরাও পরস্পরের সঙ্গে মিলেমিশে থাকে আর এখানে সঙ্ঘে থাকা তোমরা একটা মুহূর্তও শান্তিতে থাকতে পারো না। তোমাদের বিনম্র, সদাচারী আর ধৈর্য্যবান লোকেদের সঙ্গতির লাভ ওঠানো উচিত। আর তোমরা যদি তেমনটা করতে না চাও, তাহলে তোমাদের সঙ্ঘে থেকে কি লাভ? তোমরা কি এটা জানো না যে, তোমাদের বাদ-বিবাদের কারণে অন্যদের শান্তিতে বাধা পৌঁছয়? এজন্য তাঁদের কাছে তোমাদের মত মূর্খদের সঙ্গতির তুলনায় একা বিচরণ করাটাই বুদ্ধিমত্তার পরিচয় হয়!"*

যাই হোক, যেসব ব্যক্তি মধুর বচনের তুলনায় দুর্বচনের আশ্রয় নেন... তাঁদের বেশ কয়েক প্রকারের ক্ষতির মুখোমুখি হতে হয়। এই ব্যাপারে আচার্য চাণক্য এক সূত্র প্রদান করেছেন –

## निहन्ति दुर्वचनं कुलम।

ম্যানেজমেন্ট গুরু চাণক্যের এই সূত্রের অর্থ হচ্ছে – *দুর্বচন কুলের নাশ করে!*

ব্যক্তির তো একটা নিজস্ব প্রতিষ্ঠা থাকেই... তার সাথে-সাথে তার বংশের প্রতিষ্ঠাও যুক্ত হয়ে থাকে। নিজের প্রতিষ্ঠা অর্জন করতে অনেক সময় লাগে। যখন কি বংশের প্রতিষ্ঠা উত্তরাধিকার সূত্রে প্রাপ্ত হয়। এটাকে সযত্নে সামলে রাখাটা অত্যন্ত জরুরী হয়। কিছু-কিছু ব্যক্তি তো এই জিনিষটাকে অত্যন্ত ভালো ভাবে সামলে রাখেন... অন্য দিকে কিছু ব্যক্তি এমনও হন, যাঁরা নিজেদের বংশের প্রতিষ্ঠাকে সামলে রাখতে পারেন না।

খারাপ বচন বলতে থাকা ব্যক্তিদের এই শ্রেণীতে শামিল করা যেতে পারে। কারণ এনাদের নিজস্ব কোন প্রতিষ্ঠা তো হয় না আর এনারা নিজেদের খারাপ বচনের মাধ্যমে নিজেদের বংশের প্রতিষ্ঠাকেও ধূলোয় মিশিয়ে দেন। আসলে আমাদের সামাজিক প্রণালীটাই হচ্ছে এমন যে, আপনার প্রতিটি কার্যকে আপনার পরিবার আর আপনার বংশের সঙ্গে যুক্ত করে দেখা হয়।

আপনি কোন ভালো কাজ করলে এমনটা বলা হয়ে থাকে – *উনি অমুক ব্যক্তির পুত্র* বা *উনি অমুক বংশের সন্তান!* এতে আপনার বংশের প্রাতিষ্ঠাও বেড়ে ওঠে। এই প্রকার যদি কেউ ভুল কাজ করে... তাহলেও লোকেরা এমনটা বলতে থাকেন – *উনি তো অমুক ব্যক্তির পুত্র* বা *উনি অমুক বংশের সন্তান! উনি এমন কাজ করেছেন।* এতে আপনার নিজস্ব প্রতিষ্ঠা তো নষ্ট হয়ে পড়েই... তার সাথে-সাথে আপনার বংশের প্রতিষ্ঠাও ধূলোয় মিশে যায়।

যে প্রতিষ্ঠা অর্জন করার জন্য কোন ব্যক্তির পূর্বপুরুষেরা বহু বছর পরিশ্রম করে গেছেন... সেটাকে তাঁদের বংশেরই কোন খারাপ ব্যক্তি মুহূর্তের মধ্যে বর্বাদ করে দিতে পারে। কিন্তু একটা জিনিষ সর্বদা মাথায় রাখা উচিত যে, এমনটা করা ব্যক্তি নিজের বংশের নাম তো নাশ করেন-ই... তার সাথে-সাথে নিজের জীবনেরও নাশ করে ফেলেন।

এমন ব্যক্তি জীবনে কখনো সফল হতে পারেন না। কারণ এনাদের নিজেদের বাণীর ওপরে নিয়ন্ত্রণ থাকে না আর এনারা অপশব্দের ব্যবহারকেই নিজেদের প্রতিষ্ঠা হিসেবে মেনে নিতে থাকেন। এমন লোকেদের থেকে অন্যরা দূরে সরে থাকতে লাগেন আর লোকেরা এমন ব্যক্তিদের কোন প্রকারের সহায়তা করেন না এবং এমন লোকেদের ওপরে কেউ বিশ্বাসও করতে চান না। এর সরাসরি অর্থ

হচ্ছে এই যে, খারাপ বচনের ব্যবহার করতে থাকা লোকেদের কোন কাজই সফল হতে পারে না।

মধুর বচন বলার অসংখ্য লাভ থাকে। সেই সব লাভের উল্লেখ করেই আচার্য চাণক্য এক সূত্র প্রদান করেছেন –

## প্রিয়বাদিনো ন শত্রুঃ।

আচার্য চাণক্যের এই সূত্রের অর্থ হচ্ছে – *প্রিয়বাদীর কোন শত্রু থাকে না!*

এই কথাটা ষোল আনা সত্য হয় যে, মধুর বচন বলতে থাকা ব্যক্তি সকলকেই নিজের মিত্র বানিয়ে নেন। সঠিক অর্থে বলতে গেলে তাঁর কোন শত্রুই থাকে না। কারণ শত্রু তো কেবলমাত্র এজন্য তৈরী হয়ে পড়ে যে, আপনার মনে কোন ব্যক্তির প্রতি বৈমনস্যের ভাব রয়েছে আর আপনি সেই ব্যক্তির প্রতি কঠোর বচনের প্রয়োগ করেন। কিন্তু যে ব্যক্তি নিজের শত্রুর সাথেও মধুর বচনের প্রয়োগ করেন, তাঁর ঘোর শত্রুও ধীরে-ধীরে তাঁর মিত্র হয়ে ওঠে। কারণ ব্যক্তির স্বভাবের মধ্যে এই জিনিষটা থাকে যে, সে প্রেমের প্রতি আকর্ষিত হয়!

এই সূত্র দ্বারাও এই শিক্ষা পাওয়া যায় যে, জীবনে সফলতা প্রাপ্ত করতে ইচ্ছুক ব্যক্তিদের কখনোই কঠোর বচনের আশ্রয় গ্রহণ করা উচিত নয়। কারণ জীবনের যে কোন ক্ষেত্রে সফলতা পাওয়ার জন্য এটা অত্যন্ত জরুরী হয় যে, আপনাদের যেন কোন শত্রু না থাকে। আর আপনাদের যদি কোন শত্রু থাকে... তাহলে তাঁরা নিশ্চিত রূপে আপনাদের সফলতার পথে বাধার সৃষ্টি করবেন আর এমন পরিস্থিতিতে আপনাদের পক্ষে সফলতা অর্জন করাটা সহজ হবে না। এজন্য বুদ্ধিমত্তার পরিচয় হচ্ছে এটা যে, মধুর বচনের ব্যবহার করা হোক্ আর শত্রুকেও মিত্র বানিয়ে নেওয়া হোক্! এমনটা করে চলা ব্যক্তি সফলতার সিঁড়ি বেয়ে তরতর করে ওপরের দিকে উঠে চলেন।

❑

16

# কঠোর পরিশ্রম

এই কথাটা ষোল আনা সত্য যে, সফলতার কোন শর্টকাট রাস্তা হয় না। যদি অন্য কোন কারণে কোন ব্যক্তি জীবনে কোন সম্মানজনক স্থানে পৌঁছেও নেন... তবুও তাঁর পক্ষে সেই জায়গায় টিকে থাকাটা সহজ হয় না। সফলতার জন্য যে কঠোর পরিশ্রম করার প্রয়োজন হয়, যদি সেই কঠোর পরিশ্রম ছাড়া কোন ব্যক্তি জীবনে কোন সফলতা অর্জন করেও নেন... তবুও তিনি নিজের সেই সফলতাকে বজায় রাখতে পারেন না। কারণ বাস্তবে কঠোর পরিশ্রমের কোন বিকল্প হয় না। এজন্য জীবনে সফলতা পেতে ইচ্ছুক ব্যক্তিদের এই ব্যাপারটাকে অত্যন্ত ভালো ভাবে বুঝে নেওয়া উচিত।

কঠোর পরিশ্রম দ্বারা বড়-বড় কাজও শেষ হয়ে পড়ে। এ. পি. জে. আব্দুল কালাম এক জায়গায় লিখেছেন – "*আমরা সকলে এক সমান ক্ষমতার সাথেই এই পৃথিবীতে জন্মগ্রহণ করি। কিন্তু আমাদের মধ্যে কেউ-কেউ নিজের পরিশ্রমের সহায়তায় জীবনে অনেকটাই আগে এগিয়ে যান আর যে ব্যক্তি এমনটা করেন না, তিনি জীবনে অনেকটাই পেছিয়ে পড়েন!*" সঠিক অর্থে বলতে গেলে পরিশ্রমই কোন ব্যক্তিকে প্রতিভাশালী করে তোলে। এমনটা দেখতে পাওয়া গেছে যে, যে ব্যক্তি নিজেকে প্রতিভাশালী ব্যক্তি হিসেবে প্রমাণ করতে পারেননি... তিনিও কঠোর পরিশ্রমের সহায়তায় জীবনে সফলতা অর্জন করে নিয়েছেন।

এজন্য জীবনে সফলতার কামনা করতে থাকা ব্যক্তিদের এই ব্যাপারটা ভালোমতন বুঝে নেওয়া উচিত যে, তাঁরা যদি নিজেদের জীবনে সফলতা প্রাপ্ত করতে চান... তাহলে তাঁদের কঠোর পরিশ্রম করতেই হবে। তা সেই সফলতা জীবনের যে কোন ক্ষেত্রের সঙ্গেই যুক্ত হয়ে থাকুক না কেন! যেসব লোকেদের আজ আমরা সফল লোকেদের শ্রেণীতে দেখতে পাই... তাঁরাও এক সময়ে কঠোর পরিশ্রম করেছেন, তবেই আজ তাঁরা জীবনে সফল হতে পেরেছেন। সফল ব্যক্তিদের সফলতা তাঁদের কঠোর পরিশ্রমের সহায়তাতেই বজায় থাকতে পারে। এজন্য এটাও আমাদের বোঝা

উচিত যে, আপনারা যদি সফলতা পেয়েও যান... তাহলে সেটার অর্থ এটা কখনোই নয় যে, আপনারা নিজেদের সেই সফলতার নেশায় বুঁদ হয়ে উঠবেন আর পরিশ্রম করাই বন্ধ করে দেবেন। আপনারা এমনটা করলে আপনাদের দ্বারা প্রাপ্ত সেই সফলতাও স্বাভাবিক রূপে বজায় থাকতে পারবে না।

যেসব ব্যক্তি জীবনে মহান হয়েছেন, তাঁরা সকলেই পরিশ্রমের গুরুত্বকে বুঝেছেন আর সেটাকে সম্মানও করেছেন। এই ব্যাপারটিকে নেপোলিয়ন বোনাপার্টের জীবনের এক ঘটনার সহায়তায় বোঝা যেতে পারে। এক বার নেপোলিয়ন নিজের পত্নীর সাথে সন্ধ্যার সময় ঘুরতে বেরিয়েছিলেন। ওনারা এক সংকীর্ণ রাস্তা দিয়ে চলেছিলেন। ওনারা সামনে এক কাঠুরেকে মাথায় বোঝা চাপিয়ে এগিয়ে আসতে দেখলেন। সেই কাঠুরে যখন ওনাদের একেবারে কাছে চলে এল, তখন নেপোলিয়ন নিজের পত্নীকে ইশারা করে কাঠুরের জন্য রাস্তা ছেড়ে দিতে বললেন আর উনি নিজেও রাস্তার এক পাশে সরে গেলেন।

নেপোলিয়নের পত্নী রাজসিক স্বভাবের মহিলা ছিলেন। উনি আর থাকতে পারলেন না আর রেগে উঠে বললেন – "*প্রথম কথা তো হচ্ছে এটা যে, এই উদ্দণ্ড লোকটা আমাদের অভিবাদন পর্যন্ত জানাল না আর তারপর তুমি এই নীচ লোকটার জন্য রাস্তা ছেড়ে দিলে!*" নেপোলিয়নের পত্নী নিজের স্বামীর এমন ব্যবহারে অত্যন্ত রেগে উঠেছিলেন। উনি এটা কিছুতেই মেনে নিতে পারছিলেন না যে, এক সাধারণ কাঠুরের জন্য নেপোলিয়নের মত মানুষ কি করে রাস্তা ছেড়ে দিতে পারেন আর তেমনটা করার জন্য ওনাকেও বলতে পারেন!

পত্নীর কথা শুনে নেপোলিয়ন গম্ভীর স্বরে বললেন – "*ম্যাডাম! তুমি পরিশ্রমের গুরুত্ব জানো না। এজন্যই তুমি পরিশ্রমের ঐশ্চর্যকে তুচ্ছ বলে মনে করছ। এটা মনে রেখো যে, পরিশ্রমের অভিবাদন সম্রাটের অভিবাদনের থেকে অনেক বেশী গুরুত্বপর্ণ হয়!*"

কঠোর পরিশ্রমের গুরুত্বের সাথে তো গোটা জগত পরিচিত। ম্যানেজমেন্ট গুরু চাণক্যও এটার গুরুত্ব ভালো ভাবে জানতেন। এই কারণে উনি লোকেদের কঠোর পরিশ্রম করার প্রেরণা জুগিয়ে বেশ কিছু সূত্র প্রদান করেছেন। এমনিতে তো এই বিষয়ে ওনার দ্বারা প্রদান করা সব সূত্রই অত্যন্ত উপযোগী... কিন্তু আমরা সেগুলোর থেকে কয়েকটা সূত্রের মাধ্যমে কঠোর পরিশ্রম আর সফলতার পারস্পরিক সম্পর্ককে বোঝার চেষ্টা করব।

আচার্য চাণক্য এক সূত্র প্রদান করেছেন –

**पुरूषकारमनुवर्तते दैवम्।**

এই সূত্রের অর্থ হচ্ছে – *দৈব পুরুষার্থের পেছনে-পেছনে চলে।*

এই পৃথিবীতে এমন লোকেদের সংখ্যা অত্যন্ত বেশী... যাঁরা ভাগ্যের ভরসায় বসে থাকেন। এমন লোকেরা সারাটা জীবন বসেই থাকেন। এমন লোকেরা নিজেদের ব্যর্থতার জন্য ভাগ্য আর ভগবানকে দোষ দিতে থাকে। যখন কি সঠিক অর্থে বলতে গেলে এনারা নিজেরাই নিজেদের ব্যর্থতার জন্য দায়ী হন।

অন্য দিকে এমন লোকেরাও থাকেন, যাঁরা ভাগ্যের ওপরে দোষ না চাপিয়ে কাজ করে চলায় বিশ্বাস রাখেন। এমন ব্যক্তিরা নিজেদের পুরুষার্থের ওপরে ভরসা রাখেন আর এনারা নিজেদের কঠোর পরিশ্রমের সহায়তায় জীবনে সফলও হয়ে ওঠেন। সঠিক অর্থে বলতে গেলে ভাগ্যও এমন লোকেদের সহায় হয় আর দেখতে-দেখতে এমন লোকেরা যথেস্ট দ্রুততার সাথে সফলতার সিঁড়ি বেয়ে ওপরের দিকে উঠে যেতে থাকেন।

এজন্য জীবনে সফলতা প্রাপ্ত করার ইচ্ছা রাখা ব্যক্তিদের এই ব্যাপারটা ভালোমতন বুঝে নেওয়া উচিত যে, পরিশ্রম ছাড়া জীবনে কিছুই প্রাপ্ত করা যায় না। এটাও ভালোমতন মাথায় ঢুকিয়ে নেওয়া উচিত যে, আপনারা যদি পরিশ্রম করেন, তাহলে ভাগ্যও আপনাদের পাশে থাকবে আর আপনারা জীবনে সফলতা প্রাপ্ত করে চলবেন। এজন্য কঠোর পরিশ্রম করতে কখনোই সংকোচ করা উচিত নয়... কারণ এর মধ্যেই সোনালী ভবিষ্যৎ লুকিয়ে থাকে। এই দুনিয়া সেই ব্যক্তিকেই মনে রাখে... যিনি জীবনে সফল হন। ব্যর্থদের এই দুনিয়ায় কেউই মনে রাখতে চায় না।

ভাগ্য আর পুরুষার্থের মধ্যেকার পার্থক্য বোঝার জন্য একটা উদাহরণ এখানে অত্যন্ত প্রাসঙ্গিক হবে। এক বার ভগবান মহাবীর সকডাল পুত্রকে বললেন – "*মনুষ্যের উত্থান পুরুষার্থ আর পরাক্রম দ্বারা হয়!*" কিন্তু সকডাল পুত্র ভগবান মহাবীরের এই বক্তব্যের প্রতি নিজের অসম্মতি প্রকাশ করে বলল – "*বাস্তবে উত্থান ইত্যাদি যে সময় হওয়ার হয়, সেই সময়েই হয়। যে ব্যক্তির সফল হওয়ার কথা... তিনি ঠিকই সফল হন। তাঁর ওপরে পুরুষার্থ বা শক্তির কোন প্রভাবই পড়ে না!*"

তখন ভগবান মহাবীর মাটির এক পাত্রের দিকে ইশারা করে বললেন – "*এই মাটির পাত্র কি ভাবে তৈরী হয়েছে?*"

সকডাল পুত্র কুমোর ছিল। সে সেই সব মাটির পাত্র বানানোর ক্রম জানিয়ে দিল। এতে ভগবান মহাবীর বললেন – "*এই সব পাত্র উত্থান দ্বারাই তৈরী হয়েছে, তাই না?*"

এবার সকডাল পুত্র আবার এক বার নিজের অসম্মতি প্রকাশ করে ব্যক্তির দক্ষতার দোহাই দিল। তখন ভগবান মহাবীর প্রশ্ন করলেন – "*যদি তোমার বানানো পাত্রের ওপরে কেউ লাঠি দিয়ে আঘাত করে, তখন তুমি কি করবে?*"

সকডাল পুত্র উত্তর দিল – "আমি তার হাত-পা ভেঙে দেব!"

এই শুনে ভগবান মহাবীর বললেন – "তুমি তার হাত-পা কেন ভাঙবে? তোমার কি এমনটা মেনে নেওয়া উচিত নয় যে, সেই ব্যক্তি দক্ষ ছিল বলেই লাঠির সংযোগে মাটির পাত্র ভেঙে গেছে?"

এবার সকডাল পুত্র চিন্তায় পড়ে গেল। ততক্ষনে ভগবান মহাবীর আরও একটা উদাহরণ পেশ করলেন। উনি বললেন – "তুমি এমনটা কল্পনা করো যে, তোমার পত্নী শৃঙ্গার করে ঘরের বাইরে বেরিয়ে এসেছে আর সেই সময় যদি কোন পুরুষ তোমার পত্নীর বলাৎকার করতে উদ্যত হয়, তাহলে তুমি কি করবে?"

সকডাল পুত্র তপাক্ করে আবেশপূর্ণ শব্দে বলে উঠল – "আমি এমন দুস্ট পুরুষের নাক-কান কেটে ফেলব। এমন কি আমি তাকে প্রাণদণ্ড দেওয়ারও চেস্টা করব।"

এই শুনে ভগবান মহাবীর বললেন – "তুমি কি এমন ব্যক্তিকে দক্ষ মানবে না? তোমার মত তো সেটাই বলে।"

এই শুনে সেই কুমোরের পুরুষার্থের গুরুত্বের বোধ হয়ে পড়ল। ভগবান মহাবীর তখন তাকে শ্রাবক বানিয়ে সংসারের সামনে আদর্শ উপস্হিত করার উপদেশ দিলেন।

এই সূত্রটাকে আরও স্পস্ট করার আর বিস্তার প্রদান করার উদ্দেশ্যে আচার্য চাণক্য আরও একটা অত্যন্ত উপযোগী সূত্র প্রদান করেছেন। উনি লিখেছেন –

**दैवं बिनाति प्रयत्नं करोति यत्तद्विफलम।**

এই সূত্রের অর্থ হচ্ছে – *দৈব পুরুষার্থীরই সহায় হয়!*

এটা অত্যন্ত পরিস্কার যে, ভগবানও সেই ব্যক্তিরই সহায় হন... যে ব্যক্তি পুরুষার্থী হয়। এমন লোকেদের সহায় ভাগ্য আর ভগবান হন না... যাঁরা ভালো সুযোগের প্রতীক্ষায় হাতের ওপরে হাত রেখে বসে থাকে। সঠিক অর্থে বলতে গেলে এমন লোকেদের সহায়তা কেউই করেন না। এজন্য আপনাদের সর্বদা এটা মনে রাখা উচিত যে, আপনারা যখনই কোন কাজ হাতে নেবেন, তখনই কঠোর পরিশ্রম করুন। এমনটা করলে আপনাদের সঙ্গে সব কিছু আপনা থেকেই যুক্ত হয়ে পড়তে থাকবে আর আপনারাও সফলতার পথে এগিয়ে চলবেন।

জীবনে সফলতা প্রাপ্ত করার ইচ্ছা রাখা ব্যক্তিদের পক্ষে এটা অত্যন্ত জরুরী হয় যে, তাঁরা যেন ভাগ্যের ভরসায় বসে না থেকে পুরুষার্থ করে চলেন। সঠিক অর্থে বলতে গেলে সফলতা প্রাপ্ত করার জন্য পরিস্হিতি একটা পরিস্হিতি পর্যন্ত দায়ী হয়... কিন্তু শেষ পর্যন্ত সফলতার জন্য ব্যক্তি নিজেই দায়ী হয়... সফলতা প্রাপ্ত করার জন্য তার প্রচেস্টা দায়ী হয়।

এই সূত্র দ্বারা এই জিনিষটা অত্যন্ত পরিস্কার হয়ে পড়ে যে, ভগবানও সেই ব্যক্তির সহায় হন, যিনি পুরুষার্থী হন। এজন্য ভাগ্যের ভরসায় বসে থাকা ব্যক্তিদের এই জিনিষটা এক শিক্ষার রূপে গ্রহণ করা উচিত। তাঁদের এটা বোঝা উচিত যে, ভাগ্যের ভরসায় বসে থাকায় কোন লাভই নেই। কারণ ভগবানও এমন ব্যক্তিকে সহায়তা করতে এগিয়ে আসেন না। এজন্য তাঁরা যদি জীবনে সফল হতে চান... তাহলে তাঁদের কঠোর পরিশ্রম করতেই হবে। এছাড়া আর কোন রাস্তা নেই। এমনটা চিন্তা করে তাঁরা যদি নিজেদের পূর্ণ ক্ষমতা অনুসারে কাজ করতে শুরু করে দেন... তাহলে তাঁরাও সফলতার পথে অগ্রসর হতে পারবেন। কারণ শেষ পর্যন্ত এমন পরিস্থিতিতে ভাগ্য আর ভগবানও তাঁদের সহায় হয়ে পড়েন। এই জিনিষটা সর্বদা মাথায় রাখা উচিত।

কর্ম তো করাই উচিত... কিন্তু সেটার জন্য নিজের মনের মধ্যে অহংকার পুষে রাখা কখনোই উচিত নয়। এর ফলে কাজের ওপরে নেতিবাচক প্রভাব পড়ে। এই ব্যাপারটাকে এক উদাহরণের মাধ্যমে বোঝা যেতে পারে। হাজী মুহম্মদ নামক এক মুসলমান সন্ত ছিলেন। উনি নিজের জীবনে 60 বার হজ যাত্রা করেছিলেন আর উনি প্রতি দিন নিয়মিত রূপে পাঁচ বার নামাজও পড়তেন। এক দিন উনি স্বপ্নে দেখলেন যে, স্বর্গ আর নরকের সীমায় এক দেবদূত এক ছড়ি হাতে দাঁড়িয়ে রয়েছেন! যে মৃতাত্মা সেখানে আসছিল, তিনি সেই আত্মার শুভ আর অশুভ কর্মের ব্যাপারে জিজ্ঞাসাবাদ করছিলেন এবং সেই অনুসারে তাকে স্বর্গ অথবা নরকে পাঠাচ্ছিলেন। যখন হাজী মুহম্মদের পালা এল, তখন সেই দেবদূত তাঁকে প্রশ্ন করলেন – *"তুমি জীবনে কোন্ শুভ কাজ করেছ?"*

হাজী উত্তর দিলেন – *"আমি 60 বার হজ যাত্রা করেছি!"*

*এতে সেই দেবদূত বললেন – "হ্যাঁ... এটা তো ঠিক আছে। কিন্তু তুমি কি এটা জানো যে, সেটার থেকে বড় তোমার ভেতরে অহংকার ঢুকে রয়েছে? এজন্য যখনই কেউ তোমার নাম জানতে চায়, তুমি নিজের নাম হাজী মুহম্মদ বলো। তোমার এই অহংকারের কারণে হজ যাত্রা করার যে ফল তোমার পাওয়ার ছিল... সেসব কিছুই নষ্ট হয়ে পড়েছে। এছাড়া তুমি যদি আর কোন ভালো কাজ করে থাকো, সেটা বলো।"*

এতে হাজী মুহম্মদ বললেন – *"আমি 60 বছর ধরে প্রতি দিন পাঁচ বার করে নামাজ পড়েছি।"*

*সেই দেবদূত বললেন – "তোমার এই পুণ্যও নষ্ট হয়ে পড়েছে!"*

হাজী প্রশ্ন করলেন – *"কেন?"*

*সেই দেবদূত বললেন – "তোমার মনে আছে, এক বার কিছু ধর্ম জিজ্ঞাসু*

*তোমার কাছে এসেছিল। সেদিন তুমি কেবলমাত্র লোক দেখানোর জন্য অন্যান্য দিনের থেকে বেশী সময় ধরে নামাজ পড়েছিলে। এই কারণে তোমার 60 বছরের নামাজ পড়ার তপস্যা নিস্ফল হয়ে পড়েছে!"*

এই শুনে হাজীর বড়ই দুঃখ হল। অনুতাপে ওনার চোখ দিয়ে জল পড়তে লাগল। হঠাৎ ওনার চোখ খুলে গেল আর উনি নিজেকে বিছানায় দেখতে পেলেন। উনি এটা বুঝতে পারলেন যে, এসব ওনার স্বপ্ন ছিল... কিন্তু এখন ওনার ভেতরের চোখ খুলে গিয়েছিল। উনি অহংকার আর লোক দেখানো প্রবৃত্তি ত্যাগ করে দিলেন আর অত্যন্ত নম্র হয়ে উঠলেন।

এক বার আপনারা যদি কোন কাজ শুরু করে দেন, তাহলে সেই কাজে বিলম্ব করা একেবারেই উচিত নয়। এই ব্যাপারে আচার্য চাণক্য এক অত্যন্ত উপযোগী সূত্র প্রদান করেছেন –

## अप्रयत्नात् कार्यविपत्तिर्भवति।

এই সূত্রের অর্থ হচ্ছে – *অপ্রচেস্টা দ্বারা কার্যের নাশ হয়ে পড়ে।*

এই কথাটা অত্যন্ত সত্য যে, এক বার যদি আপনারা কোন কাজ শুরু করে দেন, তাহলে সেই কাজটা শেষ করার জন্য যে ধরণের পরিশ্রম করা প্রয়োজন... তেমনটা না করলে সেই কাজে ক্ষতিই হয়। এমনটা দেখতে পাওয়া গেছে যে, পরিশ্রমী ব্যক্তিরাও অনেক কাজ বড়ই উৎসাহের সঙ্গে শুরু তো করে দেন... কিন্তু সময়ের সাথে-সাথে তাঁদের সেই উৎসাহ ঠাণ্ডা হয়ে পড়ে আর তাঁরা নিজেদের সেই উৎসাহকে বজায় রাখতে পারেন না।

এমন পরিস্থিতিতে কাজে লোকসান হওয়াটা নিশ্চিত হয়। এজন্য এটা অত্যন্ত জরুরী হয় যে, যে কোন কাজ এক বার শুরু করার পরে সেটা শেষ না হওয়া পর্যন্ত কঠোর পরিশ্রম করে চলা উচিত। এমনটা না করা ব্যক্তি সর্বদা লোকসানেই থাকেন আর তাঁরা জীবনে ব্যর্থই হন। কঠোর পরিশ্রম করার তাৎপর্য এমনটা কখনোই হয় না যে, কোন কাজ বড় উৎসাহের সাথে শুরু করে দেওয়া হোক্। এমন প্রবৃত্তি তো অধিকাংশ লোকেদের মধ্যেই থাকে।

মুশ্কিল পরিস্থিতিতেও সাহস বজায় রাখা এবং পরিশ্রম করে চলাটাই যে কোন ব্যক্তিকে সফল করে তোলে। এক বারের কথা... পাঞ্জাব কেশরী মহারাজ রঞ্জিত সিং নিজের গুপ্তচরেদের থেকে যখন এই খবর পেলেন যে, আদিবাসীদের দল রাজ্যের সীমায় প্রবেশ করে গেছে আর তারা শহরে লুটপাট চালাচ্ছে... তখন মহারাজ তৎক্ষনাত নিজের সেনাপতিকে ডেকে পাঠালেন আর তাঁকে প্রশ্ন করলেন – *"আদিবাসীদের দল পেশোয়ার পর্যন্ত পৌঁছে গেছে আর আপনি তাদের মোকাবিলা করতে পারলেন না?"*

এতে সেনাপতি সংকোচে ভরে উঠে উত্তর দিলেন – *"মহারাজ! সেই সময়*

*পেশোয়ারে আমাদের মাত্র 150-জন সৈনিক ছিল আর আদিবাসীদের সংখ্যা ছিল 1500! এমন পরিস্থিতিতে তাদের সঙ্গে মোকাবিলা করার কোন অর্থই ছিল না।"*

সেনাপতির এই উত্তরে মহারাজের ভ্রু কুঁচকে উঠল। উনি তৎক্ষনাত নিজের ঘোড়ায় চেপে বসলেন আর নিজের 150-জন সৈনিককে সঙ্গে নিয়ে পেশোয়ার পৌঁছে গেলেন। তারপর লুটেরাদের ওপরে উনি ঝাঁপিয়ে পড়লেন। ওনার বীরত্ব আর তলোয়ারবাজীর সামনে আদিবাসীরা বেশীক্ষন টিকতে পারল না আর ওরা পালাল।

আদিবাসীদের তাড়িয়ে রাজধানী ফিরে আসার পরে মহারাজ সেনাপতিকে ডেকে প্রশ্ন করলেন – *"আমার সঙ্গে কতজন সৈনিক ছিল?"*

সেনাপতি মাথা নীচু করে উত্তর দিলেন – *"150-জন, মহারাজ!"*

মহারাজ প্রশ্ন করলেন – *"আর আদিবাসীরা সংখ্যায় কতজন ছিল?"*

সেনাপতি লজ্জায় ভরে উঠে আস্তে করে উত্তর দিলেন – *"1500-জন, মহারাজ!"*

মহারাজ বললেন – *"তবুও ওরা পালাল... এমনটা কেন হল?"*

সেনাপতি উত্তর দিলেন – *"আপনার বাহাদুরী আর দৃঢ়তার কারণে!"*

এবার মহারাজ বললেন – *"না! আমার বাহাদুরী নয়... আমাদের বাহাদুরী বলুন। আপনি কি এটা জানেন না যে, আমাদের একজন বীর জওয়ান শত্রুর সওয়া লাখ সৈনিকের সমান? রক্ষা করা একজন সেপাই-য়ের শক্তি হামলা করা সওয়া লাখ সেপাই-য়ের শক্তির সমান হয়। এটার অভিজ্ঞতা আশা করি এবার আপনার হয়ে পড়েছে। বাস্তবে আপনার নিজের সাহস এতটাই কমে এসেছিল যে, আপনি নিজের সেপাইদের ওপরে বিশ্বাস কি করে করবেন?"* সেনাপতিকে মহারাজের কথায় সম্মতি জানাতেই হল... কারণ এবার উনি বাস্তবিকতা বুঝতে পেরে গেছিলেন। এর থেকে এটা পরিস্কার হয়ে পড়ে যে, সাহসের সাথে করা পরিশ্রম দ্বারা যে কোন পরিস্থিতিতেই সফলতা হাসিল করা যেতে পারে।

সঠিক অর্থে সফলতা সেই ব্যক্তিই প্রাপ্ত করেন, যিনি নিজের প্রেরণাকে বজায় রাখেন আর এক বার শুরু করা কাজ শেষ না করা পর্যন্ত থামেন না। এমন লোকেদের সফলতার কাহিনী সর্বত্র শোনানো হয়ে থাকে। এমনটা হয় না যে, এক বার কোন কাজ শুরু করার পরে সেটাকে শেষ না করা লোকেদের সমাজ মনে রাখবে। এজন্য এই জিনিষটাকে সর্বদা নিজেদের মস্তিস্কে ঢুকিয়ে নেওয়া উচিত যে, জীবনে সফলতা প্রাপ্তির জন্য সর্বদা কঠোর পরিশ্রম করে যেতে হবে। এমনটা না করা ব্যক্তিরা জীবনে কখনো সফলতার স্বাদ চাখতে পারেন না... কিন্তু যেসব ব্যক্তি এমনটা করেন, তাঁদের যশ দূর-দরান্ত পর্যন্ত ছড়িয়ে পড়ে।

❑

*এই সূত্রের অর্থ হচ্ছে – বিদ্যা হচ্ছে অধন অর্থাৎ নির্ধনদের ধন!*

এই সূত্র কতটা গুরুত্বপূর্ণ, সেটা আচার্য চাণক্যের জীবন থেকেই বুঝতে পারা যায়। ওনার কাছে খুব একটা বেশী ধন ছিল না। উনি এক অত্যন্ত সাধারণ পরিবারে জন্মগ্রহণ করেছিলেন। কিন্তু ওনার বিদ্যা গোটা দুনিয়ায় ওনার যশ ছড়িয়ে দিয়েছিল। এমনই বেশ কিছু উদাহরণে আমাদের দেশের ইতিহাস ভরে রয়েছে। সাধারণ পরিবারে জন্ম নেওয়া আর অত্যন্ত সাধারণ পরিবেশে বড় হয়ে ওঠা লোকেরা নিজেদের বিদ্যা অর্থাৎ জ্ঞানের জোরে জীবনে অত্যন্ত সফলতা অর্জন করেছেন। এমন উদাহরণ আপনারা নিজেদের আশপাশেও খুঁজলেও অনেক দেখতে পাবেন। গুরুত্বপূর্ণ হচ্ছে এটা যে, এর থেকে আমাদের শিক্ষা গ্রহণ করা উচিত।

ধন তো এক নশ্বর জিনিষ হয়। আজ আছে, তো কাল ধন নাও থাকতে পারে। অনেক বড়-বড় ধনী ব্যক্তিও সময়ের মারকে সহ্য করতে পারেন না আর নিজেদের সব ধন হারিয়ে বসেন। এমনটা বলাও হয়ে থাকে যে, ধন কারো সম্পত্তি হয় না। ধনের স্বভাব অত্যন্ত চঞ্চল হয়। এজন্য ধনের চিন্তা বেশী না করে বিদ্যা অর্থাৎ জ্ঞান অর্জিত করার ওপরেই বেশী জোর দেওয়া উচিত। কারণ জ্ঞান এমন এক জিনিষ হয়, যেটা কেটে যাওয়া সময়ের সাথে নস্ট হয় না আর না-ই এটাকে কেউ চুরি করতে পারে।

এজন্য জীবনে সফলতা পাওয়ার ইচ্ছা রাখা ব্যক্তিদের পক্ষে এটা অত্যন্ত জরুরী হয় যে, তাঁরা যত বেশী সম্ভব উপযোগী জ্ঞান হাসিল করার চেস্টা করবেন। এমনটা বলা হয়ে থাকে যে, জ্ঞান কখনো বৃথা যায় না। এই উক্তি শতকরা একশো শতাংশ সত্যিও বটে! আমরা এটা সকলেই জানি যে, যখন প্রতিটি ব্যক্তি আমাদের সঙ্গ ত্যাগ করে চলে যায়... তখন আমাদের জ্ঞানই আমাদের কাজে আসে। নিজের জ্ঞান আর দক্ষতার জোরে ব্যক্তি যে কোন দেশে আর যে কোন কালে সফলতার পতাকা ওড়াতে সফল হয়ে ওঠেন। এজন্য প্রতিটি মুহূর্তে নতুন কিছু শেখার জন্য লালায়িত হয়ে থাকা উচিত। এটাই এক সফল ব্যক্তির পরিচিতি হয়।

তবে হ্যাঁ... এটার ওপরে বিশেষ করে দৃস্টি রাখা উচিত যে, কখনোই যেন জ্ঞানের অহংকার নিজের মধ্যে ঢুকে না পড়ে। এমনটা হওয়া অত্যন্ত বিপজ্জনক হয় আর এমনটা ব্যক্তির সমস্ত ভালো কাজকে ধূলোয় মিশিয়ে দেয়। এই জিনিষটাকে এক উদাহরণের মাধ্যমে বোঝাটা আরও সহজ আর ব্যবহারিক হবে।

একজন যুবা দেশ-বিদেশ ভ্রমণ করে সেই সব জায়গার বিভিন্ন গ্রন্থের জ্ঞান অর্জন করে যখন নিজের দেশে ফিরে এল... তখন সে সবার কাছে গিয়ে এই ব্যাপারে অহংকার করতে লাগল যে, তার থেকে বড় জ্ঞানী আর বিদ্বান আর কেউ নেই। তার কাছে যে ব্যক্তিই যেত... সে তাকেই প্রশ্ন করত যে, সেই ব্যক্তি তার থেকে বড় কোন বিদ্বান কখনো দেখেছে কি না?

এই ব্যাপারটা ভগবান বুদ্ধের কানে গিয়েও পৌঁছল। উনি ব্রাহ্মণের বেশ ধারণ করে সেই যুবার কাছে পৌঁছলেন। সেই যুবা তাঁকে প্রশ্ন করল – "কে তুমি ?"

"আমি এমনই এক তুচ্ছ মনুষ্য... নিজের দেহ আর মনের ওপরে যার পূর্ণ অধিকার রয়েছে।" বুদ্ধদেব উত্তর দিলেন।

সেই অহংকারী বলল – "স্পষ্ট করে বলো... আমি তো তোমার কথা কিছুই বুঝলাম না।"

এবার বুদ্ধদেব বললেন – "যে ভাবে কুমোর ঘড়া তৈরী করে, মাঝি নৌকা চালায়, ধনুধারী তীর ছোঁড়ে, গায়ক গান গায়, বাদক বাজনা বাজায় আর বিদ্বান বিতর্কে অংশ নেয়... ঠিক সেই প্রকার জ্ঞানী পুরুষ নিজের ওপরে শাসন করে।"

সেই যুবা প্রশ্ন করল – "জ্ঞানী পুরুষ নিজের ওপরে শাসন কি ভাবে করে ?"

এতে বুদ্ধদেব বললেন – "লোকেদের দ্বারা স্তুতি-সুমনের বর্ষা হলে বা নিন্দার অঙ্গারের বর্ষা হলেও জ্ঞানী পুরুষের মন শান্তই থাকে। তাঁর মন সদাচার, দয়া আর বিশ্ব প্রেমের ওপরেই কেন্দ্রীভূত হয়ে থাকে। সুতরাং প্রশংসা বা নিন্দার তাঁর ওপরে কোন প্রভাবই পড়ে না। এই কারণেই তাঁর চিত্তসাগরে শান্তির ধারা বয়ে চলে!"

ভগবান বুদ্ধের কথা শুনে সেই যুবা যখন নিজের ব্যাপারে ভাবনা-চিন্তা করল, তখন তার ভেতরে আত্মগ্লানির সৃষ্টি হয়ে পড়ল আর সে বুদ্ধদেবের পায়ে লুটিয়ে পড়ল। ও বলল – "প্রভু! এতদিন আমি ভ্রমের মধ্যে ছিলাম। আমি নিজেই নিজেকে প্রচণ্ড জ্ঞানী বলে মনে করতাম... কিন্তু আজ আমি এটা জানতে পেরেছি যে, আপনার থেকে আমার অনেক কিছু শেখার রয়েছে।"

ভগবান বুদ্ধ বললেন – "হ্যাঁ... জ্ঞানের প্রথম পাঠ আজই তোমার সামনে এসেছে, বন্ধু আর সেটা হচেছ নম্রতা! তুমি আমার সাথে আমার আশ্রমে চলো আর পরের পাঠ তুমি সেখানেই গ্রহণ করবে!"

এই প্রেরক ঘটনার থেকে এটা অত্যন্ত পরিস্কার হয়ে ওঠে যে, কখনোই নিজের ভেতরে জ্ঞানের অহংকার পুষে রাখা উচিত নয়। এমনটা করা অত্যন্ত বিপজ্জনক হয়। এর থেকে বড় কথা হচেছ এটা যে, যখন নিজের ফাঁপা জ্ঞানের ব্যাপারে জানতে পারা যাবে... তখন কারো থেকে কিছু শেখার ব্যাপারে সংকোচ করা উচিত নয়। তা সেই ব্যক্তি যেই হোক্ না কেন। কারণ জ্ঞান এমন কোন জিনিষ হয় না, যেটা কেউ ছিনিয়ে নেবে বা কেউ সেটাকে আপনার থেকে চুরি করে নেবে।

জ্ঞানের গুরুত্বকে স্পষ্ট করে তুলে ম্যানেজমেন্ট গুরু চাণক্য নীতিতে এক জায়গায় বলেছেন –

**रूपयौवनसंपन्ना विशालकुलसंभवा:।**
**विद्याहीना न शोभंते निर्गंधा इव किंशुका॥**

এখানে আচার্য চাণক্য বিদ্যার গুরুত্বকে প্রতিপাদিত করে বলেছেন যে, রূপ আর যৌবনে সম্পন্ন হয়েও... উচ্চ বংশে জন্ম নিয়েও বিদ্যাহীন মনুষ্য সুগন্ধহীন ফুলের সমান হয় আর তার কোন শোভা থাকে না।

এই ব্যাপারটাকে যদি আরও একটু বিস্তার প্রদান করা হয়, তাহলে বেশ কয়েকটা জিনিষ পরিস্কার হয়ে পড়ে। মনুষ্য যত সুন্দরই হোক্ না কেন, সে যত ধনী পরিবারেই জন্মগ্রহণ করুক না কেন... কিন্তু সে যদি বিদ্যাহীন হয়, মূর্খ হয় – তাহলে সে কোন সম্মানই প্রাপ্ত করে না। যে ব্যক্তির কাছে জ্ঞান থাকে, তাঁর সুগন্ধ পুরো সমাজে ছড়িয়ে পড়ে। লোকে তাঁকে অত্যন্ত সম্মানের দৃষ্টিতে দেখে। এমন লোকেরা চার দিকেই সম্মান প্রাপ্ত করেন।

এমনিতে সেই ফুল কেউই পছন্দ করেন না, যে ফুলের সুগন্ধ থাকে না। লোকেরা সর্বদা সুগন্ধিত ফুলকেই পছন্দ করে। এই প্রকার সমাজে এমন লোকেরা সম্মান প্রাপ্ত করেন না, যাঁদের কাছে জ্ঞান থাকে না। সঠিক অর্থে দেখতে গেলে জ্ঞান ব্যক্তির ব্যক্তিগত উন্নতির জন্য তো অনিবার্য হয়-ই... তার সাথে-সাথে সেটা ব্যক্তিকে সমাজে প্রতিস্ঠা প্রদান করতেও এক অত্যন্ত গুরুত্বপূর্ণ ভূমিকা পালন করে। এজন্য প্রতিটি ব্যক্তিরই জ্ঞান হাসিল করার প্রতিটি সুযোগের লাভ উঠিয়ে যত বেশী সম্ভব জ্ঞান অর্জন করা উচিত। কারণ সঠিক অর্থে দেখতে গেলে জ্ঞান এক বিরাট বড় শক্তি হয়।

এই জিনিষটাকেই আরও এগিয়ে নিয়ে গিয়ে ম্যানেজমেন্ট গুরু চাণক্য নীতিতে লিখেছেন –

**कोकिलानां स्वरो रूपं नारी रूपं पतिव्रतम्।**
**विद्या रूपं कुरूपाणां क्षमा रूपं तपस्विनाम्।।**

এখানে আচার্য চাণক্য রূপের ব্যাপারে আলোচনা করে রূপের থেকে গুণকে বেশী গুরুত্ব দিয়েছেন। উনি বলেছেন যে, কোকিলের রূপ তার কন্ঠস্বর হয়। পতিব্রতা হওয়াই হচেছ স্ত্রীয়ের সৌন্দর্য। কুরূপ লোকেদের রূপ তাদের জ্ঞান হয় এবং তপস্বীদের ক্ষমা ভাবই তাঁদের রূপ হয়।

এই বক্তব্যের উদ্দেশ্য হচেছ এই যে, কোকিলের সুরেলা কন্ঠস্বরই তার সৌন্দর্য হয়। এর দ্বারাই কোকিল নিজের প্রতি আকর্ষণ সৃষ্টি করে। স্ত্রীদের সত্যিকারের সৌন্দর্য হচেছ তাদের পতিব্রত ধর্ম। এর মধ্যেই তাদের সার্থকতা লুকিয়ে থাকে। কুরূপ ব্যক্তির সৌন্দর্য হয় তার বিদ্যা। এমনটা এজন্য হয়, কারণ জ্ঞান দ্বারাই সে নিজের আত্ম পরিস্কার করে জগতকে প্রকাশিত করতে পারে। এর থেকে এমনটা অনুমান লাগানো যেতে পারে যে, মানব জীবনে জ্ঞানের গুরুত্ব কতটা!

বিদ্যা বা জ্ঞান কি ভাবে ব্যক্তির জীবনের সঙ্গে যুক্ত হয়ে থাকে, সেই ব্যাপারে আচার্য চাণক্য আরও একটা সূত্র প্রদান করেছেন –

# বিদ্যা চৌরৈরপি ন গ্রাহ্যা।

*এই সূত্রের অর্থ হচ্ছে – বিদ্যাকে চোরেও চুরি করতে পারে না।*

সমস্ত ভৌতিক ধনের চুরি সহজেই করা যেতে পারে। সেগুলোর মালিকানার ওপরে অন্য যে কেউ দাবী করতে পারে। মুহূর্তের মধ্যে সেই ধন এক ব্যক্তির থেকে অন্য ব্যক্তির কাছে চলে যেতে পারে। কিন্তু বিদ্যা অর্থাৎ জ্ঞানই হচ্ছে সঠিক অর্থে এমন এক ধন... যেটাকে না তো কেউ কখনো চুরি করতে পারে আর না-ই এটার মালিকানার ওপরে অন্য কেউ দাবী করতে পারে। এই সম্পত্তি একেবারে ব্যক্তিগত হয়। এজন্য এই ধন অর্জন করার এক বিশেষ গুরুত্ব থাকে।

এই ব্যাপারটাকে বুঝে সফল ব্যক্তিরা যত বেশী মাত্রায় সম্ভব জ্ঞান অর্জন করার জন্য সর্বদা প্রচেষ্টারত হয়ে থাকেন। এই সব লোকেরা একটা কাজে সফলতা অর্জন করার পরে এমনটা ভাবেন না যে, এখন আর এই ক্ষেত্রের সঙ্গে সম্বন্ধিত তথ্য সংগ্রহ করে কি লাভ... এখন তো আমাদের কাজ হয়ে পড়েছে ! তার পরিবর্তে এমন লোকেরা তার পরেও সেই ক্ষেত্রের সঙ্গে সম্বন্ধিত তথ্য হাসিল করতে থাকেন। এজন্য ভবিষ্যতে আবার যদি কখনো সেই প্রকারের কোন কাজ হাতে নিতে হয়, তাহলে এমন লোকেরা সহজেই সেই কাজ সম্পন্ন করে ফেলেন। সঠিক অর্থে বলতে গেলে, জ্ঞান হাসিল করার উৎকৃষ্ট ইচ্ছাই সফল লোকেদের পরিচিতি হয়। যে ব্যক্তির ভেতরে এই ক্ষুধা যত বেশী জেগে ওঠে, তিনি তত বেশী সফল হন অথবা তিনি ততটাই দ্রুত গতিতে সফলতার পথে অগ্রসর হতে থাকেন। এমন লোকেদের জীবন সম্পূর্ণ রূপে খুশীতে ভরে থাকে।

জ্ঞানে বৃদ্ধি করার জন্য ব্যক্তির প্রতিটি মুহূর্তে তৎপর হয়ে থাকা উচিত। তাঁর কখনো এমনটা ভাবা উচিত নয় যে, তিনি অনেক কিছু জেনে নিয়েছেন আর তাঁর আর এখন আর কিছ জানার প্রয়োজন নেই। এই ব্যাপারটাকে এক উদাহরণের মাধ্যমে সহজে বোঝা যেতে পারে।

এক বার স্বামী শংকরাচার্য সমুদ্রের ধারে বসে নিজের শিষ্যদের সঙ্গে বার্তালাপ করছিলেন। হঠাৎ ওনার এক শিষ্য চাটুকারিতা ভরা শব্দে বললেন – *"গুরুদেব ! আপনি এত বেশী জ্ঞান কি করে অর্জন করলেন, সেটা ভেবে আমি আশ্চর্য হয়ে উঠি। হয়তো আর কারো কাছে জ্ঞানের এত বেশী ভাণ্ডার হবে না !"*

শংকরাচার্য বললেন – *"আমার কাছে জ্ঞানের ভাণ্ডার রয়েছে, এমনটা তোমাকে কে বলল ? আমাকে তো নিজের জ্ঞানে আরও বৃদ্ধি করতে হবে !"*

এর পরে উনি হাতের কাঠটাকে জলে ডুবোলেন আর সেটা নিজের সেই শিষ্যকে দেখিয়ে বললেন – *"এই মাত্র আমি এই অতল সমুদ্রে এই কাঠটাকে ডুবিয়েছি... কিন্তু কাঠটা কেবলমাত্র এক ফোটা জলই গ্রহণ করেছে। ব্যস্... এটাই জ্ঞানের*

*ব্যাপারেও বলা যেতে পারে। জ্ঞানাগার কখনো ভরে না। তাকে কিছু-না-কিছু গ্রহণ করতেই হয়। আমার থেকেও বড় বিদ্বান এই দুনিয়ায় বিদ্যমান রয়েছেন। আমার এখনও অনেক কিছু গ্রহণ করার বাকী আছে।"*

সঠিক অর্থে বলতে গেলে জ্ঞান অর্জিত করার এমনই ক্ষুধা থাকা উচিত। শংকরাচার্যের বিদ্বতা কে না জানে! তা সত্ত্বেও জ্ঞান হাসিল করার প্রতি ওনার দৃষ্টিভঙ্গী কতটা প্রেরণাদায়ক ছিল! এই উদাহরণ থেকে শিক্ষা গ্রহণ করে প্রতি মুহূর্তে নিজের জ্ঞানের সঙ্গে কিছু-না-কিছু যুক্ত করার ক্ষুধা নিজের ভেতরে জাগিয়ে তোলা উচিত।

জ্ঞান ব্যক্তির পক্ষে সকল দৃষ্টিতেই অত্যন্ত উপযোগী হয়। এই ব্যাপারে আচার্য চাণক্য এক অত্যন্ত গুরুত্বপূর্ণ সূত্র প্রদান করেছেন –

**বিদ্যা খ্যাপিতা খ্যাতিঃ।**

*এই সূত্রের অর্থ হচেছ – বিদ্যা খ্যাতির বিস্তার করে।*

এই সূত্রের মাধ্যমে ম্যানেজমেন্ট গুরু চাণক্য আমাদের এটা বোঝাতে চেয়েছেন যে, বিদ্যা দ্বারা যশ ছড়িয়ে পড়ে। এজন্য যে ব্যক্তির কাছে যত বেশী জ্ঞান হবে, তাঁর যশ তত বেশী ছড়িয়ে পড়বে। এটাকে অন্য শব্দে এমন ভাবে বলা যেতে পারে যে, যে ব্যক্তি যত জ্ঞানী হন... দুনিয়ায় তাঁর তত বেশী নাম হয়। এজন্য যত বেশী সম্ভব জ্ঞান হাসিল করার চেস্টা করা উচিত।

আসলে এমনটা এজন্যও হয় যে, যে ব্যক্তি যত বেশী জ্ঞানী হন... তিনি তত বেশী সফলও হন। এজন্য তাঁর খ্যাতিও স্বাভাবিক রূপে চার দিকে ছড়িয়ে পড়ে। জ্ঞানে পরিপূর্ণ ব্যক্তি প্রতিটি কাজকেই অত্যন্ত সঠিক ভাবে আর সঠিক সময়ে করেন। এজন্য এমন লোকেদের নাম দূর-দূরান্ত পর্যন্ত ছড়িয়ে পড়ে। এটা অত্যন্ত পরিস্কার যে, যে ব্যক্তির যত বেশী খ্যাতি হয়... তাঁর পক্ষে নিজের কাজ সম্পন্ন করাটা তত বেশী সহজ হয়ে ওঠে। খ্যাতি যদিও নিজের সাথে কিছু দায়িত্বও নিয়ে আসে... কিন্তু সেটার সাথে-সাথে এত বেশী লাভও নিয়ে আসে যে, ব্যক্তির সামনে কোন সমস্যার সৃষ্টি হয় না আর তিনি সফলতার চূড়োয় উঠে চলেন।

জ্ঞান হাসিল করার সময় সর্বদা এই জিনিষটা মাথায় রাখা উচিত যে, বিষয়ের মূলের ওপরে আপনাদের দখল রয়েছে। আপনারা যখন কোন বিষয়ের মূলটাকে বুঝে নেন, তখন বাকী সব জিনিষ বোঝাটা অত্যন্ত সহজ হয়ে ওঠে। সফল লোকেরা এমনটাই করেন। এজন্য এই প্রবৃত্তির বিকাশ নিজের ভেতরে অতি অবশ্যই করা উচিত। এই জিনিষটাকে বোঝানোর জন্য এক অত্যন্ত সুন্দর উদাহরণের সহায়তা গ্রহণ করা যেতে পারে।

সীমান্ত গান্ধীর লোকালয়ে এক মৌলবী সাহেব বাস করতেন। সমস্ত লোকালয় তাঁকে পীরের মতই পূজা করত। এক দিন মৌলবী সাহেব নিজের ছাগল সীমান্ত গান্ধীকে দিয়ে বললেন – *"এটাকে খুঁটির সঙ্গে বেঁধে দাও।"* সেই ছাগলটা বড়ই শয়তান ছিল। ও সহজে মানার পাত্র মোটেই ছিল না। ও লাফিয়ে উঠে পালাল আর সীমান্ত গান্ধীর হাত থেকে দড়ি ছেড়ে গেল। কিন্তু উনিও ছেড়ে দেওয়ার পাত্র ছিলেন না। উনি ঝাঁপিয়ে পড়ে ছাগলটার দুটো পা চেপে ধরলেন।

এই দৃশ্য মৌলবী সাহেব দেখছিলেন। উনি বললেন – *"বেটা! এটাই হচ্ছে জীবনের বাস্তবিক সূত্র। মূল চেপে ধরলে গোটা গাছ নিজের হয়ে পড়ে। সুতরাং আমাদের যে কোন বিষয়ের মূল চেপে ধরা উচিত... তাহলেই আমরা সেটাকে আত্মসাৎ করতে পারব।"*

জ্ঞান হাসিল করতে কখনো কোন প্রকারের সংকোচ করা উচিত নয়। জ্ঞান হাসিল করার কোন শুভ মুহূর্তও হয় না... এটা যে কোন জাগয়ায় আর যে কোন সময় হাসিল করা যেতে পারে। এই ব্যাপারে ম্যানেজমেন্ট গুরু চাণক্য এক অত্যন্ত উপযোগী সূত্র প্রদান করেছেন।

উনি লিখেছেন –

**গুণে ন মত্সরঃ কার্যঃ।**

এর অর্থ হচ্ছে – *গুণ শেখায় মৎসর করা উচিত নয়।*

এই সূত্রের মাধ্যমে ম্যানেজমেন্ট গুরু চাণক্য এটা বলতে চেয়েছেন যে, জ্ঞান বা গুণ হাসিল করার কাজে কখনো অন্য কোন জিনিষকে বাধা হয়ে উঠতে দেওয়া উচিত নয়। ধরুন আপনি কোন ব্যক্তিকে ঘৃণা করেন। কিন্তু তার অর্থ এটা নয় যে, আপনি সেই ব্যক্তির গুণ বা তাঁর জ্ঞানকে ঘৃণা করতে লাগবেন। এমনটা করা সেই ব্যক্তির নয়... সেই জ্ঞান আর গুণের অপমান করা হবে। এজন্য জীবনে সফল সেই ব্যক্তিরাই হন, যাঁরা নিজেদের প্রতিপক্ষের থেকেও ভালো কিছু শেখার চেষ্টা করেন। হয়তো সেটা আপনার কোন কাজে এসে যেতেও পারে। অনেক বার এমনও হয় যে, যে ব্যক্তিকে আমরা কোন কাজের নয় বলে মনে করি... সেই ব্যক্তির মধ্যে এমন কোন গুণ থাকে বা তার কাছে এমন কোন জ্ঞান থাকে – যেটা আমাদের অনেক কাজে আসে। এজন্য সঠিক অর্থে কোন কিছু শেখার রাস্তায় কোন প্রকারের বাধা আসতে দেওয়া উচিত নয়।

❑

09

# ধনের গুরুত্ব

এটা সত্য যে, ব্যক্তির জীবনে ধনের অত্যন্ত গুরুত্বপূর্ণ স্হান থাকে। যদিও জ্ঞান আর বিদ্যার সাথে এর তুলনা করা চলে না... কিন্তু আজকের সমাজে ধনের গুরুত্ব দিনের-পর-দিন ক্রমশঃ বেড়েই চলেছে। আজ আমাদের সামাজিক গঠন প্রণালী এমন হয়ে উঠেছে যে, যে ব্যক্তির কাছে ধন থাকে... তিনি সব কিছুই প্রাপ্ত করে নেন। এজন্য ধনের উপযোগিতা আর গুরুত্বকে অন্য কোন কিছুর থেকে কম বলা চলে না।

ম্যানেজমেন্ট গুরু চাণক্য ধনের গুরুত্বকে বুঝে বেশ কিছু সূত্র প্রদান করেছেন। সেগুলোর মাধ্যমে উনি মানব জীবনে ধনের প্রয়োজন আর সেটার গুরুত্বকে প্রতিপাদিত করেছেন। আসলে, আজকের যুগের সব থেকে বড় সত্যতা হচেছ এটা যে, ধন দ্বারা সব কিছু প্রাপ্ত করা যেতে পারে না... কিন্তু ধন দ্বারা অনেক কিছু অবশ্যই প্রাপ্ত করা যেতে পারে। সমাজও সেই ব্যক্তিকেই সফল হিসেবে মান্যতা প্রদান করে, যাঁর কাছে ধন থাকে। এজন্য ধন অর্জন করার ব্যাপারে সংকোচ করা একেবারেই উচিত নয়।

ধন অর্জন করার প্রবৃত্তিকে ভুলও মানা হয়নি। আচার্য চাণক্য এক সূত্র প্রদান করেছেন –

**अर्थेषणा न व्यसनेषु गण्यते।**

এর অর্থ হচেছ – *ধনের অভিলাষাকে ব্যসন হিসেবে মানা হয় না।*

এই সূত্রের মাধ্যমে আচার্য চাণক্য এই ব্যাপারটাকে স্পস্ট করার চেস্টা করেছেন যে, ধন অর্জন করার ইচছা রাখাটা কোন খারাপ জিনিষ নয়। বরং সঠিক অর্থে দেখতে গেলে ধন অর্জন করার ইচছা রাখা ব্যক্তিরা নিজেদের ক্ষমতার থেকে অনেক বেশী পরিশ্রম করেন আর তাঁরা সেই অনুসারে সফলতাও হাসিল করে নেন। এজন্য ধন অর্জন করার ইচছার সাথে কাজ করাকে কোন ভাবেই ভুল বলে মানা যেতে পারে না।

তবে হ্যাঁ...এই ইচ্ছার সাথে কাজ করার সময় কিছু-কিছু ক্ষেত্রে সাবধান থাকাটা অত্যন্ত জরুরী হয়। এই ব্যাপারটাকে সর্বদা সুনিশ্চিত করে নেওয়া উচিত যে, ধন কামানোর চক্করে কখনো যেন কোন ভুল মাধ্যমের সহায়তা না গ্রহণ করা হয়। কার্যের গুণবত্তার ওপরে ধন কামানোর ইচ্ছাকে প্রাথমিকতা প্রদান করা উচিত নয়। এমনটা করলে কাজও পঙ্গু হয়ে পড়ে আর ধনও হাতে আসে না... তার সাথে-সাথে ব্যক্তি ব্যর্থও হয়ে পড়েন। এজন্য সর্বদা এই দিকে বিশেষ দৃষ্টি রাখা উচিত।

অর্থ অর্থাৎ ধনের গুরুত্বকে প্রতিপাদিত করে আচার্য চাণক্য আরও একটা অত্যন্ত গুরুত্বপূর্ণ সূত্র প্রদান করেছেন –

## অর্থমূলৌ ধর্মকামৌ।

এর অর্থ হচ্ছে – *ধর্ম আর কামের মূল হচ্ছে 'অর্থ'!*

এই সূত্রের মাধ্যমে ম্যানেজমেন্ট গুরু চাণক্য এই জিনিষটাকে অত্যন্ত পরিস্কার করে তুলেছেন যে, ধর্মের সাথে কামের জন্যও প্রেরিত করে তোলা সব থেকে গুরুত্বপূর্ণ কারক ধনই হয়। এজন্য ধন অর্জন করার প্রতি অনুদার দৃষ্টিভঙ্গী ঠিক হয় না। সঠিক অর্থে বলতে গেলে ব্যক্তি জীবনে সুখী থাকার জন্য এবং নিজের মনের শান্তির জন্য পূজা-পাঠ অর্থাৎ ধর্মের আশ্রয় গ্রহণ করে। এই ধর্মের পালনের জন্য আর জীবনের প্রাথমিক আবশ্যকতাগুলোর পূর্তির জন্যও ব্যক্তির ধনের প্রয়োজন পড়ে। এজন্য সব থেকে জরুরী হচ্ছে ধন অর্জন করা। ধন না থাকলে ব্যক্তির পক্ষে ধর্ম পালনের সাথে-সাথে স্বাভাবিক রূপে নিজের পরিবারের পালন-পোষণ করাটাও অত্যন্ত মুশ্কিল হয়ে ওঠে।

ধন কামানো আর সেটা সঞ্চয় করার ইচ্ছা রাখা ব্যক্তির মধ্যে একটা গুণ থাকাটা অত্যন্ত জরুরী হয়। তাঁর ভেতরে মিতব্যয়িতা থাকা উচিত। এমনটা না থাকলে তিনি ধন তো কামিয়ে নেবেন... কিন্তু সেটাকে সামলে রাখতে পারবেন না। এজন্য ব্যক্তির স্বভাবের মধ্যে এই গুণ থাকাটা অত্যন্ত জরুরী হয়। এই গুণের গুরুত্বকে এক উদাহরণের মাধ্যমে বোঝা যেতে পারে।

তামিল সাহিত্য জগতে ভল্লুভর এক বিরাটা বড় নাম। উনি এক অত্যন্ত প্রসিদ্ধ কবিও ছিলেন। ওনার পত্নীর নাম ছিল বাসুকী। তিনি এক অত্যন্ত পতিব্রতা মহিলা ছিলেন। বিবাহের দিন ভল্লুভর খাবার পরিবেশন করার সময় নিজের পত্নীকে বললেন – "*আমার খাবার খাওয়ার সময় প্রতি দিন একটা বাটিতে জল আর একটা ছুঁচ রাখবে।*" বাসুকী সারাটা জীবন নিজের পতির এই আজ্ঞার পালন করেছিলেন।

জীবনের অন্তিম মুহূর্তে যখন ভল্লুভর নিজের পত্নীকে প্রশ্ন করলেন –

*"তোমার কি চাই? তোমার কি কোন ইচ্ছা আছে?"*

ওনার পত্নী বললেন – *"হ্যাঁ... আমার একটা প্রশ্ন আছে। আমাদের বিবাহের দিন তুমি তোমার খাবার খাওয়ার সময় প্রতি দিন একটা বাটিতে জল আর একটা ছুঁচ রাখার জন্য বলেছিলে। আমি কোন প্রশ্ন না করে তোমার সেই আজ্ঞার পালন সারাটা জীবন ধরে করে এসেছি। তবুও আজ আমার এটা জানার বড়ই ইচ্ছা হচ্ছে যে, তুমি এই দুটো জিনিষ কেন চেয়েছিলে? এটা যদি তুমি আমাকে জানিয়ে দাও, তাহলে আমি শান্তিতে মরতে পারব!"*

ভল্লুভর অত্যন্ত স্নেহের সাথে উত্তর দিলেন – *"আমি জল আর ছুঁচ এজন্য চাইতাম, যাতে তুমি খাবার পরিবেশন করার সময় যদি ভাতের দানা মাটিতে পড়ে যায়... তাহলে আমি ছুঁচ দিয়ে সেটাকে মাটি থেকে তুলে জল দিয়ে ধুয়ে খেতে পারব... কিন্তু তুমি এতটাই দক্ষ ছিলেন যে, তুমি একদিনও আমাকে ছুঁচ আর জলের উপযোগ করার সুযোগই দাওনি!"*

এর থেকে এই শিক্ষা পাওয়া যায় যে, ব্যক্তির কি ভাবে মিতব্যয়িতার পালন করা উচিত। মিতব্যয়িতার অর্থ কঞ্জুস হওয়া মোটেই নয়। মিতব্যয়িতার অর্থ হচ্ছে ফালতু খরচকে নিয়ন্ত্রণে রাখা। জরুরী কাজগুলোর জন্য জরুরী খরচ তো প্রতিটি ব্যক্তিরই করা উচিত... কিন্তু অপ্রয়োজনীয় কাজের জন্য উল্টো-পাল্টা খরচ করাকে মূর্খতা ছাড়া আর কিছুই বলা চলে না। এজন্য ধন কামানোর ইচ্ছা রাখা ব্যক্তিদের এই ব্যাপারে অত্যন্ত সজাগ হয়ে থাকা উচিত।

নির্ধনতাকে আচার্য চাণক্য অভিশাপ মানতেন। এই কারণে উনি চাণক্য নীতিতে লিখেছেন –

**अपुत्रस्य गृहं शून्यं दिशः शून्यास्त्वबान्धवाः।**
**मूर्खस्य हृदयं शून्यं सर्वशून्यं दरिद्रता॥**

নির্ধনতাকে অভিশাপ মেনে আচার্য চাণক্য এখানে এই শ্লোকের মাধ্যমে বলেছেন – *পুত্রহীনের কাছে ঘর-বাড়ী শূণ্য হয়ে পড়ে... যার ভাই নেই, তার কাছে চার দিক শূণ্য হয়ে পড়ে... মূর্খের হৃদয় শূণ্য হয়ে পড়ে... কিন্তু নির্ধনের কাছে সব কিছুই শূণ্য হয়ে পড়ে!*

এর থেকেই এটা অত্যন্ত স্পষ্ট হয়ে ওঠে যে, ব্যক্তির জীবনে ধনের গুরুত্ব কত বেশী হয়। যে ব্যক্তি ধনকে গুরুত্ব দেন না, তাঁকে বেশ কয়েক প্রকারের সমস্যার মুখোমুখি হতে হয়। ধন দ্বারাই ব্যক্তি সমাজে সম্মান প্রাপ্ত করেন। যাঁর কাছে ধন না থাকে, তিনি সমাজে সম্মান প্রাপ্ত করেন না। এছাড়া এমন ব্যক্তিকে নিজের পরিবার আর আত্মীয়-স্বজনদের মধ্যেও সম্মান পেতে দেখা যায় না।

এজন্য যদি কোন ব্যক্তি সব দিকে সম্মান প্রাপ্ত করতে চান... তাহলে তাঁর ধন কামানোর ওপরে বিশেষ জোর দেওয়া উচিত... কারণ এটা ছাড়া জীবনই শূণ্য হয়ে পড়ে। এটা পরিস্কার যে, ধন কামানোর জন্য কঠোর পরিশ্রম করতে হয়। এজন্য ব্যক্তির কঠোর পরিশ্রম করায় কখনো সংকোচ করা উচিত নয়... কারণ কঠোর পরিশ্রম না করলে কখনোই ধনের প্রাপ্তি হতে পারে না।

ধনের প্রয়োজনকেও আচার্য চাণক্য রেখাঙ্কিত করেছেন। উনি চাণক্য নীতিতেই লিখেছেন –

**यस्यार्थास्तस्य मित्राणि यस्यार्थास्तस्य बांधवा:।**
**यस्यार्था: स पुमांल्लोके यस्यार्था: स च पंडित:॥**

এখানে আচার্য চাণক্য ধনবান হওয়ার ফলে উৎপন্ন গুণবত্তার আলোচনা করে বলেছেন – *যে ব্যক্তির কাছে টাকা-পয়সা থাকে, লোকেরা আপনা থেকেই তাঁর মিত্র হয়ে ওঠে। বন্ধু-বান্ধবরাও তাঁর চার পাশে এসে ভীড় জমায়। ধনবান ব্যক্তিকেই আজকের যুগে বিদ্বান আর সম্মানিত ব্যক্তি হিসেবে মানা হয়ে থাকে। ধনবান ব্যক্তিকেই বিদ্বান আর জ্ঞানবান ব্যক্তি হিসেবে মনে করা হয়ে থাকে।*

বস্তুতঃ আজ থেকে অনেক বছর আগে ম্যানেজমেন্ট গুরু চাণক্যের এই উক্তি আজকের পরিস্থিতিতে ষোল আনা সত্য প্রমাণিত হচেছ। এমনটা দেখতে পাওয়া গেছে যে, যে ব্যক্তির কাছে টাকা-পয়সা না থাকে... তাঁর পরিচিতরা তাঁর দিক থেকে মুখ ঘুরিয়ে নেন। তাঁর বন্ধু-বান্ধব আর পরিবারের সদস্যরা তাঁকে ত্যাগ করে দেন! অনেক বার তো পরিস্থিতি এমনও হয়ে ওঠে যে, সমাজ নির্ধনকে মানুষ পর্যন্ত মেনে নিতেও প্রস্তুত হয় না।

এটা অত্যন্ত পরিস্কার যে, এমনটা সঠিক প্রবৃত্তি বলা চলে না... কিন্তু এটাই সত্য আর আজকের সমাজে এমনটাই হচেছ। নির্ধন ব্যক্তিকে কেউই গুরুত্ব দেয় না। অনেক বার তো এমনটাও দেখতে পাওয়া যায় যে, বিভিন্ন গুণে সম্পন্ন হওয়া সত্ত্বেও নির্ধন ব্যক্তি সমাজে সেই সম্মানের অধিকারী হন না... যেটার যোগ্য অধিকারী তিনি হন। এমনটা কেবলমাত্র একটা অভাবের কারণেই হয় আর সেটা হচেছ ধনের অভাব! এজন্য যে ব্যক্তি আত্মীয়-পরিজনের সাথে-সাথে সমাজেও সম্মান হাসিল করতে চান... তাঁর ধন অর্জন করার ওপরে বিশেষ জোর দেওয়া উচিত। ধন অর্জন করার জন্য যে ধরণের পরিশ্রম করার প্রয়োজন পড়ে, ততটা পরিশ্রম যে কোন ব্যক্তির অবশ্যই করা উচিত।

ধন কামিয়ে নেওয়ার পরে সব থেকে বড় চ্যালেঞ্জ এটা হয় যে, সেটার ব্যবস্থাপনা সঠিক ভাবে করা হোক্। আজকাল ধন ব্যবস্থাপনা এক বিশেষজ্ঞতার

ক্ষেত্র হয়ে উঠেছে আর বড়-বড় ম্যানেজমেন্ট গুরুরা ওয়েল্থ ম্যানেজমেন্টের পাঠ পড়িয়ে লাখো টাকা কামাচ্ছেন। কিন্তু আচার্য চাণক্য হচ্ছেন সব থেকে প্রাচীন ম্যানেজমেন্ট গুরু আর উনি নিজের যুগেই এই জিনিষটার গুরুত্ব বুঝে নিয়েছিলেন। এজন্য উনি এই ব্যাপারে এক অত্যন্ত উপযোগী সূত্র প্রদান করেছেন। উনি লিখেছেন –

**परीक्ष्यकारिणी श्रीश्चिरं तिष्ठति।**

এর অর্থ হচ্ছে – *পরীক্ষা করে কাজ করলে লক্ষ্মী দীর্ঘকাল পর্যন্ত থাকেন!*

এটা কোন সাধারণ সূত্র মোটেই নয়... এর অর্থ অত্যন্ত গভীর। কাজ শুরু করার আগে জরুরী জিনিষগুলোর ওপরে যে ব্যক্তি ভাবনা-চিন্তা করে নেন, তাঁর মস্তিস্কে ধন ব্যবস্হাপনা নিয়ে এক স্পষ্ট রূপরেখা তৈরী হয়ে পড়ে। এজন্য এমন ব্যক্তির কাছে ধন দীর্ঘ সময় পর্যন্ত থাকে। এমনটা বলাও হয়েছে যে, লক্ষ্মীর স্বভাব অত্যন্ত চঞ্চল হয় আর তিনি দীর্ঘ সময় পর্যন্ত কোন এক স্হানে থাকা পছন্দ করেন না। এমনটা করার জন্য ব্যক্তিকে বিশেষ প্রচেস্টা করতে হয়। যে ব্যক্তি ভেবে-চিন্তে কাজ করেন... তাঁর কাছে লক্ষ্মী স্বাভাবিক রূপে দীর্ঘ সময় থাকেন।

এর পেছনে কারণ অত্যন্ত সহজ হয়। যে ব্যক্তি ভেবে-চিন্তে কাজ করেন... তিনি ভেবে-চিন্তে খরচও করেন। অর্থাৎ তিনি ফালতু খরচ করবেন না। আর যে ব্যক্তি ফালতু খরচ করবেন না, তাঁর ধন-লক্ষ্মীর কোন অভাবও হবে না। সাধারণতঃ এমনটা দেখতে পাওয়া গেছে যে, যে ব্যক্তির কাছে প্রচুর ধন এসে পড়ে... তিনি অত্যধিক খরচ করতে শুরু করেন। এজন্য এমন ব্যক্তির কাছে ধন দীর্ঘ সময় পর্যন্ত টেঁকে না... কারণ লক্ষ্মী এমনটা মনে করতে থাকেন যে, সেই ব্যক্তি তাঁর অনাদর করছেন। অন্য দিকে যে ব্যক্তি ভেবে-চিন্তে জরুরী কাজেই টাকা-পয়সা খরচ করেন, তাঁর কাছে ধন স্বাভাবিক রূপে বেশী দিন টেঁকে। এমন ব্যক্তি প্রতিটি মুহূর্ত প্রসন্ন হয়ে থাকেন আর এমন ব্যক্তির সামাজিক প্রতিষ্ঠাও দিনের-পর-দিন বেড়ে চলে। এজন্য সফলতা প্রাপ্ত করতে ইচ্ছুক ব্যক্তিদের ধন খরচ করার প্রতিও জাগরুক হয়ে থাকা উচিত।

এই সূত্রটাকে আরও একটু স্পস্ট করে আচার্য চাণক্য আরও একটা অত্যন্ত উপযোগী সূত্র প্রদান করেছেন। উনি লিখেছেন –

**भाग्यवन्तमपरीक्ष्यकारिणं श्रीः परित्यजतिः।**

এর অর্থ হচ্ছে – *ভাবনা-চিন্তা না করে কাজ করতে থাকা ভাগ্যশালী ব্যক্তিকেও*

*লক্ষ্মী ত্যাগ করে চলে যান!*

এই সূত্রের মাধ্যমে ম্যানেজমেন্ট গুরু চাণক্য বেশ কিছু জিনিষকে স্পষ্ট করে বলেছেন যে. কাজ শুরু করার আগে সময়. স্হান. সুযোগ. পরিণাম ইত্যাদির ব্যাপারে অবশ্যই চিন্তা-ভাবনা করা উচিত। এমনটা না করলে ব্যক্তি যতই ধনী হোন্ না কেন... তিনি অত্যন্ত শীঘ্র নির্ধন হয়ে পড়েন। ভাগ্যও এমন ব্যক্তির ধন রক্ষা করতে পারে না।

এখানে এটা বলার কোন প্রয়োজন নেই যে, যে ব্যক্তি সময়, স্হান, সুযোগ পরিণাম ইত্যাদির ব্যাপারে ভাবনা-চিন্তা না করে কাজ করেন... তিনি নিজের ব্যর্থতাকেই আমন্ত্রিত করে ডেকে নিয়ে আসেন। এমনটা করা ব্যক্তি নিজের পরিশ্রমের সাথে-সাথে নিজের ধনও নস্ট করে ফেলেন। এমন ব্যক্তির পক্ষে জীবনে সফলতার আশা করাটা বৃথাই হয়। এমন ব্যক্তি ধন অর্জন করা তো দূরের কথা... উল্টে সঞ্চিত ধনও বর্বাদ করে ফেলেন। এজন্য এমন ব্যক্তির কাছে লক্ষ্মীর টিকে থাকাটা এক প্রকারে অসম্ভব হয়।

এজন্য এই সূত্রের মাধ্যমে ম্যানেজমেন্ট গুরু চাণক্য এই শিক্ষা প্রদান করেছেন যে, ধন কামিয়ে নিলেই সব কিছু হয় না। ধন কামানো একটা আলাদা জিনিষ হয় আর সেটার সঠিক ব্যবস্হাপনা করাটা অন্য জিনিষ হয়। এই দুটোর মধ্যে সামঞ্জস্য স্হাপন করা ব্যক্তিই জীবনে সফল হতে পারেন। এজন্য সর্বদা এই জিনিষটা মাথায় রাখবেন যে, যে কোন কাজ শুরু করার আগে সেটার সকল পক্ষগুলোর ওপরে ভালোমতন ভাবনা-চিন্তা করে নিয়ে তবেই যে কোন কাজ শুরু করা উচিত। একমাত্র তখনই কাজে সফলতা পাওয়া যায়... ধনও প্রাপ্ত হয় আর সেই ধন দীর্ঘ সময় পর্যন্ত টিকেও থাকে।

যে ব্যক্তি এমনটা করেন না... তাঁর পক্ষে সামনের পথ অত্যন্ত মুশ্কিল হয়ে ওঠে। অন্য দিকে যে ব্যক্তি এমনটা করে নেন, তাঁর পক্ষে সামনের রাস্তা অত্যন্ত সহজ হয়ে ওঠে আর তিনি সব দিক থেকেই প্রতি পদক্ষেপে সফলতা হাসিল করতে থাকেন।

ধন বা সম্পত্তি অর্জন করে নেওয়াটাই পর্যাপ্ত হয় না... বরং সেটার রক্ষা করাটা অনেক বড় ব্যাপার হয়। এই ব্যাপারেও আচার্য চাণক্য এক অত্যন্ত উপযোগী সূত্র প্রদান করেছেন। উনি লিখেছেন –

**सर्वाश्च संपत: सर्वोपायेन परिग्रहेत।**

এই সূত্রের অর্থ হচ্ছে – *সকল সম্পত্তির সকল উপায় দ্বারা সংগ্রহ করা*

উচিত।

সাধারণতঃ এমনটা দেখতে পাওয়া যায় যে, কোন ব্যক্তির কাছে টাকা-পয়সা বা সম্পত্তি এসে পড়লে তিনি সেটার দুরূপয়োগ করা শুরু করে দেন। টাকা-পয়সা হাতে বেশী এসে গেলে লোকেরা ফালতু খরচ করা শুরু করে দেন। এমন লোকেদের কাছে লক্ষ্মী টেঁকেন না আর তিনি সেই ব্যক্তিকে ত্যাগ করে চলে যান। এমনটা করতে থাকা ব্যক্তিদের ভবিষ্যৎ অন্ধকারময়ই হয়।

আর একবার ধন হাত থেকে বেরিয়ে চলে গেলে তখন তাঁদের নিজেদের ভুলের অনুভূতি হয়। কিন্তু ততক্ষনে অনেক দেরী হয়ে পড়ে আর সেই সময় ভুল সংশোধন করাটা এক প্রকার অসম্ভব হয়ে ওঠে। যদি সেই ব্যক্তি আবার একবার ধন প্রাপ্ত করার ইচ্ছা রাখেন... তাহলে তাঁকে আবার একবার প্রচণ্ড পরিশ্রম করতে হয়। এজন্য এমন প্রবৃত্তির থেকে দূরে থাকাটাই সব থেকে বেশী লাভদায়ক হয়। কারণ এমনটা করা আর নিজের ব্যর্থতাকে ডেকে নিয়ে আসা – দুটো এক জিনিষ হয়।

সমাজেও এমন লোকেদের সম্মান দেওয়া হয় না। লোকেরা এমনটা ভাবতে থাকেন যে, এর কাছে ধন এল, সম্পত্তি এল... কিন্তু এ সেগুলোর রক্ষা করতে পারল না। এর ফলে লোকেদের সেই ব্যক্তির প্রতি বিশ্বাস কমে আসে আর সেই ব্যক্তির পক্ষে ভবিষ্যতে সমাজের থেকে সহযোগ প্রাপ্ত করাটাও যথেস্ট মুশ্কিল হয়ে পড়ে। এটা অত্যন্ত পরিস্কার যে, এমনটা হলে সেই ব্যক্তির পক্ষে ভবিষ্যতে নতুন কোন কাজ করাটা ততটা সহজ হয় না। এজন্য সফলতা পেতে ইচ্ছুক ব্যক্তিদের সর্বদাই এই খারাপ প্রবৃত্তির থেকে দূরে থাকা উচিত।

আরও একটা জিনিষ দেখতে পাওয়া যায় যে, যখন কারো হাতে টাকা-পয়সা আসে... তিনি বেশ কিছু ব্যসনে আসক্ত হয়ে পড়েন। এই কারণেও তাঁর ধনের রক্ষা হতে পারে না। কারণ এমনটা করে তিনি লক্ষ্মীর অপমান করেন। এর সাথে-সাথে এমনটা করার কারণে তাঁর কাজও প্রভাবিত হয়... কারণ যে সময় তাঁর নিজের কাজের প্রতি সমর্পিত হয়ে থাকা উচিত, সেই সময় তিনি ব্যসনে ডুবে থাকেন।

এমনটা করা ব্যক্তিদের বেশ কয়েক প্রকারে ক্ষতি হয়। যে ব্যক্তি হাতে ধন আসার পরে ব্যসনী হয়ে পড়েন... সবার আগে তো তাঁর ধনের লোকসান হয়। তারপর ব্যসনের কারণে তাঁর কাজের লোকসান হয়... কারণ ব্যসনী হয়ে ওঠায় তাঁর প্রাথমিকতা বদলে যায়। তাঁর কাছে ব্যসনই প্রধান হয়ে ওঠে। তিনি নিজের কাজকে উপেক্ষা করতে থাকেন। তিনি এটা ভুলে যান যে, এই কাজের জন্যই

আজ তাঁর কাছে টাকা-পয়সা এসেছে। এমনটা বলাও হয়ে থাকে যে, বিপত্তির সময় ব্যক্তির বুদ্ধিভ্রষ্ট হয়ে পড়ে। তিনি উল্টো-পাল্টা চিন্তা করতে থাকেন। ঠিক তেমনটাই এমন ব্যক্তিদের সঙ্গে ঘটে। তিনি জেনেশুনে নিজের ক্ষতি করার জন্য উঠে-পড়ে লাগেন।

এছাড়া যে ব্যক্তি ব্যসনী হয়ে পড়েন, তাঁর স্বাস্থ্যের ওপরেও সেটার অত্যন্ত খারাপ প্রভাব পড়ে। ধীরে-ধীরে তাঁর শরীর এটার যোগ্য থাকে না যে, তিনি আবার একবার আগের মত পরিশ্রম করতে পারবেন। তাঁর কার্যক্ষমতার ওপরে অত্যন্ত খারাপ প্রভাব পড়ে। ধীরে-ধীরে সেই ব্যক্তি জীবনে ব্যর্থ হয়ে পড়েন আর কাজকর্ম করতে পারেন না। এমন পরিস্থিতির সৃষ্টি হয়ে পড়লে স্বাভাবিক রূপে সেই ব্যক্তির আরও বেশ কয়েক প্রকারের লোকসান হয়।

যে ব্যক্তি টাকা-পয়সার অহংকারে ব্যসনী হয়ে ওঠেন... তাঁর পুরো পরিবারও সুখী হতে পারে না। একজন ব্যক্তির ভুলে গোটা পরিবার ভুগতে থাকে। পরিবারে রোজ-রোজ ঝগড়া হতে থাকে আর অনেক সময় এমন পরিস্থিতিরও সৃষ্টি হয়ে পড়ে যে, পরিবার ভেঙে যায়। এমন অবস্থায় যে ব্যক্তি এই সব কিছুর জন্য দায়ী হন, তাঁর পরবর্তী প্রজন্মের ওপরেও এই সবের নেতিবাচক প্রভাব পড়ে। এজন্য জীবনে সফলতা প্রাপ্ত করতে ইচ্ছুক ব্যক্তিদের নিজেদের ভেতরে এই ধরণের দুর্গুণ কোন অবস্থাতেই সৃষ্টি হতে দেওয়া উচিত নয়।

❑

10

# মিত্রতা

প্রতিটি ব্যক্তির সফলতার পেছনে তাঁদের মিত্রদের গুরুত্বপূর্ণ অবদান থাকে। যে ব্যক্তির মিত্র যত ভালো হয়, তিনি তত বেশী সফলতা প্রাপ্ত করেন। ভারতীয় সমাজে মিত্রতার বেশ কিছু উদাহরণ দেওয়া হয়ে থাকে। কৃষ্ণ-সুদামার মিত্রতার চর্চা তো প্রায়ই করা হয়ে থাকে। মিত্রতা রক্তের সম্পর্ক তো হয় না... কিন্তু এটা রক্তের সম্পর্কের থেকে অনেক উঁচু হয়। সঠিক অর্থে বলতে গেলে এটা এমন এক সম্পর্ক হয়... যেটা বেশ কিছু ব্যক্তিকে সফলতার শিখরে পৌঁছে দিয়েছে। আপনাদের আশপাশেও খুঁজলে এমন মিত্রতার নমুনা আপনারা খুঁজে পাবেন।

আচার্য চাণক্য মিত্রতার গুরুত্ব জানতেন। এই কারণেই উনি মিত্রতাকে নিয়ে বেশ কিছু উপযোগী সূত্র প্রদান করেছেন। উনি মিত্রতাকে এমন এক সম্পর্ক হিসেবে মানতেন... যার মাধ্যমে বড়-বড় বাধাও সহজেই পার করা যেতে পারে। সঠিক অর্থে দেখলে মিত্রতা এমনই এক সম্পর্ক হয়! যে ব্যক্তির মিত্র ভালো হয়, সেই ব্যক্তি সফলতার সিঁড়ি বেয়ে লাগাতার ওপরের দিকে উঠে যেতে থাকেন। অন্য দিকে যে ব্যক্তির মিত্র কপটী হয়, তাঁর জীবনে ব্যর্থ হয়ে পড়তে একটুও সময় লাগে না। এজন্য সঠিক মিত্রের পরিচিতি অত্যন্ত জরুরী হয়।

সঠিক অর্থে বলতে গেলে সত্যিকারের মিত্র পাওয়াটাও আজকের এই যুগে অত্যন্ত মুশ্কিল হয়ে উঠেছে। কিন্তু এটাও ঠিক ততটাই সত্য যে, প্রতিটি যুগে ভালো আর খারাপ লোক থাকে। আর এমনটাও বলা হয়ে থাকে যে, ব্যক্তির প্রবৃত্তি যেমন হয়... তিনি মিত্র হিসেবে তেমন লোকই পান। এজন্য মিত্র বেছে নেওয়ার ক্ষেত্রে সজাগ হয়ে থাকাটা অত্যন্ত জরুরী হয়। এই জিনিষটা সর্বদা মাথায় রাখা উচিত যে, এক দিকে যেমন ভালো মিত্র আপনাকে সফলতার শিখরে পৌঁছে দিতে পারে... অন্য দিকে খারাপ মিত্র আপনাকে ঠিক ততটাই বিগড়ে দিতে পারে। প্রথম কথা হচ্ছে এই যে, এমন লোকেদের সঙ্গে মিত্রতা করাই উচিত নয়।

সত্যিকারের মিত্র চিনে নেওয়াটা এক অত্যন্ত গুরুত্বপূর্ণ কলা হয় আর এই জিনিষটা রাতারাতি বিকশিত করা যেতে পারে না। এই জিনিষটা অভিজ্ঞতার সাথে-সাথেই বিকশিত হয়। কিন্তু যদি কিছুটা মানসিক প্রস্তুতি নিয়ে রাখা যায়, তাহলে

এই মামলায় সঠিক নির্ণয় নেওয়া যেতে পারে।

এই ব্যাপারে আচার্য চাণক্য এক অত্যন্ত গুরুত্বপূর্ণ সূত্র প্রদান করেছেন। উনি লিখেছেন –

**आपत्सु स्नेहसंयुक्तं मित्रम्।**

*এই সূত্রের অর্থ হচ্ছে – বিপত্তির সময়েও স্নেহ ভাব রাখা ব্যক্তিই সত্যিকারের মিত্র হয়।*

এর মাধ্যমে ম্যানেজমেন্ট গুরু চাণক্য স্পষ্ট রূপে এমনটা বলেছেন যে, সুখের সময় তো সকলেই আপন হয়... কিন্তু খারাপ সময়ে পাশে থাকা ব্যক্তিই সঠিক অর্থে মিত্র বলার যোগ্য হয়। যখন পরিস্থিতি আপনার অনুকূলে থাকে আর সব কিছু আপনার মনের মত হয়ে চলে... এমন পরিস্থিতিতে যদি আপনার সকল পরিচিত ব্যক্তিরা আপনার পাশে এসে দাঁড়ায়, তাহলে তাতে আশ্চর্য হওয়ার কিছুই নেই। এমন পরিস্থিতিতে সেই সব ব্যক্তিদের মিত্র মনে করার ভুল কখনো করা উচিত নয়। কারণ এমন লোকেরা হয়তো নিজেদের স্বার্থের খাতিরেই আপনার সাথে যুক্ত হয়ে রয়েছে।

এমন পরিস্থিতিতে এই প্রশ্ন উঠতে পারে যে, তাহলে সত্যিকারের মিত্র কি ভাবে চেনা যেতে পারে ? এর জন্য আচার্য চাণক্য এক অত্যন্ত সাধারণ সূত্র প্রদান করেছেন – বিপত্তির সময়ে যে ব্যক্তি আপনার পাশে এসে দাঁড়ায়, সেই হচ্ছে আপনার সত্যিকারের মিত্র! প্রতিটি ব্যক্তির জীবনেই ভালো আর খারাপ সময় আসে। মিত্রদের পরিচয় খারাপ সময়েই পাওয়া যায়। যে ব্যক্তি আপনার খারাপ সময়ে আপনার পাশে এসে দাঁড়াবে, সেই সঠিক অর্থে আপনার মিত্র। এমনটাও বলা হয়ে থাকে যে, যখন কোন ব্যক্তির খারাপ সময় আসে... তখন তাঁর ছায়াও তার সঙ্গ ত্যাগ করে চলে যায়। এটা সত্যও বটে যে, ভালো সময়ে শুভাকাংখী হওয়ার অভিনয় করতে থাকা লোকেরা কোন ব্যক্তির খারাপ সময়ে তাঁর পাশে এসে দাঁড়াতেও চান না। এর অর্থ অত্যন্ত পরিস্কার যে, তাদের স্বার্থ শেষ হয়ে পড়েছে আর সেজন্যই তারা সবাই কেটে পড়েছে।

সফলতার ইচ্ছুক ব্যক্তিদের এমন স্বার্থপর লোকেদের থেকে শত যোজন দূরে থাকাই উচিত। এমন লোকেরা আপনার সামনে আপনার বন্ধু হওয়ার অভিনয় তো করতে থাকে... কিন্তু সুযোগ পাওয়ামাত্র এমন লোকেরা আপনার ক্ষতি করতেও পেছপা হবে না। অন্য দিকে, যে ব্যক্তি আপনার খারাপ সময়েও আপনার পাশে এসে দাঁড়াবেন, তিনিই আপনার সত্যিকারের হিতৈষী আর সত্যিকারের মিত্র হন। এমন লোকেদের সংখ্যা অবশ্য অনেকটাই কম হয়। একবার যদি সত্যিকারের মিত্রের পরিচিতি হয়ে পড়ে... তাহলে তেমন লোকেদের সঙ্গে বন্ধুত্ব যে কোন মূল্যেই করা উচিত।

হচ্ছে। যদিও এই চাকরী করতে তার মন সায় দিচ্ছে না... তা সত্ত্বেও তিনি এই চাকরী করে চলেছেন।

কিন্তু একটা সময় তাঁর মনে এই চিন্তা আসতে পারে যে, তাঁর সিভিল সেবা পরীক্ষার জন্য প্রস্তুতি নেওয়া উচিত। সেই ব্যক্তির হয়তো নিজের জ্ঞান আর পরিশ্রমের ওপরে জবরদস্ত বিশ্বাস থাকতে পারে। তাঁর এমনটা মনে হতে পারে যে, তাঁর কাছে যে জ্ঞান রয়েছে আর কঠোর পরিশ্রমের সহায়তায় তিনি সিভিল সেবার পরীক্ষায় পাশ করে যেতে পারেন। এমন পরিস্থিতিতে তাঁর কঠোর ফয়সালা নেওয়ার ব্যাপারে কিঁদুমাত্র সংকোচ করা উচিত হবে না। এখানে কঠোর ফয়সালা নেওয়ার তাৎপর্য হচ্ছে সেই ছোটখাটো চাকরী ছেড়ে দেওয়া! তবে হ্যাঁ... এমন পরিস্থিতিতে আর্থিক পক্ষের ওপরেও বিচার করে নেওয়াটা অত্যন্ত জরুরী হয়।

সেই ব্যক্তির এটা চিন্তা করা উচিত যে, তাঁর পরিবারের যেসব লোকেরা তাঁর মাসিক উপার্জনের ওপরে নির্ভর করে রয়েছেন, তাঁদের কি হবে? তাঁর নিজের খরচ কি ভাবে চলবে? এই সব ব্যাপারে ভাবনা-চিন্তা করে নেওয়ার পরে তিনি এই সিদ্ধান্তে পৌঁছতে পারেন যে, খরচ কিছুটা কমিয়ে নিয়ে আসা যেতে পারে আর বাকী খরচের জন্য পার্ট টাইমে কোন কাজ করা যেতে পারে। এমন লোকেদের অসংখ্য উদাহরণ আপনারা নিজেদের আশপাশেই পেয়ে যাবেন যে, কোন ব্যক্তি হয়তো আগে অন্য কোন পেশার সাথে যুক্ত হয়ে ছিলেন... কিন্তু সেখানে তাঁর মন লাগল না। তিনি এমনটা ভাবলেন যে, তিনি সিভিল সেবার পরীক্ষায় পাশ হতে পারবেন এবং তিনি সেই চাকরী ছেড়ে দিয়ে নিজের কঠোর পরিশ্রম আর জ্ঞানের সহায়তায় সিভিল সেবা পরীক্ষা পাশ করতে সফল হয়ে উঠলেন।

এটা তো এক উদাহরণ মাত্র! এমন কঠোর ফয়সালা জীবনের যে কোন ক্ষেত্রেই নেওয়া হয়ে থাকে। যে ব্যক্তি এমন ফয়সালা সঠিক সময়ে আর সঠিক ব্যবস্থার সঙ্গে গ্রহণ করেন... তিনি সফলতার সিঁড়ি বেয়ে অবশ্যই ওপরের দিকে উঠে চলেন। এজন্য জীবনে সফলতা প্রাপ্ত করার ইচ্ছা রাখা ব্যক্তিদের প্রয়োজন পড়লে কঠোর ফয়সালা নিতে একেবারেই সংকোচ করা উচিত নয়... কারণ সফলতা প্রাপ্ত করার জন্য বেশ কিছু জিনিষ জরুরী হয় আর সেগুলোর মধ্যে এটাও গুরুত্বপূর্ণ হয়।

❑

# উপসংহার

এই গোটা পুস্তকে লেখা কথাগুলোর সারাংশ হচ্ছে এই যে, আচার্য চাণক্য অত্যন্ত বড় বিদ্বান তো ছিলেন-ই... তার সাথে-সাথে উনি যে সমস্ত কথা বলে গেছেন, সেগুলো যে কোন যুগেই ঠিক ততটাই প্রাসঙ্গিক হবে... যতটা প্রাসঙ্গিক ওনার যুগে ছিল। ওনার দ্বারা বলা কথাগুলোর জীবন ব্যবস্থাপনার সাথে অত্যন্ত গভীর সম্পর্ক রয়েছে আর এই জিনিযটাই আচার্য চাণক্যকে সব থেকে প্রচীন *'ম্যানেজমেন্ট গুরু'* করে তুলেছে। উনি যেসব কথা বলে গেছেন, সেগুলোকে সময়ের রসে ডুবিয়ে আজকের যুগের তথাকথিত ম্যানেজমেন্ট গুরুরা লোকেদের সামনে পরিবেশন করেন আর গোটা দুনিয়া তাঁদের প্রশংসায় পঞ্চমুখ হয়ে ওঠে। আসলে আমাদের গাছের কাণ্ডের বদলে সেটার শেকড়ের দিকে যাওয়া উচিত। আমাদের প্রচেস্টা যখন এমনটা হবে, তখন স্বাভাবিক রূপে ম্যানেজমেন্ট গুরুর রূপে আচার্য চাণক্য সামনে ভেসে উঠবেন!

চাণক্য যেসব কথা বলে গেছেন, সেগুলোর মধ্যে বেশীর ভাগ কথাই জীবনের যে কোন ক্ষেত্রে উপযোগী হয়। চাণক্যকে কোন এক নির্দিষ্ট ক্ষেত্রে বেঁধে দেখাটা সঠিক নয়! এমনটা করা এক ভালো বিচারধারার সংকুচন করা হবে আর সঠিক অর্থে এই দৃষ্টিতে দেখাটা নিজের দৃষ্টিভঙ্গীরও সংকুচন হবে! উনি যে আর্থিক আর রাজনৈতিক কথা বলে গেছেন... এমনটা নয় যে, সেগুলো কেউ জানেন না। 2009 - 2010 সালের প্রণব মুখার্জীর বাজেট ভাষণ মনে করে দেখুন। সেই ভাষণে প্রণব মুখার্জী আচার্য চাণক্যের আর্থিক নীতিগুলোর উল্লেখ এক বার নয়... তিন-তিন বার করেছিলেন। উনি কর আদায়ের প্রসঙ্গেও আচার্য চাণক্যের বিশেষ রূপে বর্ণনা করেছিলেন।

চাণক্যের দ্বারা বলা কথাগুলো রাজনৈতিক ক্ষেত্রের জন্যও অত্যন্ত উপযোগী... কিন্তু উনি এমন অনেক কথা বলে গেছেন, যেগুলো প্রয়োগ করে সফলতা পাওয়া

যেতে পারে। সঠিক অর্থে বলতে গেলে বর্তমান যুগে চাণক্য জীবন ব্যবস্থাপনার দৃষ্টিতে অত্যন্ত প্রাসঙ্গিক। এই যুগ এত বেশী প্রতিযোগিতায় পূর্ণ হয়ে উঠেছে যে. এখানে সফলতা হাসিল করার জন্য কেবলমাত্র কঠোর পরিশ্রম করলেই চলবে না। কঠোর পরিশ্রম তো সফলতা প্রাপ্ত করার জন্য অনিবার্য তত্ত্বগুলোর অন্যতম হয়... কিন্তু তার সাথে আরও অনেক কিছু জিনিষও সফলতা প্রাপ্ত করার জন্য ঠিক ততটাই জরুরী হয়। যেমন ধরুন – আপনারা অত্যন্ত কঠোর পরিশ্রম করেন... কিন্তু আপনাদের কাছে নিজেদের কাজকে অন্য কোন ভাবে সম্পন্ন করার দৃষ্টিভঙ্গী নেই! এমন পরিস্থিতিতে আপনারা নিজেদের কাজে ঠিক কতটা স্থায়ীত্ব রাখেন, সেটাও সফলতা প্রাপ্তিতে এক অত্যন্ত গুরুত্বপূর্ণ ভূমিকা পালন করে।

আসলে এই পথের সন্ধান করে আচার্য চাণক্য এই যুগেরও ম্যানেজমেন্ট গুরুর রূপে প্রাসঙ্গিক হয়ে পড়েন। এমনিতে আজকাল তো বাজারে ম্যানেজমেন্ট গুরুদের যেন বন্যা এসে পড়েছে। নতুন যুগের এই সব তথাকথিত ম্যানেজমেন্ট গুরুরা নিজেদের ভাষণের জন্য লোকেদের থেকে পয়সাও উসুল করেন। আজ সকলেই এই ব্যাপারে চিন্তিত হয়ে উঠেছেন যে, তাঁরা নিজেদের জীবনের ব্যবস্থাপনা কি ভাবে করবেন? লোকেরা এই ব্যাপারেও অত্যন্ত চিন্তিত হয়ে উঠেছেন যে, জীবনে কি ভাবে এগিয়ে চলা যায়? কিন্তু এই সব প্রশ্নের জবাব এই সব তথাকথিত ম্যানেজমেন্ট গুরুরা দিয়ে উঠতে পারছেন না।

আসলে সমস্যা হচেছ এটা যে, নতুন যুগের বেশীর ভাগ ম্যানেজমেন্ট গুরুদের কাছে নিজস্বতা বলে কিছুই নেই... তাঁরা সেই সব কথাগুলোকেই নতুন যুগের রং-য়ে চুবিয়ে পরিবেশন করছেন... যেগুলো বহু যুগ আগে চাণক্যের মত মহাপুরুষেরা বলে গেছেন। এমনিতে এই সব ম্যানেজমেন্ট গুরুরা অন্যদের জীবনে রং ভরার কথা তো বলে থাকেন... কিন্তু সঠিক অর্থে দেখতে গেলে তাঁদের জীবনেই কোন রং দেখতে পাওয়া যায় না। যদি বাস্তবে তাঁরা জীবন ব্যবস্থাপনার ক্ষেত্রে মহারথী হন... তাহলে তাঁদের নিজেদের জীবন সুখী হয় না কেন?

এই প্রশ্নের সরল উত্তর হচেছ এই যে, এনাদের মধ্যে বেশীর ভাগ লোকেদের কাছে নিজস্বতা বলে কিছুই থাকে না। কিন্তু সাধারণ জনতাকে ভ্রমের মধ্যে রেখে এনারা নিজেদের ধান্ধা বাড়িয়ে তুলতে সফল হয়ে পড়েন। এমন লোকেদের থেকে দূরেই থাকা উচিত আর সঠিক অর্থে যাঁর কাছে জীবন ব্যবস্থাপনার সঙ্গে যুক্ত প্রাথমিক সূত্র রয়েছে, এমন লোকের কথাতেই বিশ্বাস করা উচিত। এমনটা করা

ব্যক্তি স্বাভাবিক ভাবে বেশ কিছু কঠিন পরিস্থিতির থেকে মুক্তি পেয়ে যান আর সফলতার পথ ধরেও এমন ব্যক্তিই এগিয়ে চলেন।

যাই হোক, জীবন ব্যবস্থাপনার সঙ্গে যুক্ত প্রাথমিক প্রশ্নগুলোয় অস্থির না হয়ে উঠে সেই সব সমস্যার সমাধান খোঁজা উচিত আর এই কথাটাই আচার্য চাণক্যের প্রাসঙ্গিকতাকে আজকের যুগেও বাড়িয়ে তোলে। উনি কোন সাধারণ মনুষ্য ছিলেন না! আজ পর্যন্ত যেসব ব্যক্তি জীবনে মহান হয়েছেন, তাঁরা সকলেই বিরাট বড় ভবিষ্যদ্রষ্টাও ছিলেন। আচার্য চাণক্যের ক্ষেত্রেও এমনটা বলা চলে। উনি যেসব কথা বলে গেছেন, সেগুলো এই যুগেও ঠিক ততটাই প্রাসঙ্গিক হয়ে রয়েছে... যতটা প্রাসঙ্গিক সেই যুগে ছিল! সঠিক অর্থে বলতে গেলে আচার্য চাণক্যের বিচারধারাকে বুঝতে পারলে ওনার বিচারধারা আজ থেকে বেশ কয়েক হাজার বছর পরেও ঠিক এতটাই প্রাসঙ্গিক হয়ে থাকবে!

এই পুস্তকে জীবন ব্যবস্থাপনার সঙ্গে যুক্ত চাণক্যের সূত্রগুলোর ওপরে সম্পূর্ণ আলোচনা করা হয়েছে। এটার উদ্দেশ্য এটাই যে, কি ভাবে এক সাধারণ ব্যক্তি দ্বারা নিজের জীবনে আচার্য চাণক্যের দ্বারা বলা কথাগুলোর প্রয়োগ করা যেতে পারে। চাণক্যের প্রতি আমাদের সমাজে এমন একটা ধারণা রয়েছে যে, উনি নারী-বিরোধী আর ছল-কপটতার পক্ষপাতী ছিলেন। যদিও এই ব্যাপারটার বিরুদ্ধেও অনেক যুক্তি দেওয়া হয়েছে। যদি এই সব কথাকে ছেড়ে দেওয়া হয়... তাহলে আচার্য চাণক্যের বেশীর ভাগ কথা যে কোন সাধারণ ব্যক্তির জীবনে অত্যন্ত বেশী প্রাসঙ্গিক হয়ে উঠতে পারে।

আসলে এক সাধারণ সমস্যা এটা হয় যে, যদি আমাদের কোন ব্যক্তির কোন একটা কথাও খারাপ লাগে... তাহলে আমরা সেই ব্যক্তিকে তৎক্ষনাত খারিজ করে দিই... তাঁর আর সমস্ত ভালো কথা আমরা ভুলে যাই। এমনটা করা উচিত নয়। কারণ এমনটা করে আমরা সেই ব্যক্তির কোন ক্ষতি করি না... বরং আমরা নিজেদেরই ক্ষতি করে বসি। এমন মামলায় কোন বুদ্ধিমান ব্যক্তির এ্যাপ্রোচ আলাদা প্রকারের হয়। তিনি এটা জানেন যে, অমুক ব্যক্তির কথাগুলোর মধ্যে কতটা তাঁর কাজে আসতে পারে আর কতটা কাজে না আসতে পারে। সেই হিসেবে তিনি নিজের কাজের জিনিষগুলো নিয়ে নেন আর যেগুলোর তাঁর কাজের হয় না, সেগুলোকে উনি ছেড়ে দেন। আসলে সফলতা প্রাপ্তির ইচ্ছুক ব্যক্তিদের এমন এ্যাপ্রোচের সাথেই চলা উচিত।

গুরুত্বপূর্ণ ব্যাপার এটাও হচ্ছে যে, আচার্য চাণক্যের কথাগুলো সাধারণ জীবনের সাথে-সাথে আর্থিক আর রাজনৈতিক ক্ষেত্রেও অত্যন্ত উপযোগী হয়। এই জিনিষটাকে বোঝাও অত্যন্ত জরুরী! আসলে আমাদের দেশের সামনে একটা বড় সমস্যা হচ্ছে এটা যে, দেশের শাসন ক্ষমতায় বসে থাকা লোকেদের কারণে ভারতের আর্থিক আর রাজনৈতিক নীতি আজ দিশাহীন হয়ে পড়েছে। যতই কেন্দ্রীয় অর্থমন্ত্রী বাজেট পেশ করার সময় আচার্য চাণক্যের দোহাই দিন না কেন... কিন্তু ওনার সরকারের নীতিই হচ্ছে এমন... যেগুলো গরীবদের বদলে ধনীদের কল্যাণের পোষক হয়! এমন অবস্থায় দেশের দিশাহীন রাজনৈতিক আর আর্থিক নীতিকে সঠিক পথে ফিরিয়ে নিয়ে আসার ক্ষেত্রেও আচার্য চাণক্যের কথাগুলো অত্যন্ত প্রাসঙ্গিক! কারণ উনি রাজার কাছে প্রজাদের চিন্তাকে অত্যন্ত সম্মানের সাথে নিজের সাহিত্যে স্থান করে দিয়েছেন। কিন্তু প্রশ্ন এটা ওঠে যে, ওনার সমস্ত কথাগুলো বুঝতে পারলে তবেই কিছু হতে পারে। আচার্য চাণক্য এবং ওনার কথাগুলোকে পুরোন যুগের আখ্যা দিয়ে যদি খারিজ করে দেওয়া হয়, তাহলে কিছুই হবে না!

এজন্য সব থেকে জরুরী হচ্ছে এটা যে, আচার্য চাণক্যের দ্বারা বলা কথাগুলো গভীর ভাবে বোঝা যাক এবং এটা ভেবে দেখা যাক যে, ওনার দ্বারা বলা কথাগুলোকে আর্থিক আর রাজনৈতিক ক্ষেত্রে কি ভাবে প্রয়োগ করা যেতে পারে? এছাড়া এটাও বোঝা সকলের পক্ষে অত্যন্ত জরুরী যে, ম্যানেজমেন্ট গুরু আচার্য চাণক্যের কথাগুলো জীবন ব্যবস্থাপনায় কি ভাবে গুরুত্বপূর্ণ ভূমিকা পালন করতে পারে? এই পুস্তকের মাধ্যমে সেই সব ব্যাপারকেই স্পষ্ট করে তোলার চেষ্টা চালানো হয়েছে। এই ভ্রমকে দূর করাটা অত্যন্ত জরুরী যে, ওনার কথাগুলো বোঝা খুব কঠিন কাজ নয়... বরং সেটা অত্যন্ত সহজ! তবে হ্যাঁ... মনের মধ্যে তেমন ইচ্ছা প্রকট হওয়াটাও অত্যন্ত জরুরী হয়। এই পুস্তকে সহজ-সরল ভাষার প্রয়োগ করে এক সাধারণ ব্যক্তির জীবন ব্যবস্থাপনায় চাণক্য ঠিক কতটা উপযোগী হতে পারেন... সেটা বোঝানোর চেষ্টা করা হয়েছে। কিন্তু সেটা বোঝার জন্যও বোঝার ইচ্ছা থাকাটা অনিবার্য হয়! সঠিক অর্থে বলতে গেলে আচার্য চাণক্যের দ্বারা বলা কথাগুলো জীবন ব্যবস্থাপনার দৃষ্টিতে অত্যন্ত উপযোগী হয়। শুধু ওনার দ্বারা বলা কথাগুলো বোঝা আর সেগুলোকে নিজেদের জীবনে প্রয়োগ করার প্রয়োজন রয়েছে!

❑

20

# কর্পোরেট চাণক্য

চাণক্যের কথাগুলো জীবন ব্যবস্হাপনায় যতটা উপযোগী... সার্বজনিক জীবনের আলাদা-আলাদা ক্ষেত্রগুলোতেও ঠিক ততটাই উপযোগী। তা সেটা অর্থব্যবস্হার ব্যবস্হাপনা হোক্ বা রাজনীতির – প্রতিটি জায়গায় চাণক্য দ্বারা জানানো সূত্র পথ প্রদর্শন করার কাজ করে। সময় বদলেছে আর পরিস্হিতিতেও সময়ের সাথে-সাথে পরিবর্তন এসেছে। এমন অবস্হায় কিছু নতুন ক্ষেত্র আত্মপ্রকাশ করেছে। 1991 সালে দেশে আর্থিক উদারীকরণের সূত্রপাত বর্তমান প্রধানমন্ত্রী ডঃ মনমোহন সিংহ তৎকালীন কেন্দ্রীয় অর্থমন্ত্রীর রূপে করেছিলেন। তারপর প্রাইভেট সেক্টরে কাজ করার সুযোগ বৃদ্ধি পেয়েছে আর গ্লোবালাইজেশন ভারত পর্যন্ত এসে পৌঁছেছে। এর সামাজিক পরিণামের বিবেচনা করতে গেলে এক সম্পূর্ণ পুস্তক লেখার আবশ্যকতা হবে... কিন্তু গ্লোবালাইজেশনের কারণে ভারতে কর্পোরেট জগত অত্যন্ত শক্তিশালী হয়ে উঠেছে। আজ অবস্হা এমন হয়ে দাঁড়িয়েছে যে, দেশের বেশীর ভাগ গুরুত্বপূর্ণ ক্ষেত্রগুলোয় কর্পোরেট জগতেরই আধিপত্য হয়ে পড়েছে। উদারীকরণের কারণে এক দিকে যেমন সরকারী চাকরীর সংখ্যা কমে এসেছে... অন্য দিকে প্রাইভেট সেক্টরে চাকরীর বৃষ্টি শুরু হয়ে পড়েছে।

কর্পোরেট জগতকে 'প্রতিযোগিতার দুনিয়া'-ও বলা হয়ে থাকে। এখানে আগে থেকে কিছুই নির্দিষ্ট হয়ে থাকে না আর কিছুই নিশ্চিত হয় না। এখানে যে ভালো প্রদর্শন করবে, সেই উপার্জন করবে... অন্যথা সে একই জায়গায় থেমে থাকবে। এখানে অতীতের প্রদর্শনের তেমন কোন বিশেষ প্রভাব থাকে না... বরং প্রতি দিনই ভালো প্রদর্শন করে চলতে হয়। এমনটা বলা যেতে পারে যে, এই দুনিয়া হচ্ছে 'গলা কাটা প্রতিযোগিতা'-র দুনিয়া। এখানে টিঁকে থাকাটা এক বিরাট বড় চ্যালেঞ্জ হয় আর মজবুতীর সাথে এই চ্যালেঞ্জের মোকাবিলা করে চলে সফল হওয়াটা এক আর্ট হয়। এই আর্টে ব্যক্তিকে নিপুণ করে তুলতে চাণক্য

দ্বারা বহু বছর আগে বলা কথাগুলো অত্যন্ত উপযোগী প্রমাণিত হতে পারে। কর্পোরেট জগতে যদি চাণক্য দ্বারা বলা কথাগুলোর ওপরে গুরুত্ব প্রদান করে এগিয়ে চলা যায়... তাহলে প্রতিযোগিতা সহজেই জয় করা যেতে পারে আর নিজের বিজয়ের পতাকা হাওয়ায় ওড়ানো যেতে পারে।

গোটা দুনিয়ায় আধুনিক ম্যানেজমেন্টের জনক হিসেবে পিটার ড্রুকরের যথেষ্ট নাম রয়েছে। ড্রুকর ম্যানেজমেন্টের সাথে সম্বন্ধিত নিজের সিদ্ধান্ত 50-য়ের দশকে প্রদান করেছিলেন... কিন্তু চাণক্য ওনার বহু বছর আগে যে সিদ্ধান্ত প্রতিপাদিত করে দিয়েছিলেন, সেটা আজও ব্যবস্থাপনার হিসেবে ঠিক ততটাই উপযোগী এবং ড্রুকরের মত সমস্ত বিদ্বানদের সিদ্ধান্তকে যদি ভালো করে লক্ষ্য করা যায় আর বোঝার চেষ্টা করা হয়... তাহলে এটা জানতে পারা যায় যে, তাঁদের সমস্ত বিচারধারার মূলে চাণক্য দ্বারা বহু যুগ আগে প্রদান করা বিচারধারাই রয়েছে। এমন অবস্থায় ম্যানেজমেন্ট সূত্রের জন্য চাণক্যের মত প্রাচীন বিদ্বানের কথার ওপরেই দৃষ্টি দেওয়া উচিত... আজ থেকে কয়েক বছর আগে এই ব্যাপারে নিজেদের সিদ্ধান্ত প্রাতিপাদিত করা কোন পাশ্চাত্য বিদ্বানের কথার ওপরে নয়।

আসলে কর্পোরেট জগতে সম্পূর্ণ সংঘর্ষটাই হচ্ছে শাসন ক্ষমতা আর শক্তির লড়াই। এমনিতে তো শাসন ক্ষমতা আর শক্তিকে একে-অপরের পূরক হিসেবে মানা হয়ে থাকে আর দুটোই একে-অপরের সাথে অত্যন্ত গভীর ভাবে যুক্তও হয়ে রয়েছে। এটা এক দিক থেকে ঠিকও বটে। কর্পোরেট জগতে চার প্রকারের শক্তি অর্জন করার ওপরে প্রচণ্ড জোর দেওয়া হয়ে থাকে। সেগুলোর মধ্যে প্রথম হচ্ছে বৌদ্ধিক সম্পদ অর্থাৎ কোন টীমের নেতৃত্ব প্রদানকারী ব্যক্তি বা সেই টীমে শামিল ব্যক্তিদের মধ্যে ঠিক কতটা জ্ঞান রয়েছে, সেটার ওপরেই টীমের সফলতা নির্ভর করে। দ্বিতীয় হচেছ মানব সংসাধন। যাঁর কাছে যত বেশী লোক থাকবেন, তিনি তত বেশী সফল হবেন... কারণ সদস্যরাই কোন টীমের আসল সম্পদ হন। এমনিতেও সংখ্যার জোর বেশ কিছু শক্তি আপনা থেকেই নিয়ে আসে। তৃতীয় হচেছ আর্থিক শক্তি অর্থাৎ যত বেশী সম্ভব টাকা-পয়সা কামানো এবং চতুর্থ হচেছ নেতৃত্ব প্রদান করার ক্ষমতা। আসলে, এই চার প্রকারের শক্তি বৃদ্ধি করার জন্য কর্পোরেট জগতে সংঘর্ষ চলতেই থাকে। এই চারটি ক্ষেত্রে নিজেদের ক্ষমতা বৃদ্ধি করতে যে কেউ চাণক্যের কথাগুলোর ওপরে দৃষ্টি দিতে পারেন। এই পুস্তকে এই বিষয়গুলোর ওপরে আলাদা করে চারটি অধ্যায় লেখা হয়েছে। এগিয়ে চলার আগে সম্ভব হলে এই চারটি অধ্যায়ের ওপরে

এক বার অবশ্যই দৃষ্টি দিন।

কর্পোরেট জগত বা যে কোন ক্ষেত্রে নেতৃত্ব প্রদানকারী ব্যক্তিকে সবার জন্য উদাহরণ হিসেবে কাজ করতে হয়... যাতে তিনি নিজের সাথে কাজ করতে থাকা অন্যান্য ব্যক্তিদের পক্ষে প্রেরণার উৎস হয়ে উঠতে পারেন। চাণক্যের জীবনের এক ঘটনা থেকে এই জিনিষটা বোঝা যেতে পারে। চাণক্য এক জঙ্গলে ঝুপড়ি বেঁধে থাকতেন। সেখানে অনেকে ওনার থেকে পরামর্শ আর জ্ঞান প্রাপ্ত করার জন্য আসতেন। যে জঙ্গলে উনি থাকতেন, সেটা পাথর আর কাঁটাদার ঝোপে ভরা ছিল। সেই সময় খালি পায়ে থাকার প্রচলন ছিল। এজন্য ওনার নিবাসস্থল পর্যন্ত পৌঁছতে লোকেদের অনেক কষ্টের মুখোমুখি হতে হত। সেখান পর্যন্ত পৌঁছতে-পৌঁছতে লোকেদের পা রক্তাক্ত হয়ে পড়ত। এক দিন কিছু লোক সেই পথ দিয়ে অত্যন্ত কষ্ট স্বীকার করে চাণক্যের কাছে এসে পৌঁছলেন। এক ব্যক্তি ওনার উদ্দেশ্যে নিবেদন করে বললেন – "আপনার কাছে এসে পৌঁছতে আমাদের অত্যন্ত কষ্ট স্বীকার করতে হয়েছে। আপনি মহারাজকে বলে এখানকার মাটিকে চামড়া দিয়ে ঢেকে দেওয়ার ব্যবস্থা করিয়ে দিন। এতে লোকেদের পা দুটোর আরাম প্রাপ্ত হবে।" ওনার কথা শুনে চাণক্য মুচকি হেসে বললেন – "মহাশয়! কেবলমাত্র এই জায়গায় চামড়া বিছিয়ে দিলে কোন সমস্যার সমাধানই হবে না। কাঁটাদার আর পাথুরে রাস্তা তো এই বিশ্বে অসংখ্য রয়েছে। এমন অবস্থায় পুরো বিশ্বকে চামড়া দিয়ে মুড়ে ফেলা তো অসম্ভব। তবে হ্যাঁ... আপনারা যদি চামড়া দিয়ে নিজেদের পা দুটোকে সুরক্ষিত করে নেন... তাহলে অবশ্যই আপনারা পাথুরে রাস্তা আর কাঁটাদার ঝোপের প্রকোপের হাত থেকে বাঁচতে পারবেন।" সেই ব্যক্তি মাথা নীচু করে বললেন – "হ্যাঁ, গুরুজী! আমরা এবার থেকে এমনটাই করব।" এর পরে চাণক্য বললেন – "দেখুন, আমার এই কথার পেছনেও গভীর সার রয়েছে। অন্যদের সংশোধন করার আগে নিজেদের সংশোধন করুন। এতে আপনারা নিজেদের কাজে অবশ্যই বিজয় হাসিল করে নেবেন। দুনিয়াকে পরামর্শ দিতে থাকা ব্যক্তি নিজে কিছুই করে উঠতে পারেন না... অন্য দিকে নিজে সেগুলোর পালন করতে থাকা ব্যক্তি সফলতার শিখরে পৌঁছে যান।" ওনার এমন বক্তব্যের সাথে সকলেই সম্মত হয়ে উঠলেন।

কোন ব্যক্তি অন্যদের জন্য উদাহরণ কি করে হয়ে উঠতে পারেন... সেটা জানার জন্য চাণক্যের জীবনের আরও একটা ঘটনার উল্লেখ করা যেতে পারে। চাণক্যের নাম গোটা দুনিয়া জুড়ে বিখ্যাত ছিল। ওনার সাথে মিলিত হওয়ার জন্য দুনিয়ার বিভিন্ন প্রান্ত থেকে লোকেরা প্রায়ই

ওনার কাছে আসতেন। চন্দ্রগুপ্তের শাসনকালে চাণক্যকে প্রধানমন্ত্রীর মর্যাদা প্রদান করা হয়েছিল... কিন্তু উনি গঙ্গার তটে একান্তে এক কুটীরে বসবাস করতেন। গ্রীসের রাষ্ট্রদূতও চাণক্যের বিদ্বতার ব্যাপারে অনেক কিছু শুনেছিলেন। এক বার উনি চাণক্যের সাথে মিলিত হওয়ার জন্য রওনা হয়ে পড়লেন। খুঁজতে-খুঁজতে উনি গঙ্গার তটে এসে পৌঁছলেন। এক পথিক ওনাকে চাণক্যের বাসস্থানের ব্যাপারে জানালেন। রাষ্ট্রদূত দেখলেন যে, চাণক্যের কুটীর ঘাসপাতা দিয়ে নির্মিত। উনি এই দেখে অত্যন্ত আশ্চর্য হয়ে উঠলেন যে, ভারতের প্রধানমন্ত্রীর বাসস্থান ঘাসপাতারও হতে পারে! উনি কুটীরের সামনে এসে পৌঁছলে উনি দেখলেন যে, কুটীরের দরজা খোলা রয়েছে। এক কামরায় এক শ্যামলা রং-য়ের ব্যক্তি মৃদু প্রদীপের আলোয় কলম দিয়ে কিছু একটা লিখছিলেন। রাষ্ট্রদূত সেই ব্যক্তির উদ্দেশ্যে বললেন – "আমি প্রধানমন্ত্রী চাণক্যের সাথে দেখা করতে চাই।" রাষ্ট্রদূতের গলা শুনে সেই ব্যক্তি নিজের কলম নীচে নামিয়ে রাখলেন আর টিমটিম করে জ্বলতে থাকা প্রদীপ নিভিয়ে দিয়ে অন্য একটা প্রদীপ জ্বালিয়ে অত্যন্ত শালীন শব্দে বললেন – "আপনাকে স্বাগত জানাই! অতিথি, আমারই নাম চাণক্য।" এই শুনে রাষ্ট্রদূত বিস্মিত হয়ে উঠলেন যে, সাধারণ ধুতি পরা আর মাথায় এক লম্বা টিকি রাখা কোন ব্যক্তি কোন দেশের প্রধানমন্ত্রীও হতে পারেন! সেই কামরায় হুকুম পালন করা কোন চাকর-বাকরদেরও কোন চিহ্নমাত্র ছিল না। রাষ্ট্রদূত চাণক্যকে এক প্রদীপ নিভিয়ে অন্য প্রদীপ জ্বালানোর রহস্যের ব্যাপারে প্রশ্ন করলে চাণক্য উত্তর দিলেন – "প্রথম প্রদীপে রাজকোষের তেল ছিল আর এই দ্বিতীয় প্রদীপে আমার দ্বারা উপার্জিত অর্থ দিয়ে কেনা তেল রয়েছে।" রাষ্ট্রদূত ওনাকে প্রশ্ন করলেন – "আপনার উপার্জনের মাধ্যম কি?"

চাণক্য ওনাকে জানালেন – "পুস্তক লিখে আর ছাত্রদের পড়িয়ে আমার যে উপার্জন হয়ে পড়ে... তাই দিয়ে আমি কোন ভাবে চালিয়ে নিই আর বেঁচে যাওয়া অর্থ গরীব ছাত্রদের জন্য খরচ করি।" রাষ্ট্রদূত এই শুনে আশ্চর্য হয়ে উঠে বললেন – "অর্থাৎ আপনি নিজের দিন চালানোর জন্য রাজকোষের ওপরে নির্ভরশীল নন।" আচার্য চাণক্য রাষ্ট্রদূতকে বললেন – "আপনার আর কোন প্রশ্ন থাকলে করতে পারেন।" রাষ্ট্রদূত চাণক্যের চরণে প্রণাম করে বললেন – "আমার আর কোন প্রশ্ন নেই। আপনার জীবন প্রণালী আমার সকল কৌতূহল শান্ত করে দিয়েছে। আপনার সাথে মিলিত হয়ে আমার জীবন ধন্য হল।" রাষ্ট্রদূত নিজের দেশে ফিরে গেলেন আর নিজের পুস্তকে এমনটা লিখলেন – "আমি নিজের ভারত সফরের সময় রাষ্ট্র নির্মাণ করার

রহস্যের ব্যাপারে জানতে পেরেছি। সরলতা আর সংযম যে ব্যক্তির জীবনের অঙ্গ হয়... একমাত্র তিনিই রাষ্ট্রনির্মাতা হতে পারেন।"

এই জিনিষটা জীবনের প্রতিটি ক্ষেত্রেই প্রযোজ্য হয়। কর্পোরেট জগতও এর ব্যতিক্রম নয়। এখানেও এই জিনিষটার ওপরে দৃষ্টি দিয়ে এমনটা করে দেখানো যেতে পারে। আসলে যদি কেউ নিজের নতুন কোম্পানী শুরু করেন... তাহলে তাঁকে বেশ কয়েক প্রকারের সমস্যার মোকাবিলা করতে হয়। এমন অবস্থায় তাঁর পক্ষে নিজের জায়গা বানানোটা সহজ হয় না। এমন পরিস্থিতিতে তিনি যদি চাণক্যের কথার ওপরে দৃষ্টি দিয়ে নিজের টীমের নেতৃত্ব প্রদান করার সাথে-সাথে নিজের টীমের সদস্যদের জন্য প্রেরণার উৎস হয়ে ওঠেন... তাহলে ওনার রাস্তা স্বাভাবিক রূপে সহজ হয়ে ওঠে এবং তিনি নিজে ধীরে-ধীরে কর্পোরেট জগতে নিজের জায়গা করে নিতে সফল হয়ে ওঠেন।

কর্পোরেট জগতে কোন কোম্পানী বা কোন টীমের নেতৃত্ব প্রদানকারী ব্যক্তি এক প্রকারে রাজার ভূমিকায় থাকেন। ওনার সহযোগীরা ওনার সেপাই হন আর ওনার উপভোক্তারা ওনার প্রজা হন। ওনার প্রতিযোগী বা ওনার বিরুদ্ধে কাজ করতে থাকা ব্যক্তি ওনার শত্রু হন। এমন অবস্থায় সমস্যার মোকাবিলা করে সামনের দিকে এগিয়ে চলাটা এক রণনীতিক কাজ হয় আর সেটায় সফলতা অর্জন করার জন্য অত্যন্ত সজাগতার আবশ্যকতা হয়। টীমের নেতৃত্ব প্রদানকারী ব্যক্তির কাছে শক্তি অর্থাৎ শাসন ক্ষমতা তো থাকে... কিন্তু শক্তি নিজের সাথে করে বেশ কিছু দায়িত্বও নিয়ে আসে। এর জন্য তাঁকে প্রতিটি পদক্ষেপ অনেক চিন্তা-ভাবনা করে নিতে হয়।

চাণক্য বলে গেছেন যে, রাজার পক্ষে বিদ্রোহ এক বিরাট বড় সংকট হয় – তা সেই বিদ্রোহ নিজের লোকেদের দ্বারা করা হোক্ বা বাইরের লোকেদের দ্বারা। এই জিনিষটাকে যদি কর্পোরেট জগতের পরিপ্রেক্ষিতে রেখে দেখা হয়... তাহলে এটা জানা যেতে পারে যে, এখানে বিদ্রোহের অর্থ ঠিক কি ? এখানে বিদ্রোহের দুটি তাৎপর্য হতে পারে। প্রথম হচ্ছে এই যে, আপনারা যে কোম্পানী বা যে টীমের নেতৃত্ব প্রদান করছেন, সেটার ভেতরেরই কোন ব্যক্তি আপনাদের বিরুদ্ধে পরিবেশ তৈরী করছেন আর উপযুক্ত সুযোগের অপেক্ষায় রয়েছেন... যখন তিনি আপনাদের বিরুদ্ধে প্রস্তুত করা রণনীতিকে সাকার করে তুলতে পারবেন। এমন পরিস্থিতির হাত থেকে রক্ষা পাওয়ার জন্য নেতৃত্ব প্রদানকারী ব্যক্তির নিজের সাথে কাজ করতে থাকা লোকেদের বিশ্বাস অর্জন করা উচিত আর তাঁদের সাথে এমন এক সম্পর্ক গড়ে তোলা উচিত যে, কেউ যেন বিদ্রোহ করার কথা চিন্তাই না করেন।

এছাড়া রণনীতিক দৃষ্টিকোণ থেকেও জরুরী উপায় গ্রহণ করা উচিত। যেমন – নিজেদের টীমে এমন কিছু লোক তৈরী করা উচিত... যাঁরা অন্যদের গতিবিধির ব্যাপারে তথ্য প্রদান করতে থাকবেন। এর ফলে গোটা টীমের মেজাজের ব্যাপারে জানতে পারা যাবে। কিন্তু এই প্রয়োগে একটা জিনিষের ওপরে বিশেষ রূপে দৃষ্টি দেওয়াটা জরুরী হয়। অনেক বার এমনটাও হয় যে, তথ্য প্রদানকারী ব্যক্তি নিজের স্বার্থ বজায় রাখার জন্য তথ্যের সাথে খেলা করতে শুরু করে দেন। অর্থাৎ তিনি তথ্যকে নিজের হিসেব মত বিকৃত করে আপনাদের কাছ পর্যন্ত পৌঁছে দিতে শুরু করে দেন। এমন অবস্থায় নেতৃত্ব প্রদানকারী ব্যক্তিকে নিজের ভেতরে সেই ক্ষমতার বিকাশ করতে হবে যে, তথ্য প্রদানকারী ব্যক্তির কতটা কথা গ্রহণ করতে হবে আর কতটা কথা ছেড়ে দিতে হবে। এছাড়া এমন ব্যবস্থাও গড়ে তোলা উচিত যে, তথ্য প্রদানকারী ব্যক্তি দ্বারা প্রদান করা তথ্য যেন পরীক্ষা করে দেখা হয়। সমস্ত তথ্য পরীক্ষা করে দেখার পরেই পরবর্তী ব্যবস্থা গ্রহণ করা উচিত। এমনটা যদি না হয়... তাহলে জ্ঞানতঃ বা অজ্ঞানতঃ নেতৃত্ব প্রদানকারী ব্যক্তিই নতুন কোন বিদ্রোহের বীজ বপন করার কাজ করে ফেলেন।

বাইরের শক্তি দ্বারা করা বিদ্রোহের তাৎপর্য হচেছ প্রতিযোগিতা দ্বারা মাত করা রণনীতি। এর থেকে বাঁচার জন্য প্রতিযোগীর প্রতিটি চালের ওপরে তীক্ষ্ম নজর রাখা উচিত। তাঁর প্রতিটি ফয়সালাকে অত্যন্ত সূক্ষ্ম ভাবে বোঝার চেস্টা করা উচিত। এই কাজটা সহজ হয় না... কিন্তু এমনটা অসম্ভবও হয় না। এর জন্য সাধারণ বুদ্ধিমত্তার আবশ্যকতা হয়। প্রতিটি প্রতিযোগীই নিজের প্রতিযোগীদের পরাজিত করার জন্য যে রণনীতি প্রস্তুত করেন... সেটার ব্যাপারে তিনি নিজের জ্ঞানতঃ বা অজ্ঞানতঃ কোন-না-কোন সংকেত অবশ্যই দেন। আপনাদের কেবল নিজেদের ভেতরে এই ক্ষমতার বিকাশ করতে হবে যে, আপনারা সেই সংকেত বুঝতে পারবেন আর সেই মত নিজেদের রণনীতি প্রস্তুত করতে পারবেন। এমনটা করা ব্যক্তি কখনোই পরাজিত হন না আর তিনি লাগাতার উন্নতির পথে অগ্রসর হয়ে চলেন।

প্রথমতঃ এই চেস্টা করা উচিত, যাতে বিদ্রোহের সম্ভাবনা সৃষ্টিই না হয় আর একান্তই সৃষ্টি হয়ে পড়লে সেটার মোকাবিলা করার জন্য কর্পোরেট জগতে আরও কিছু জিনিষ মাথায় রাখার আবশ্যকতা রয়েছে। সেগুলোর মধ্যে প্রথম হচেছ এটা যে, বাজারের চাহিদাকে ভালো ভাবে বোঝা। এমনটা এজন্য জরুরী হয়... কারণ কর্পোরেট জগতে বাজারই সব কিছু হয় আর এর থেকে বড় শক্তি আর কিছু হয় না। কোন কোম্পানী বা সংগঠন যদি বাজারের চাহিদার ব্যাপারে ভালো ভাবে

বুঝতে পেরে যায় আর সেই হিসেবে কাজ করতে শুরু করে দেয়... তাহলে সেই কোম্পানী বা সংগঠন সফল তো হয়-ই – সাথে-সাথে বিদ্রোহের সম্ভাবনাও সমাপ্ত হয়ে পড়ে। আসলে আপনাদের কোম্পানী বা সংস্থার পরিষেবা গ্রহণ করতে থাকা ব্যক্তিরা বিদ্রোহ সেই সময় করেন... যখন তাঁরা নিজেদের প্রয়োজনের হিসেবে পরিষেবা প্রাপ্ত করেন না। কিন্তু আপনারা যদি তাঁদের প্রয়োজনের হিসেবে পরিষেবা প্রদান করতে সফল হয়ে ওঠেন... তাহলে তাঁরা বিদ্রোহ করার কথা চিন্তাই করবেন না। এখানে পরিষেবা গ্রহণ করতে থাকা ব্যক্তিদের বিদ্রোহ করার তাৎপর্য হচ্ছে এই যে, তাঁরা আপনাদের কোম্পানীর পরিষেবা গ্রহণ করা বন্ধ করে দিতে পারেন।

কর্পোরেট জগতে যে কোন কোম্পানীর সফলতার জন্য এটা অত্যন্ত জরুরী হয় যে, তাঁদের পরিষেবা গ্রহণ করা ব্যক্তিদের সংখ্যা লাগাতার বেড়ে চলুক... কিন্তু এই প্রক্রিয়ায় এটা মাথায় রাখা উচিত যে, নতুন উপভোক্তা তৈরী করার চক্করে পুরোন উপভোক্তারা যেন পেছনে পড়ে না যান... কারণ নতুন উপভোক্তা আপনাদের কাছে 'সোনা' হলে পুরোন উপভোক্তারা আপনাদের কাছে 'হীরা'-র সমান হন। বিদ্রোহের সমস্যার সমাধান করতে দেরী করা সেটাকে আরও বাড়িয়ে তোলার সূত্রপাত করার সমান হয়। এই দিকে সজাগ দৃষ্টি রাখা উচিত যে, এমন কোন সম্ভাবনার ব্যাপারে জানতে পারামাত্র সেটাকে তৎক্ষনাত সমাপ্ত করার চেষ্টা করা উচিত। প্রথমে তো সমস্যা সমাধান করার চেষ্টা বার্তালাপের মাধ্যমে করা উচিত আর তাতে যদি সমাধানের পথ বেরিয়ে না আসে... তাহলে বিদ্রোহ আটকাতে কঠোর পদক্ষেপ ওঠাতেও পেছিয়ে আসা উচিত নয়।

কর্পোরেট জগতে এমন যে কোন সমস্যার মোকাবিলা করার জন্য শাস্তি দেওয়ার আর্ট জানাটাও অত্যন্ত জরুরী হয়। যে কোন কোম্পানী বা সংগঠনের সফলতার ব্যাপারে অনুমান এই জিনিষটা থেকে লাগানো যেতে পারে যে, সেই কোম্পানী বা সংগঠন এক নির্দিষ্ট সময়ের মধ্যে যেসব লক্ষ্য হাসিল করার পরিকল্পনা তৈরী করেছিল, তারা সেসব হাসিল করতে কতটা সফল হয়েছে ? এমন অবস্থায় নেতৃত্ব প্রদানকারী ব্যক্তিকে কোম্পানী বা সংগঠনের সফলতা সুনিশ্চিত করার জন্য সজাগ হয়ে থেকে নিজের সহযোগীদের থেকে কাজ আদায় করে নিতে হয়... যাতে নির্দিষ্ট সময়ের মধ্যে সেই লক্ষ্য হাসিল করা যেতে পারে। এই রাস্তায় যদি কেউ বাধার সৃষ্টি করে বা কোন ভাবে লক্ষ্য পর্যন্ত পৌঁছনোর পথে বাধা হয়ে ওঠে... তাহলে নেতৃত্ব প্রদানকারী ব্যক্তিকে শাস্তি প্রদান করার আর্টের ব্যবহার করতে হয়।

এই ব্যাপারে চাণক্য এক জায়গায় লিখে গেছেন – "কঠোর দণ্ড দেওয়ার ক্ষমতা রাখা রাজা প্রভাবশালী ব্যক্তি হন... নামমাত্র দণ্ড দেওয়া রাজাকে কেউ কোন মূল্য দেয় না আর সাধারণ দণ্ড দেওয়া রাজার কেবল সম্মান প্রাপ্ত হয়।" এর থেকে এটা স্পষ্ট হয়ে ওঠে যে, শাস্তি দেওয়ার সময় নেতৃত্ব প্রদানকারী ব্যক্তির কেমন মনোভাব গ্রহণ করা উচিত। যে যেমন ভুল করেছে... তার তেমন শাস্তি পাওয়া উচিত। যদি এই নিয়মকে কোন কোম্পানী বা সংগঠনে প্রযোজ্য করা হয়... তাহলে এর দ্বারা সেখানে এক বিশেষ প্রকারের অনুশাসন দেখতে পাওয়া যায়। এই অনুশাসনের মাধ্যমে সেখানকার সব কাজ সঠিক ভাবে হতে থাকে আর নির্দিষ্ট সময়ের মধ্যে লক্ষ্যও হাসিল করা সম্ভব হয়ে ওঠে... কারণ ভুল করতে থাকা ব্যক্তিকে যখন শাস্তি দেওয়া হয়, তখন সেটার দ্বারা দু প্রকারের কাজ হয়। প্রথম তো এটা যে, ভুল করতে থাকা ব্যক্তি আবার এক বার এমন ভুল করার আগে অনেক বার ভাবনা-চিন্তা করে। এবং দ্বিতীয় আর অত্যন্ত গুরুত্বপূর্ণ জিনিষ হচেছ এটা যে, শাস্তি পাওয়া ব্যক্তিকে দেখে সেই কোম্পানী বা সংগঠনে কাজ করতে থাকা অন্যান্য কর্মচারীদেরও এই ব্যাপারে স্পষ্ট অনুভূতি হয়ে পড়ে যে, তারাও যদি এমন কোন ভুল করে... তাহলে তাদেরও এমনই শাস্তি প্রাপ্ত হবে। এর ফলে কোম্পানী বা সংগঠনের কার্যপ্রণালীতে পোজিটিভ পরিবর্তন দেখতে পাওয়া যায়।

জীবনের অন্যান্য ক্ষেত্রগুলোর মত কর্পোরেট জগতেও শীর্ষে টিকে থাকার জন্য যথেষ্ট সংঘর্ষ করতে হয়। শীর্ষে পৌঁছনোর থেকে সেই জায়গায় টিকে থাকা অনেক বেশী কঠিন হয়। কর্পোরেট জগতে শীর্ষে বসে থাকা লোকেদের প্রায়ই নিজেদের চেয়ার নড়ে যাওয়ার অনুভূতি হতে থাকে। কর্পোরেট জগত বাজার দ্বারা সঞ্চালিত হয়। এখানে চাকরী আর পদের কোন গ্যারান্টিই থাকে না। এখানে যে কোন মুহর্তে যে কোন প্রকারের পরিবর্তন হতে পারে – কর্পোরেট জগতে কাজ করতে থাকা ব্যক্তিরা এই জিনিষটা খু-উ-ব ভালো করেই জানেন। এই কারণে আসনচ্যুত হওয়ার সম্ভাবনা তাঁদেরকে কিছুটা বেশীই অস্থির করে মারে। শীর্ষে পৌঁছনোর পরে আবার এক বার নীচে নেমে আসাটা কারোরই পছন্দ হয় না।

এই জিনিষটা প্রচীন ম্যানেজমেন্ট গুরু চাণক্য অত্যন্ত ভালো ভাবে বুঝতেন। এজন্যই উনি শীর্ষে টিকে থাকার জন্য কিছু উপায়ের ব্যাপারে জানিয়েছেন। উনি নিজের এক সূত্রের মাধ্যমে এমন কিছু কথার উল্লেখ করেছেন... যেগুলোর পালন করে চলে ব্যক্তি নিজেকে নীচে নেমে আসা থেকে বাঁচাতে পারেন। চাণক্য নিজের সূত্রের মাধ্যমে জানিয়েছেন –

"কাম, ক্রোধ, লোভ, মোহ, মদ আর হর্ষের ত্যাগ করে ইন্দ্রিয়গুলোর ওপরে বিজয় প্রাপ্ত করা ব্যক্তিই সফল হন।" আসলে যে ব্যক্তি শীর্ষে বসে থাকেন... তাঁর প্রতিটি কথার ওপরে সবার দৃষ্টি থাকে। তার মধ্যে তাঁর সাথে কাজ করতে থাকা লোকেরা তো শামিল হন-ই... তাঁদেরকে বাদ দিয়ে বাইরের লোকেরাও শামিল থাকেন। এমন অবস্থায় শীর্ষে বসে থাকা ব্যক্তি যদি নিজেকে এই সব বিকারের থেকে মুক্ত রাখেন... তাহলে স্বাভাবিক রূপে তিনি এমন বেশ কিছু ভুল করা থেকে বেঁচে যাবেন... যেগুলো তাঁর পক্ষে সমস্যার সৃষ্টি করতে পারে। এমন অবস্থায় এই সব বিকারকে ত্যাগ করে কাজ করে চলা ব্যক্তি কোন প্রকারের বাধা ছাড়াই সফলতার পথে অগ্রসর হয়ে চলেন।

কর্পোরেট জগতে কোন কোম্পানী বা সংগঠনকে সফল করে তোলার জন্য এটা অত্যন্ত জরুরী হয় যে, সেখানে যে নিয়ম তৈরী করা হবে... সেগুলো যেন সঠিক ভাবে পালন করা হয়। কোম্পানী বা সংগঠন শুরু করা বা সেটার নেতৃত্ব প্রদানকারী ব্যক্তির সঠিক এবং প্রভাবশালী সঞ্চালনের জন্য কিছু নিয়ম অবশ্যই প্রস্তুত করে নেওয়া উচিত আর যদি আগে থেকে তৈরী করা নিয়ম পর্যাপ্ত না হয়... তাহলে নতুন নিয়ম তৈরী করতেও সংকোচ করা উচিত নয়। এই ব্যাপারে চাণক্য বলে গেছেন – "যদি সমস্ত নিয়ম কোন কাজের না হয়... তাহলে এটা রাজার দায়িত্ব হয় যে, তিনি নতুন নিয়ম তৈরী করবেন। কিন্তু সেই নতুন নিয়ম চার বর্ণ আর চার আশ্রমের কথা মাথায় রেখে তৈরী করা উচিত।" চাণক্যের এমন বক্তব্য থেকে এটা স্পষ্ট হয়ে ওঠে যে, নতুন নিয়ম তৈরী করার সময় কিছু জিনিষের ওপরে বিশেষ ভাবে দৃষ্টি দেওয়া উচিত। আমরা যখন এই প্রাচীন ম্যানেজমেন্ট গুরুর বক্তব্যের সার বুঝতে পারব... একমাত্র তখনই আমরা ওনার বক্তব্যের সঠিক অর্থের ব্যাপারে জানতে পারব।

যে কোন নিয়ম তৈরী করার আগে কোম্পানী বা সংগঠনের নেতৃত্ব প্রদানকারী ব্যক্তির নিজেকেই এই প্রশ্ন করা উচিত যে, নতুন নিয়ম কেন বানানো উচিত আর সেটার আবশ্যকতা কি ? যদি এই প্রশ্নের সন্তুষ্টিজনক জবাব পাওয়া যায়... তখন এই ব্যাপারে এগোন উচিত। যে কোন নতুন নিয়ম তৈরী করার সময় শীর্ষে বসে থাকা লোকেদের এটা মাথায় রাখা উচিত যে, নতুন নিয়ম যেন সকলের পক্ষে লাভদায়ক হয় আর সেটা যেন সবার পক্ষেই উপযোগী হয়। যদি বিশেষ কিছু লোকেদের ভালো আর অধিকার রক্ষা করার জন্য কোন কোম্পানী বা সংগঠনে শীর্ষে বসে থাকা লোকেরা নতুন নিয়ম তৈরী করেন... তাহলে সেটা এক প্রকারের বিদ্রোহের বীজ বপন করে দেয়। এজন্য যে কোন নতুন নিয়ম তৈরী

করার সময় যে কোন কোম্পানী বা সংগঠনের নেতৃত্ব প্রদানকারী ব্যক্তির অত্যন্ত দায়িত্বপূর্ণ ভাবে ফয়সালা নেওয়া উচিত।

কর্পোরেট জগতে সফল হওয়ার জন্য নিজের কার্যালয়ের ওপরে নিয়ন্ত্রণ প্রাপ্ত করাটা অত্যন্ত জরুরী হয়। প্রাচীন যুগে যাকে 'দুর্গ' বলা হত... সেটাকেই এখন 'কার্যালয়' বলা যেতে পারে। কোন রাজার পক্ষে নিজের রাজত্ব বা নিজের দুর্গের রক্ষা করার জন্য জরুরী উপায়ের কথা চাণক্য বলে গেছেন। উনি বলেছেন – "ধন আর সেনাবাহিনীকে এক জায়গায় একত্রিত করে অত্যন্ত বিশ্বস্ত লোকেদের ওপরে সেগুলোর দেখাশোনা করার দায়িত্ব দেওয়া উচিত।" এবার আমরা যদি ওনার এই বক্তব্যকে কার্যালয়ের ওপরে প্রযোজ্য করে দেখি... তাহলে ছবিটা আপনা থেকে পরিস্কার হয়ে উঠতে লাগে। যে কোন কোম্পানী বা সংগঠন চালানোর জন্য অর্থের আবশ্যকতা হয় আর যদি অর্থ সম্বন্ধীয় আবশ্যকতা পূরণ হয়ে পড়ে, তাহলে অন্যান্য বেশ কিছু কাজ স্বাভাবিক রূপে এগিয়ে চলতে লাগে। এমন অবস্থায় যে কোন কোম্পানী বা সংগঠনের নেতৃত্ব প্রদানকারী ব্যক্তির পক্ষে নিজের কার্যালয়ের ওপরে নিয়ন্ত্রণ প্রাপ্ত করার কাজে অর্থ এক অত্যন্ত গুরুত্বপূর্ণ ভূমিকা পালন করে। এজন্য এমন ব্যক্তির আর্থিক ব্যবস্থাপনার ব্যাপারে ভালোমতন জ্ঞান থাকাটা অত্যন্ত জরুরী হয়। কার্যালয়ের ব্যাপারে সেনাবাহিনীর তাৎপর্য হচ্ছে সেখানে কাজ করতে থাকা কর্মচারীরা। কোম্পানীতে কাজ করতে থাকা প্রতিটি ছোট আর বড় ব্যক্তির নিজস্ব এক উপযোগীতা থাকে। এজন্য শীর্ষে বসে থাকা ব্যক্তির নিজের কার্যালয়ের ওরে নিয়ন্ত্রণ বজায় রাখার জন্য নিজের টীমের প্রতিটি সদস্যের বিশ্বাস অর্জন করে চলা উচিত।

চাণক্যের বিশ্বস্ত লোকেদের ব্যাপারে বলা কথা যদি কার্যালয়ের পরিপ্রেক্ষিতে দেখা হয়... তাহলে এটা জানতে পারা যায় যে, তাঁরা হচ্ছেন এমন ব্যক্তি... যাঁরা কোন কোম্পানী বা সংগঠনকে এগিয়ে নিয়ে চলার ব্যাপারে অত্যন্ত গুরুত্বপূর্ণ ভূমিকা পালন করেন। প্রতিটি কার্যালয়ে এমন কিছু ব্যক্তির দেখা অবশ্যই পাওয়া যাবে। এমন লোকেদের বিশ্বাস অর্জন করার ক্ষমতা নেতৃত্ব প্রদানকারী ব্যক্তির ভেতরে থাকা উচিত। এমন লোকেদের চিনে নেওয়াটাও এক আর্ট হয়। এই কাজটা কিছুটা মুশ্কিল হয় ঠিকই... কিন্তু একেবারে অসম্ভবও হয় না। লোক চেনার আর্ট বিকশিত করার ওপরে এই পুস্তকে আলাদা করে একটা অধ্যায় রাখা হয়েছে। এই ব্যাপারে নিজের মধ্যে উন্নতি নিয়ে আসার জন্য সেই অধ্যায়টা অবশ্যই পড়ুন।

যে কোন কোম্পানী বা সংগঠনের সফলতা এই জিনিষটার ওপরে

অনেকটাই নির্ভর করে যে, সম্বন্ধিত কোম্পানী বা সংগঠন চালানোর দায়িত্বভার যে ব্যক্তির হাতে রয়েছে... তিনি কি ভাবে কাজ করেন অর্থাৎ তাঁর ব্যক্তিত্ব আর কাজ করার পদ্ধতি কতটা প্রভাবশালী। নেতৃত্ব প্রদানকারী ব্যক্তির গুণের ব্যাপারে জানিয়ে চাণক্য বলেছেন – "রাজা যদি প্রাণশক্তিতে ভরপুর হয়ে থাকেন... তাহলে তাঁর কাজও প্রাণশক্তিতে ভরপুর হয়ে থাকবে। আর রাজা যদি অলস হন... তাহলে তাঁর কাজও তেমনটাই হবে আর অর্থের ববাদী হবে। অলস রাজার রাজত্বও দ্রুত সমাপ্ত হয়ে পড়বে। এজন্য নিজের রাজত্ব বজায় রাখার জন্য আর সেটাকে বিস্তার প্রদান করার জন্য রাজার প্রাণশক্তিতে ভরপুর হওয়াটা অত্যন্ত জরুরী হয়।"

চাণক্যের এই বক্তব্যকে আমরা যদি কর্পোরেট জগতের পরিপ্রেক্ষিতে দেখি, তাহলে সব কিছু আপনা থেকেই স্পষ্ট হয়ে উঠবে। যদি কোন কোম্পানী বা সংগঠনের নেতৃত্ব প্রদানকারী ব্যক্তিই অলস হন... তাহলে তাঁর সাথে কাজ করতে থাকা লোকেদের ওপরেও সেটার স্পষ্ট প্রভাব দেখতে পাওয়া যাবে... কিন্তু নেতৃত্ব প্রদানকারী ব্যক্তি যদি নিজে সজাগ থাকেন আর তিনি যদি অন্যদের কাছে প্রেরণার উৎস হয়ে উঠে কাজ করেন... তাহলে সেই জিনিষটার স্পষ্ট প্রভাব তাঁর সহযোগীদের ওপরেও পড়বে। তিনি অলস হলে তাঁর সহযোগীদের ওপরে সেটার নেতিবাচক প্রভাব পড়া ছাড়াও কোম্পানীর আর্থিক অবস্থার ওপরেও গভীর প্রভাব পড়ে আর শেষে সম্বন্ধিত কোম্পানী বা সংগঠন লোকসানে চলে গিয়ে বন্ধ হয়ে পড়ার মত অবস্থায় পৌঁছে যায়। এজন্য শীর্ষে বসে থাকা ব্যক্তির অন্যদের কাছে উদাহরণ হয়ে উঠে কাজ করা উচিত। তাঁর কাজ যদি ঠিক না হয়... তাহলে অন্যরাও ঠিক ভাবে কাজ করবেন না। নেতৃত্ব প্রদানকারী ব্যক্তির সর্বদা প্রাণশক্তিতে ভরপুর হয়ে থাকা উচিত... একমাত্র তাহলেই তিনি ভালো পরিণাম প্রদান করতে পারবেন আর নিজের সাথে কাজ করতে থাকা অন্যান্য ব্যক্তিদের থেকেও ভালো কাজ আদায় করে নিতে পারবেন। কোন কোম্পানী বা সংগঠনের সফলতার দায়িত্ব অনেকটা সম্বন্ধিত কোম্পানী বা সংগঠনকে নেতৃত্ব প্রদানকারী ব্যক্তির কাজ-কর্মের ওপরেই নির্ভর করে থাকে। এজন্য তাঁর এমন ভাবে কাজ করা উচিত... যেটা অন্যদের সামনে এক উদাহরণ পেশ করবে। বর্তমানে কর্পোরেট জগতে উইপ্রো-র অজীম প্রেমজী আর ইনফোসিসের এন. আর. নারায়ণমূর্তি-র যথেস্ট সম্মান রয়েছে। ওনারা দুজনেই নিজেদেরকে নিজেদের সহযোগীদের সামনে এক উদাহরণ হিসেবে স্থাপিত করেছেন। এজন্য ওনাদের সাথে কাজ করতে থাকা লোকেরা ওনাদের অত্যন্ত সম্মান করেন। ওনাদের কুশল নেতৃত্ব ক্ষমতার কারণেই

আজ উইপ্রো এবং ইন্‌ফোসিস গোটা দুনিয়ায় এক আলাদা স্থান অর্জন করে নিতে সফল হয়েছে আর নিজেদের ব্যবসাকেও অনেকটাই বাড়াতে সক্ষম হয়ে উঠেছে। এই দুটি কোম্পানী গোটা দুনিয়া যথেষ্ট সম্মানও অর্জন করে নিয়েছে।

কর্পোরেট জগতে রণনীতির অত্যন্ত বেশী গুরুত্ব রয়েছে। আপনারা যে কোম্পানী বা সংগঠনের নেতৃত্ব প্রদান করছেন... সেটার সফলতা অনেকটাই এই জিনিষটা ওপরে নির্ভর করে যে, আপনারা যে লক্ষ্য নির্দিষ্ট করেছেন, সেটা হাসিল করার করার জন্য আপনাদের কাছে কেমন রণনীতি রয়েছে ? যদি সেই রণনীতি প্রভাবশালী আর ব্যবহারিক হয়... তাহলে লক্ষ্য হাসিল করা অত্যন্ত সহজ হয়ে ওঠে এবং যদি রণনীতি প্রভাবশালী আর ব্যবহারিক না হয়... তাহলে সেই অবস্থায় লক্ষ্য হাসিল করা অত্যন্ত মুশ্‌কিল হয়ে ওঠে। কর্পোরেট জগতে প্রতিযোগিতা অত্যন্ত কড়া হয়... এজন্য নিজেদের রণনীতি বিরোধী কোম্পানী বা সংগঠন পর্যন্ত পৌঁছে যাওয়া থেকে বাধা প্রদান করাটাও এক আর্ট হয়। এমনটা সম্ভব হতে পারে যে, বিরোধীরা আপনাদের সাথে কাজ করতে থাকা লোকেদের ভেতর থেকে কারও মাধ্যমে আপনাদের রণনীতি জানতে পেরে যাচ্ছে। আগেকার দিনেও রাজারা এই সমস্যায় অস্থির হয়ে থাকতেন। বিরোধী রাজাদের রণনীতি জানার জন্য লাগানো লোকেদের 'ভেদিয়া' বলা হত। এদের মাধ্যমে অন্য রাজাদের রণনীতির সাথে সম্বন্ধিত তথ্য প্রাপ্ত করা হত। এমনটাও বলা হয়েছে – 'ঘর কা ভেদী, লঙ্কা ঢাহী...' অর্থাৎ 'ঘরশত্রু বিভীষণ।' এর অর্থ হচ্ছে এই যে, নিজেদের মধ্যে থেকেই কেউ বিশ্বাসঘাতকতা করতে থাকলে বিনাশ আটকানো অত্যন্ত মুশ্‌কিল হয়ে ওঠে।

চাণক্য এই ব্যাপারটাকে অত্যন্ত ভালো ভাবে বুঝতেন। এজন্য উনি রণনীতির স্তরে গোপনীয়তার গুরুত্বকে রেখাঙ্কিত করেছেন। উনি নিজের সূত্রের মাধ্যমে এমনটা বলেছেন – "নেতৃত্ব প্রদান করতে থাকা ব্যক্তি যত বেশী লোকেদের নিজের রণনীতির ব্যাপারে জানান... তিনি নিজের কাজকে তত বেশী মুশ্‌কিল করে তোলেন।" এমন অবস্থায় নেতৃত্ব প্রদানকারী ব্যক্তির এটা বুঝে নেওয়া উচিত যে, নিজের রণনীতি অন্যদের সাথে ভাগ করে নেওয়ার সরাসরি অর্থ হচ্ছে নিজের জন্য কঠিনতাকে আমন্ত্রণ করে ডেকে নিয়ে আসা। কারণ আপনারা যত বেশী লোকেদের সাথে নিজেদের রণনীতি ভাগ করে নেবেন... আপনাদের লোকেদের সাথে সাহসের সাথে কাজ করা তত বেশী মুশ্‌কিল হয়ে পড়বে। কারণ আপনাদের মনের মধ্যে সর্বদা এই ভয় বাসা বেঁধে থাকবে যে, এই সব লোকেরা যদি আপনাদের রণনীতির ব্যাপারে বিরোধীদের

জানিয়ে দেয়, তাহলে আপনাদের অবস্থা খারাপ হয়ে পড়বে। এই ভাবে আপনারা নিজেদের নিয়ন্ত্রণ পরোক্ষ রূপে সেই সব লোকেদের হাতে তুলে দেবেন... যাঁরা আপনাদের রণনীতির রহস্য জানেন। এছাড়াও নিজেদের রণনীতি অন্যদের সাথে ভাগ করে নিলে একটা ঝুঁকি সর্বদাই বজায় থাকে আর সেটা হচ্ছে এই যে, এমন লোকেদের মধ্যে কেউ আপনাদের বিরোধীদের সাথে হাত না মিলিয়ে নেয় আর আপনাদের রণনীতি বিরোধীদের হাতে তুলে না দেয়। আমাদের বক্তব্যের তাৎপর্য হচ্ছে এই যে, যত কম সম্ভব লোকেদের সাথে নিজেদের রণনীতি ভাগ করা ব্যক্তিই সফলতার পথে এগিয়ে চলা ব্যক্তি হিসেবে প্রমাণিত হন। যত বেশী লোক আপনাদের রণনীতির ব্যাপারে জানবেন... আপনাদের তত বেশী মুশ্কিলের মুখোমুখি হতে হবে।

ম্যানেজমেন্ট গুরু চাণক্য কোন সংগঠনের সফলতার জন্য সাতটি বিষয়ে জোর দিয়েছেন। উনি রাজ্যের বিষয়ে বলেছিলেন – "রাজা, মন্ত্রী, দেশ, দুর্গ, কোষ, সেনা আর মিত্র কোন আদর্শ রাজ্যের ঘটক হয়।" আমরা যদি এই জিনিষটাকে কর্পোরেট জগতের পরিপ্রেক্ষিতে দেখি... তাহলে এটা জানতে পারা যায় যে, আজ থেকে বহু যুগ আগে চাণক্য দ্বারা জানানো এই সাত তত্ত্ব আজকের কর্পোরেট দুনিয়ায় ব্যবসা বিস্তার করার দৃষ্টিতে কতটা প্রাসঙ্গিক। এই সাত তত্ত্বকে কর্পোরেট জগতের পরিপ্রেক্ষিতে দেখলে এটা জানতে পারা যায় যে, রাজার অর্থ হচ্ছে নেতৃত্ব প্রদানকারী ব্যক্তি। অর্থাৎ সেই ব্যক্তি, যিনি কোন কোম্পানী বা সংগঠনের নেতৃত্ব করেন। যদি সেই ব্যক্তি শক্তিশালী হন... তাহলে তাঁর নেতৃত্বে সম্বন্ধিত কোম্পানী বা সংগঠন উন্নতির পথে এগিয়ে চলে। এর পরে আসে মন্ত্রীর নাম। কর্পোরেট জগতে মন্ত্রী হচ্ছেন এমন ব্যক্তি... যিনি আপনাদের কোম্পানী বা সংগঠনের ব্যবস্থাপনার কাজ দেখাশোনা করেন। আপনারা যদি নিজেদের কোম্পানী বা সংগঠনের জন্য সঠিক কোন ব্যবস্থাপকের নিযুক্তি করে থাকেন... তাহলে নিশ্চিত রূপে সেটার ভালো পরিণাম সামনে প্রকাশ পাবে আর আপনাদের কাজ সময় মত শেষ হয়ে পড়বে। এর পরে আসে দেশ। এখানে দেশ বলতে বোঝায় আপনাদের কোম্পানী বা সংগঠনের বাজার আর উপভোক্তারা। আপনারা নিজেদের কোম্পানী বা সংগঠনের মাধ্যমে যে প্রকারের পরিষেবা প্রদান করেন... তাতে যদি আপনাদের উপভোক্তারা সন্তুস্ট হন, তাহলে আপনাদের ব্যবসার বাজার নিশ্চিত রূপে বেড়ে চলবে। কিন্তু যদি আপনাদের উপভোক্তারা আপনাদের দ্বারা প্রদান করা পরিষেবায় সন্তুস্ট না হন... তাহলে এমন অবস্থায় আপনাদের বাজার নস্ট হয়ে পড়াটা নিশ্চিত হবে আর সেটার প্রভাব সম্বন্ধিত কোম্পানী বা সংগঠনের ব্যবসার ওপরে

অবশ্যই পড়বে। এর ফলে কোম্পানীর প্রতিপত্তি কমে আসে আর প্রতিষ্ঠা ধূলোয় মিশে যায়।

চাণক্য আজ থেকে বহু যুগ আগে কোন আদর্শ রাজ্যের প্রসঙ্গে দুর্গের কথা বলেছিলেন। সেই সময় রাজারা নিজেদের দুর্গেই থাকতেন আর এই সব দুর্গ এমন ভাবে বানানো হত, যাতে সেগুলো শত্রুপক্ষের যে কোন প্রকারের হামলা সহ্য করতে সক্ষম হয়। কোন দুর্গ দখল করে নেওয়ার সরাসরি অর্থ পুরো রাজ্যের ওপরে কব্জা করে নেওয়া হত। এমন অবস্থায় প্রতিটি পরিস্থিতিতে দুর্গের রক্ষা সুনিশ্চিত করা হত। এই জিনিষটাকে যদি বর্তমান যুগের কর্পোরেট দুনিয়ার পরিপ্রেক্ষিতে দেখা হয়, তাহলে সেটার অর্থ হয় কোম্পানী বা সংগঠনের প্রধান কার্যালয়। যদি কোন কোম্পানী বা সংগঠনের প্রধান কার্যালয় সঠিক অবস্থায় থাকে আর সেটার নিয়ন্ত্রণ সঠিক লোকেদের হাতে থাকে... তাহলে সেটার নীচের কার্যালয়গুলোর পক্ষে কাজ করাটা সহজ হয়ে ওঠে আর ভালো পরিণাম আসতে লাগে। এছাড়া প্রধান কার্যালয়ের এই ব্যাপারেও সক্ষম হওয়া উচিত যে, সেটা নিজের নীচের কার্যালয়গুলোর গতিবিধির ওপরে কড়া নজর রাখবে আর কোন প্রকারের গড়বড়ি দেখা দিলে এতটুকু সময় নষ্ট না করে সঠিক ব্যবস্থা গ্রহণ করবে। সঠিক অর্থে বলতে গেলে প্রধান কার্যালয় কোন কোম্পানী বা সংগঠনের মূল হয়... কারণ সম্বন্ধিত কোম্পানী বা সংগঠনের সাথে যুক্ত সকল রণনীতি এখানেই তৈরী করা হয় আর প্রধান কার্যালয়ই এটা ঠিক করে যে, সেই রণনীতির প্রয়োগ কি ভাবে করা হবে।

আদর্শ রাজ্যের ব্যাপারে যে কোষের ব্যাপারে ম্যানেজমেন্ট গুরু চাণক্য বলেছেন, সেটা আজকের কর্পোরেট জগতের ক্ষেত্রে সম্পূর্ণ রূপে প্রযোজ্য হয়। যদি কোন কোম্পানী বা সংগঠনের কাছে টাকা-পয়সা না থাকে... তাহলে তার পক্ষে কাজ করা সহজ হবে না... কারণ সেই কোম্পানী বা সংগঠনের সর্বদাই টাকা-পয়সার চিন্তাই লেগে থাকবে। এমন অবস্থায় ব্যবসা বিস্তারের লক্ষ্য পেছনে পড়ে যাওয়াটাই তো স্বাভাবিক। এজন্য যে কোন ব্যবসা শুরু করার আগে এমনটা বলা হয়ে থাকে যে, ব্যবসা শুরু করতে চলা ব্যক্তির কাছে এতটা অর্থ থাকা উচিত যে, তিনি এক নির্দিষ্ট সময় পর্যন্ত বিনা মুনাফাতেও ব্যবসা চালাতে পারবেন। বেশীর ভাগ ক্ষেত্রে লোকেরা এমনটা মানেন যে, তিন বছর পর্যন্ত বিনা মুনাফায় ব্যবসা চালানোর মত অর্থ হাতে থাকলে সেই ব্যবসা সফল হওয়ার সম্ভাবনা বেশ কয়েক গুণ বেড়ে ওঠে।

চাণক্য আদর্শ রাজ্যের প্রসঙ্গে সেনাবাহিনীর কথা বলেছেন। কর্পোরেট জগতের পরিপ্রেক্ষিতে এটাকে সহযোগীদের সাথে যুক্ত করে দেখা যেতে

পারে। যদি আপনাদের কোম্পানী বা সংগঠনের কাছে এক ভালো টীম না থাকে... তাহলে আপনাদের পক্ষে সফলতার পথ অত্যন্ত মুশ্কিল হয়ে উঠবে। এজন্য কোন কোম্পানী বা সংগঠনের নেতৃত্ব প্রদানকারী ব্যক্তির এক ভালো আর মজবুত টীমের গঠন করা উচিত। এই কাজটা করার সময় নেতৃত্ব প্রদানকারী ব্যক্তির মধ্যে লোকেদের চিনে নেওয়ার ক্ষমতা থাকাটা অত্যন্ত উপযোগী প্রমাণিত হয়। যদিও এমন ক্ষমতা বিকশিত করাটা খুব একটা সহজ কাজ হয় না... কিন্তু অভিজ্ঞতার সাথে-সাথে এই ক্ষমতা বিকশিত হয়ে চলে। এই ব্যাপারেও চাণক্য অনেক কথা বলেছেন। চাণক্যের দ্বারা বলা কথাগুলোকে বুঝে কি ভাবে নিজেদের ভেতরে লোক চেনার ক্ষমতাকে বিকশিত করা যেতে পারে – তার ওপরেও এই পুস্তকে এক আলাদা অধ্যায় লেখা হয়েছে। পাঠকদের প্রতি অনুরোধ যে, এগিয়ে চলার আগে আপনারা সেই অধ্যায়টাকে আবার এক বার ভালো করে দেখে নিন।

আদর্শ রাজ্যের প্রসঙ্গে ম্যানেজমেন্ট গুরু বন্ধুদের কথা বলেছেন। কর্পোরেট জগতে সফলতা প্রাপ্ত করার জন্য ভালো বন্ধু থাকাটা অত্যন্ত জরুরী হয়। বিশেষ করে সেই সময়... যখন আপনারা কোন সংগঠনের নেতৃত্ব প্রদান করছেন। কারণ কোন সংগঠনের নেতৃত্ব প্রদানকারীকে বেশ কিছু বড় ফয়সালা গ্রহণ করতে হয় আর এই সব ফয়সালা গ্রহণ করার সময় অনেক বার তাঁদের অন্যদের সাথে শলা-পরামর্শ করার আবশ্যকতা হয়। এমন সময় আশপাশে যদি ভালো বন্ধু থাকে... তাহলে কাজ সহজ হয়ে ওঠে। চাণক্য বন্ধুত্বের ওপরে অনেক কথাই বলেছেন। ওনার সেই সব কথার ভিত্তিতে এই পুস্তকে বন্ধুত্বের ওপরে এক আলাদা অধ্যায় রাখা হয়েছে। পাঠকবৃন্দদের প্রতি আমাদের অনুরোধ যে, এই অধ্যায় শেষ করে এগোবার আগে সেই অধ্যায়টা এক বার দেখে নিন। তার ফলে আমাদের বক্তব্য বুঝতে আপনাদের সুবিধা হবে।

কর্পোরেট জগতে বন্ধুর তাৎপর্য হচেছ ব্যবসায়িক সহযোগীরা। আজকাল বেশীর ভাগ কোম্পানী বা সংগঠনের কাজকর্ম একে-অপরের সহযোগেই চলে। এমন অবস্থায় যে কোম্পানী বা সংগঠনের কাছে ভালো সহযোগী থাকেন... সেই কোম্পানী বা সংগঠনের পক্ষে কাজ করা সহজ হয়ে ওঠে। ব্যবসায়িক সহযোগে দুটি কোম্পানীরই লাভ হয়। এজন্য এটা কৃতজ্ঞতার সাথে যুক্ত কোন ব্যাপার হয় না। এজন্য ভালো সহযোগী কোম্পানীর সন্ধান করাটা অত্যন্ত জরুরী হয়। এই কাজটা এতটা সহজ হয় না... কিন্তু যে ভাবে লোক চিনে নেওয়া হয়, সেই ভাবেই সহযোগী কোম্পানী চিনে নেওয়ার আর্টও বিকশিত হওয়া উচিত। এর জন্য কোম্পানীর অতীতের রেকর্ড, সেখানে কাজ করতে থাকা লোকেদের

ব্যাপারে তথ্য আর সেখানকার কাজ করার পরিবেশের ব্যাপারে তথ্য উপযোগী প্রমাণিত হতে পারে। যদি কোন কোম্পানী বা সংগঠনের সহযোগীর রূপে কোন বিশ্বস্ত কোম্পানী বা সংগঠন থাকে... তাহলে কোম্পানীর কাজ করাটা অত্যন্ত সহজ হয়ে ওঠে আর সেই কোম্পানী নির্দিষ্ট লক্ষ্যকে সহজেই প্রাপ্ত করে নেয়।

প্রতিটি ব্যক্তিই নিজের-নিজের ক্ষেত্রে সফল হতে চান। এমন অবস্থায় সফলতা প্রাপ্ত করার জন্য জরুরী কিছু জিনিষের ওপরে বিশেষ দৃষ্টি দেওয়াটা আবশ্যক হয়। কর্পোরেট জগতে সফল হওয়ার জন্যও কিছু জিনিষের ওপরে বিশেষ দৃষ্টি দেওয়াটা জরুরী হয়। চাণক্য সফল হওয়ার জন্য তিনটি জিনিষকে বিশেষ রূপে রেখাঙ্কিত করেছেন – শলা-পরামর্শ দ্বারা সফলতা, শক্তি দ্বারা সফলতা এবং প্রাণশক্তি দ্বারা সফলতা। এই সব কথা উনি রাজা আর তাঁর রাজ্যের প্রসঙ্গে বলেছিলেন... কিন্তু ওনার সেই কথাগুলোকে আমরা যদি কর্পোরেট জগতের ওপরে প্রযোজ্য করি... তাহলে এটা দেখতে পাওয়া যাবে যে, ওনার সেই সব কথার কতটা গভীরতা রয়েছে।

যে কোন কোম্পানী বা সংগঠনের সফলতার পেছনে সেটা চালানোর জন্য প্রস্তুত করা রণনীতির যথেস্ট গুরুত্ব থাকে। এই রণণীতি প্রস্তুত করার প্রক্রিয়ায় নেতৃত্ব প্রদানকারী ব্যক্তি বেশ কিছু লোকেদের সাথে শলা-পরামর্শ করেন। বেশ কিছু কোম্পানী নিজেদের সাথে সর্বদা এক পরামর্শক মণ্ডলীকে যুক্ত করে রাখে। এজন্য যে কোম্পানী, সংগঠন বা ব্যক্তি যত ভালো পরামর্শদাতা প্রাপ্ত করে... সে তত বেশী সফলতা অর্জন করে নেয়। আর যে ভুল পরামর্শ প্রাপ্ত করে, তার পক্ষে সফলতার পথ আরও বেশী কঠিন হয়ে ওঠে। এই সম্পূর্ণ প্রক্রিয়ায় একটা জিনিষের ওপরে বিশেষ দৃষ্টি রাখা উচিত। সেটা হচ্ছে এই যে, যে পরামর্শ দেওয়া হচ্ছে... সেটার মধ্যে কতটা গ্রহণ করা উচিত আর কতটা নয়! কারণ শেষ পর্যন্ত যে কোন সফলতা বা ব্যর্থতার দায়িত্ব নেতৃত্ব প্রদানকারী ব্যক্তির ওপরেই এসে ন্যস্ত হয়। এজন্য এই ক্ষমতার বিকাশ করা অত্যন্ত জরুরী হয়। এর পরে আসে শক্তির কথা। এমনটা বলাও হয়েছে যে, শক্তির পূজা করা হয়। যে কোম্পানী, সংগঠন বা ব্যক্তির কাছে যত বেশী শক্তি থাকবে... তার পক্ষে কাজ করা ততটাই সহজ হবে। এখানে শক্তির অর্থ হিংসা নয়... বরং আর্থিক আর রণনীতিক শক্তি হয়। যে কোম্পানী বা সংগঠনের আর্থিক শক্তি মজবুত হয়, তার পক্ষে কাজ করা সহজ হয়। আর যে কোম্পানী বা সংগঠন এই ব্যাপারে দুর্বল হয়... তার পক্ষে কাজ করা সহজ হয় না। আপনাদের কোম্পানী বা সংগঠনে কাজ করতে থাকা লোকেদের শক্তিও

সম্বন্ধিত কোম্পানী বা সংগঠনের সফলতায় অত্যন্ত গুরুত্বপূর্ণ ভূমিকা পালন করে।

এজন্য ভালো লোকেদের নিজেদের সাথে যুক্ত করাটা এক প্রকারে নিজেদের শক্তি বৃদ্ধি করার সমান হয়। কারণ এই সব লোকেদের থেকে সৃষ্টি হওয়া প্রাণশক্তি বা এমনটা বলতে পারেন যে, এই সব লোকেদের দ্বারা করা কাজ সম্বন্ধিত কোম্পানী বা সংগঠনকে সফলতার শিখরে পৌঁছে দেয়। এটা সরাসরি প্রাণশক্তি দ্বারা সফলতা অর্জন করার মামলা হয়। যে কোম্পানী যত ভালো কাজ করে... সেই কোম্পানী ততই সামনের দিকে এগিয়ে চলে। এজন্য আপনারা যে কোম্পানী বা সংগঠনের নেতৃত্ব করছেন... সেটার প্রাণশক্তি বা কাজ বাড়িয়ে চলা সফলতার পথে অত্যন্ত উপযোগী প্রমাণিত হতে পারে। এই উন্নতি কেবলমাত্র ক্ষমতার স্তরেই নয়... বরং গুণবত্তার স্তরেও হওয়া উচিত।

আগেকার দিনে যেমন রাজাকে নিজের রাজ্যের উত্থান বা পতনের জন্য দায়ী সাব্যস্ত করা হত... ঠিক সেই প্রকার বর্তমান কর্পোরেট জগতে কোন কোম্পানী বা সংগঠনের উত্থান বা পতনের জন্য নেতৃত্ব প্রদানকারী ব্যক্তিকে দায়ী সাব্যস্ত করা হয়। এই ব্যাপারেও চাণক্য এক অত্যন্ত উপযোগী কথা বলে গেছেন। চাণক্যের সেই কথা থেকে কর্পোরেট জগতে কাজ করতে থাকা লোকেদের শিক্ষা গ্রহণ করা উচিত। চাণক্য বলেছেন – "রাজা নিজের কাজ দ্বারা হয় স্বর্গ প্রাপ্ত করেন... নয়তো নরকের ভাগীদার হন।"

চাণক্যের এমন কথার সরাসরি অর্থ হচ্ছে এই যে, আপনারা যে কোম্পানী বা সংগঠনের নেতৃত্ব করছেন, সেটার সফলতা আপনাদের 'স্টার' বানাতে পারে... কিন্তু যদি আপনাদের নেতৃত্বে আপনাদের কোম্পানী বা সংগঠন খারাপ প্রদর্শন করে, তাহলে সেটার জন্য আপনাদের যথেষ্ট অপমানও সহ্য করতে হতে পারে... কারণ কোন কোম্পানী বা সংগঠনের নেতৃত্ব করার অর্থ এটা কখনোই হয় না যে, আপনাদের কাউকে জবাব দিতে হবে না। আপনাদেরও অনেককে জবাব দিতে হবে। আপনাদের নিজেদের কোম্পানীর অংশীদারদের সামনে জবাব দিতে হবে... আপনাদের সরকারের কাছে জবাব দিতে হবে... আপনাদের প্রত্যক্ষ বা পরোক্ষ রূপে সমাজের সামনে জবাব দিতে হবে আর শেষে আপনাদের নিজেদেরকে জবাব দিতে হবে। যখন কোন কোম্পানী বা সংগঠনের নেতৃত্ব প্রদানকারীকে এতগুলো জায়গায় জবাব দিতে হয়... তখন তার ব্যর্থতাকে সহজে হজম করে নেওয়াটা অসম্ভব হয়। এজন্য সঠিক রণনীতির সাথে কাজ করাই সম্মান নিয়ে আসে... অন্যথা নেতৃত্ব প্রদানকারী ব্যক্তি অপমানের

পাত্র হয়ে ওঠেন। সফলতা প্রাপ্ত করলে নেতৃত্ব প্রদানকারী মান-সম্মান ছাড়াও কোম্পানীর তরফ থেকে আর্থিক লাভও প্রাপ্ত করেন। তার সাথে-সাথে নিজের সাথে কাজ করতে থাকা লোকেদের কাছেও তিনি প্রেরণার উৎস হয়ে ওঠেন। অন্য দিকে তাঁর কোম্পানী বা সংগঠন যে ক্ষেত্রে কাজ করে... সেই ক্ষেত্রের লোকেরাও সম্বন্ধিত ব্যক্তির সম্মান করতে লাগেন। সব মিলিয়ে কর্পোরেট জগতে ভাষায় বলতে গেলে সম্বন্ধিত ব্যক্তির 'মার্কেট ভ্যালু' বেড়ে ওঠে।

কর্পোরেট জগতে নিজেদের কোম্পানী বা সংগঠনকে সফল করে তোলার জন্য কিছু জিনিষের ওপরে বিশেষ দৃষ্টি দেওয়া আবশ্যক হয়। সেগুলোর মধ্যে প্রথম হচেছ এটা যে, কোম্পানী বা সংগঠনের মজুদ ব্যবসার রক্ষা করা। এই জিনিষটাকে অন্য শব্দে বললে এমনটা বলা যেতে পারে যে, মজুদ ব্যবসার স্তর যেন নীচে নেমে না আসে... সেটাকে সকল পরিস্থিতিতে সুনিশ্চিত করা উচিত। যখন এটা এক বার সুনিশ্চিত হয়ে ওঠে... তখন তারপর ব্যবসা বিস্তারের প্রশ্ন আসে। এর অন্তর্গত নিজেদের কোম্পানী বা সংগঠনের ব্যবসা বাড়ানোর জন্য রণনীতি প্রস্তুত করা শামিল রয়েছে। ম্যানেজমেন্ট গুরু চাণক্য নিজের অর্থশাস্ত্রে এই সব জিনিষকে মুখ্য রূপে শামিল করেছেন। উনি এই প্রসঙ্গে সফলতা হাসিল করার বেশ কিছু পথের ব্যাপারেও জানিয়েছেন। সেগুলোর ওপরে দৃষ্টি দিলে এটা দেখতে পাওয়া যায় যে, ভুল জিনিষকে সমাপ্ত করাটাও সফলতা অর্জন করার জন্য অত্যন্ত জরুরী হয়। যদি আপনাদের কোম্পানী বা সংগঠনে কিছু গড়বড়ি থাকে বা লম্বা সময় ধরে কোন ভুল হয়ে আসে... তাহলে এমন পরিস্থিতিতে সেই ভুলকে চিনে নেওয়া আর সেটাকে যত দ্রুত সম্ভব সমাপ্ত করা, এক ভালো নেতৃত্ব প্রদানকারীর পরিচিতি হয়। এছাড়াও সফলতার জন্য জ্ঞান অর্জন করা আর নিরন্তর সেটার বিস্তার করে চলাও অত্যন্ত জরুরী হয়... কারণ সময়ের সাথে-সাথে পরিস্থিতিও পরিবর্তিত হয়ে পড়ে। এমন অবস্থায় কয়েক বছর আগে শামিল করা তথ্য অনেক ক্ষেত্রে অ-প্রাসঙ্গিক হয়ে পড়ে। এজন্য সময়ের সাথে-সাথে জ্ঞানের বিস্তারও অত্যন্ত জরুরী হয়। চাণক্য জ্ঞানের গুরুত্বকে নিজের বেশ কিছু সূত্রের মাধ্যমে রেখাঙ্কিত করেছেন। এই বিষয়ের ওপরে এই পুস্তকে এক আলাদা অধ্যায় লেখা হয়েছে। পাঠকদের প্রতি অনুরোধ যে, এগিয়ে চলার আগে আপনারা সেই অধ্যায়টাকে এক বার পড়ে নিন।

অনেক বার এমনটাও হয় যে, কোন ব্যক্তির উত্তরাধিকার সূত্রে কোন কোম্পানী বা সংগঠন প্রাপ্ত হয়ে পড়ে। এমন অবস্থায় এটা সেই ব্যক্তির দায়িত্ব হয়ে ওঠে যে, তিনি সেটাকে এগিয়ে নিয়ে চলবেন। এটা

অনেকটা সেই প্রকার হয়, যে ভাবে কোন রাজকুমার উত্তরাধিকার সূত্রে কোন রাজত্ব প্রাপ্ত করেন আর রাজ্য শাসন করার দায়িত্ব রাজকুমারের ওপরে এসে পড়ে। এই ব্যাপারে ম্যানেজমেন্ট গুরু চাণক্য বলে গেছেন – "উত্তরাধিকার সূত্রে প্রাপ্ত রাজ্যের ক্ষেত্রে পিতার খারাপ জিনিষগুলোকে ঢাকা দেওয়া উচিত আর নিজের বিশেষত্বের দৌলতে রাজ্যকে এগিয়ে নিয়ে চলা উচিত।" ওনার এই বক্তব্যকে যদি কর্পোরেট জগতের পরিপ্রেক্ষিতে প্রযোজ্য করা হয়... তাহলে এক আলাদা ছবি ফুটে ওঠে।

এমন পরিস্থিতিতে সর্বপ্রথম দায়িত্ব এটা হয় যে, কোম্পানীর প্রতিষ্ঠা বজায় রাখা হোক্... কারণ সেটা সরাসরি রূপে আপনাদের পূর্বসূরীদের সাথে যুক্ত হয়ে থাকে। এই কোম্পানীর সাথে আপনারা যদি কোন কিছু খারাপ করেন... তাহলে লোকেরা সরাসরি সেটাকে আপনাদের পূর্বসূরীদের সাথে যুক্ত করে দেখেন। এজন্য সবার প্রথমে এটা সুনিশ্চিত করা উচিত যে, কোম্পানী বা সংগঠনের পুরোন প্রতিষ্ঠা যেন বজায় থাকে। যদি কোম্পানী বা সংগঠনের কাজ করার পদ্ধতিতে আগে থেকেই কোন ত্রুটি থেকে থাকে... তাহলে সেটাকে চিনে নিয়ে দূর করার চেষ্টা করা উচিত। এই কাজটা যত শীঘ্র করা হবে... তত বেশী লাভ প্রাপ্ত হবে। সেই সব ত্রুটি দূর করার পরে কোম্পানী বা সংগঠনের বিস্তার করার কাজ শুরু করে দেওয়া উচিত। কারণ উত্তরাধিকার সূত্রে প্রাপ্ত কোন কোম্পানী বা সংগঠনের বিস্তারে কেবল সেই কোম্পানী বা সংগঠনের খ্যাতিই বৃদ্ধি পায় না... বরং আপনাদের পূর্বসূরীদের নামও বেড়ে ওঠে। এর সাথে-সাথেই সব দিকে আপনাদের সম্মানও বৃদ্ধি পায়।

লোকেদের এমনটা মনে হতে থাকে যে, উত্তরাধিকার সূত্রে যে দায়িত্ব অমুক ব্যক্তি পেয়েছেন, সেটা তিনি সঠিক ভাবে পালন করেছেন আর অন্যদের সামনে নিজেকে এক উদাহরণ হিসেবে তুলে ধরেছেন। এর দ্বারা সামাজিক আর আর্থিক প্রাতিষ্ঠা – দুটোই বৃদ্ধি পায়। এছাড়া নিজেদের টীমে কাজ করতে থাকা লোকেদের মাঝেও সম্মান বেড়ে ওঠে। সহযোগীদের মাঝে এই বার্তা পৌঁছে যায় যে, কোম্পানী বা সংগঠনের নেতৃত্ব করতে থাকা ব্যক্তি অত্যন্ত ক্ষমতাশালী আর উনি উন্নতির ব্যাপারেও যথেস্ট সিরীয়াস। এমন অবস্থায় তাঁরাও নিজেদের সর্বশ্রেষ্ঠ প্রদর্শন করেন... কারণ কোম্পানী বা সংগঠনের উন্নতির সাথে তাঁদের উন্নতিও যুক্ত হয়ে থাকে। যখন এক বার তাঁদের মধ্যে নিজেদের নেতার প্রতি সম্মানের সৃষ্টি হয়ে পড়ে... তখন তাঁরা এদিক-ওদিক না গিয়ে নিজেদের পুরোন জায়গাতেই ভালো প্রদর্শন করতে চান।

ম্যানেজমেন্ট গুরু চাণক্য এক কুশল নেতার বিশেষত্বকে রেখাঙ্কিত করে বলেছেন – "কোন কুশল নেতার স্থায়ী রূপে নিজের সহযোগীদের

কাজকর্মের ওপরে লক্ষ্য রাখা উচিত।" ওনার এই বক্তব্যকে কর্পোরেট জগতের পরিপ্রেক্ষিতে বোঝার চেষ্টা করলে আজ থেকে বহু যুগ আগে বলা চাণক্যের এই বক্তব্যের গুরুত্ব বুঝতে পারা যায়। সঠিক অর্থে দেখলে কুশল নেতা তিনিই হন... যিনি নিজের কোম্পানী বা সংগঠনের প্রতিটি গতিবিধির ব্যাপারে তথ্য রাখেন। এর সাথে-সাথে তাঁর এটাও জানা উচিত যে, কোন্ ব্যক্তি কি কাজ করছেন? এর দ্বারা কোথাও কোন গড়বড়ি হয়ে পড়লে সেটার জন্য দায়ী ব্যক্তিকে খুঁজে বার করা সহজ হয়। এছাড়াও যদি নেতৃত্ব প্রদানকারী ব্যক্তির কাছে এমন কোন তথ্য থাকে... তাহলে তাঁর পক্ষে সেই জিনিষটা বুঝতে সুবিধা হয় যে, কোন্ ক্ষেত্রে উন্নতি করার জন্য কোন্ ব্যক্তির ওপরে দায়িত্ব সঁপে দেওয়া যেতে পারে। এই ক্ষমতা বিকশিত হয়ে পড়লে কোম্পানীর প্রদর্শনে উন্নতি আসাটা অত্যন্ত স্বাভাবিক হয়... কারণ এর দ্বারা সরাসরি ভাবে কার্যক্ষমতায় বৃদ্ধি হয়। এর ফলে এই জিনিষটার সম্ভাবনাও বেড়ে ওঠে যে, প্রতিটি ব্যক্তির ক্ষমতার পূর্ণ সদ্ব্যবহার করা হোক্।

কোন ব্যক্তির পক্ষে এটা সহজ হয় না যে, তিনি নিজের ব্যবসা শুরু করবেন আর সেটাকে সঠিক ভাবে পরিচালনা করে লাভজনক অবস্থা পর্যন্ত নিয়ে যাবেন। অনেক বার এমনটাও হয় যে, যথেষ্ট অর্থ লাগানো সত্ত্বেও রিটার্ন পাওয়া যায় না। এমন অবস্থায় বেশীর ভাগ লোকেই ধৈর্য্য হারিয়ে ফেলেন... কিন্তু এমন সময়ই ধৈর্য্যের সব থেকে বেশী আবশ্যকতা হয়। কারণ এমন পরিস্থিতিতে ধৈর্য্য হারিয়ে ফেলা ব্যক্তির ব্যর্থ হয়ে পড়াটা নিশ্চিত হয়... কিন্তু এমন পরিস্থিতিতেও যেসব ব্যক্তি ধৈর্য্য বজায় রাখেন... তাঁরা বেশ কিছু ক্ষেত্রে সফলও হয়ে ওঠেন। এমন লোকেদের জন্য ম্যানেজমেন্ট গুরু চাণক্য এক পরামর্শ দিয়েছেন। উনি বলেছেন – "মূর্খ ব্যক্তির কাছ থেকে ধন-দৌলত চলে যায়। এর জন্য তাঁরা ভাগ্যকে দোষারোপ করতে থাকেন... কিন্তু ভাগ্য কি করবে? যেসব লোক ক্ষমতাশালী হন... তাঁরা একশো বার ব্যর্থ হওয়ার পরেও ধন-দৌলত রক্ষা করতে সফল প্রমাণিত হন।"

এর অর্থ হচেছ এই যে, প্রারম্ভিক প্রচেষ্টায় ব্যর্থ হয়ে পড়লে এই নিষ্কর্ষে এসে পৌঁছনো উচিত নয় যে, ব্যক্তি আর কিছুই করতে পারবেন না... তাই তাঁর প্রচেষ্টা করাই বন্ধ করে দেওয়া উচিত। এজন্য কর্পোরেট জগতে নিজেদের কোম্পানী বা সংগঠনের ব্যবসাকে সফল করে তোলা আর সেটাকে অর্থ উপার্জনে সক্ষম করে তোলার পথে কাজ করে চলা উচিত। এর জন্য নিজের দ্বারা গ্রহণ করা আগের ফয়সালাগুলোর সমীক্ষা করা উচিত। এই জিনিষটার ব্যাপারে জানার চেষ্টা করা উচিত যে, ঠিক কোথায় ভুল হয়েছে? এক বার এই ব্যাপারে জানতে পারলে

সমস্যার সমাধানের সূত্রপাত হয়ে পড়ে। এই সব ভুল চিনে নিয়ে সেগুলোকে দূর করার চেস্টা করা উচিত।

সেগুলোকে দূর করার পরে আবার এক বার প্রচেস্টা করা উচিত। বেশীর ভাগ ক্ষেত্রে এমন প্রয়োগ সফল হয়... কিন্তু তা সত্ত্বেও যদি আবার এক বার ব্যর্থতার মুখোমুখি হতে হয়... তাহলে ময়দান ছেড়ে পালানোটা সত্যের থেকে পলায়ন করার সমান হয়। এজন্য ময়দানে টিকে থাকা উচিত আর নতুন করে নিজের ভুলগুলোকে চিনে নিয়ে সেগুলোকে দূর করার চেস্টা করা উচিত। এমনটা করার পরে আবার এক বার করা প্রচেস্টায় সফল হওয়ার সম্ভাবনা বেশ কয়েক গুণ বেড়ে ওঠে। এই প্রকার লাগাতার প্রচেস্টা চালিয়ে যাওয়া ব্যক্তি শেষে সফলতার মুখ দেখেন। এমনটা বলা হয়েছে যে, এই দুনিয়ায় এমন কোন কাজ নেই... যেটা লাগাতার প্রচেস্টার মাধ্যমে করা যেতে পারে না। এমন অবস্থায় যে ব্যক্তি ময়দানে টিকে থাকেন... তিনি সফল হয়ে ওঠেন আর যে ব্যক্তি ব্যর্থতায় ঘাবড়ে উঠে ময়দান ছেড়ে পালিয়ে যান... তিনি ব্যর্থই থেকে যান।

কোন কোম্পানী বা সংগঠনের সফলতার জন্য এই জিনিষটা অত্যন্ত জরুরী হয় যে, সেটার নেতৃত্ব করতে থাকা ব্যক্তির কাছ পর্যন্ত যেন তাঁর সকল সহযোগীরা পৌঁছতে পারেন। আগেকার দিনেও সেই সব রাজারাই সফল হতেন... যাঁদের দরবার রাজ্যের সকল জনতার জন্য খোলা থাকত। এমন রাজাদের দরবারে রাজ্যের জনতা নিজেদের দুঃখ-কস্টের কাহিনী শোনানোর জন্য যেতেন আর রাজাও তাঁদের দুঃখ-কস্টের ব্যাপারে মনোযোগ সহকারে শুনতেন। এমন অবস্হায় পুরো রাজ্যে এমন রাজাদের পক্ষে অনুকূল পরিবেশের সৃস্টি হয়ে পড়ত আর তাঁদের খ্যাতি চার দিকে ছড়িয়ে পড়ত। লোকেরাও এমন রাজাদের জন্য যে কোন কাজ করতে প্রস্তুত হয়ে থাকত। চাণক্য বলে গেছেন – "রাজাদের কাছ পর্যন্ত সকল লোকেদের পৌঁছনোর সুবিধা থাকা উচিত।"

এবার যদি এই জিনিষটাকে কর্পোরেট জগতের পরিপ্রেক্ষিতে দেখা হয়... তাহলে এটা জানতে পারা যায় যে, যে কোম্পানী বা সংগঠনে নেতৃত্ব প্রদানকারী ব্যক্তির কাছ পর্যন্ত তাঁর সকল সহযোগীরা সহজেই পৌঁছতে পারেন... সেখানে এক সুস্হ পরিবেশের সৃস্টি হয়ে পড়ে। এর সরাসরি লাভ সম্বন্ধিত কোম্পানী বা সংগঠনের প্রাপ্ত হয়... কারণ এমন অবস্হায় যে কেউ গিয়ে শীর্ষে বসে থাকা ব্যক্তি পর্যন্ত নিজের বক্তব্য পৌঁছে দিতে পারেন আর সেটার ওপরে আবশ্যক ব্যবস্হা গ্রহণ করার আশাও করতে পারেন। কর্পোরেট জগতে নেতৃত্ব করতে থাকা যে ব্যক্তি এমনটা করতে সফলতা অর্জন করে নেন... তিনি অত্যন্ত প্রভাবশালী

প্রমাণিত হতে পারেন।

এমনটা এজন্য হয়... কারণ এর ফলে স্বাভাবিক রূপে অনেক প্রকারের তথ্য শীর্ষে বসে থাকা ব্যক্তি পর্যন্ত পৌঁছে যায়। সবার প্রথম কথা হচ্ছে এটা যে, নিজের সহযোগীদের সাথে সরাসরি বার্তালাপ স্হাপিত করার কারণে নেতৃত্ব প্রদানকারী ব্যক্তি পর্যন্ত তথ্য সরাসরি পৌঁছে যায়। এই সব তথ্যে ভেজাল মেশানোর সম্ভাবনাও কম থাকে... কারণ সবাই এটা জানেন যে, বস্ পর্যন্ত সব তথ্য পৌঁছচ্ছে আর এমন অবস্হায় যদি কেউ তথ্যে ভেজাল মেশান, তাহলে তাঁর ধরা পড়ে যাওয়ার ভয় থাকে। এমনটা হলে পুরো টীমে এক প্রকারের সন্তুলন বজায় থাকে। একে-অপরের বিরুদ্ধে রাজনীতি করা বন্ধ হয়ে পড়ে... কারণ সবাই এটা জানেন যে, সেটা শীর্ষে বসে থাকা বস্ পর্যন্ত ঠিকই পৌঁছে যাবে। এছাড়া সকল সহযোগীদের এমনটা অনুভূতি হতে থাকে যে, বস্ তাঁদের প্রত্যেকের জন্য চিন্তা করেন আর তাঁদের দুঃখ-কষ্ট বোঝেন।

এমন পরিবেশ যে কোম্পানী বা সংগঠনে তৈরী হয়ে পড়ে... সেই কোম্পানী বা সংগঠন বাহিরের সংকট থেকেও মুক্ত হয়ে থাকে। যদি কোন কোম্পানী বা সংগঠনে কাজ করতে থাকা লোকেদের এমনটা মনে হয় যে, তাঁদের অভাব-অভিযোগের ব্যাপারে কোম্পানীর নেতৃত্ব সিরীয়াসলী ভাবনা-চিন্তা করে... তাহলে তাঁরা বাহ্যিক দখলদারীর চেষ্টাও করেন না। বেশ কিছু কোম্পানী আর সংগঠনে এমনটা দেখতে পাওয়া যায় যে, কর্মচারীদের অভাব-অভিযোগের ব্যাপারে দৃষ্টি না দেওয়ার কারণে সেখানকার প্রশাসন আর শ্রমিক সংগঠনগুলোকে হস্তক্ষেপ করতে হয়েছে এবং তার ফলে কোম্পানী আর সংগঠনের প্রতিষ্টা নষ্ট হয়ে পড়েছে। এছাড়া সবার সাথে সরাসরি বার্তালাপ করার ব্যবস্হা থাকায় যে কোন নির্ণয় গ্রহণ করার প্রক্রিয়াও দ্রুত হয়ে ওঠে। নির্ণয় গ্রহণ করার প্রক্রিয়ায় দ্রুততাকে কর্পোরেট জগতে সফলতা প্রাপ্ত করার জন্য অত্যন্ত জরুরী হিসেবে মনে করা হয়। এজন্য নেতৃত্ব করতে থাকা ব্যক্তির এমন কোন ব্যবস্হা বিকশিত করা উচিত... যেটার দ্বারা তিনি নিজের সহযোগীদের সাথে সরাসরি যোগাযোগে থাকতে পারবেন।

জীবনের প্রতিটি ক্ষেত্রে কিছু সিদ্ধান্তের আবশ্যকতা হয়। কর্পোরেট জগতেও এই জিনিষটার আবশ্যকতাকে অস্বীকার করা চলে না... কারণ ব্যক্তিকে নিজের জীবনের যে কোন ক্ষেত্রে সফলতা অর্জন করার জন্য কিছু সিদ্ধান্ত অবশ্যই গ্রহণ করতে হয় আর তারপর সেটার পালন করতে হয়। ম্যানেজমেন্ট গুরু চাণক্যও এই জিনিষটাকে খু-উ-ব ভালো করে বুঝতেন। এজন্য উনি আজ থেকে বহু যুগ আগে নিজের এক

সূত্রের মাধ্যমে এমনটা বলে গেছেন – "প্রতিটি বিজ্ঞান, প্রতিটি কর্ম আর প্রতিটি নিয়মকে পথ প্রদর্শন করার কাজ সিদ্ধান্তই করে।" এই বক্তব্যের মাধ্যমে আচার্য চাণক্য ব্যক্তির জীবনে কর্ম আর নৈতিকতার কথা বলেছেন। আমরা যদি ওনার এই বক্তব্যকে গভীরতার সাথে বোঝার চেষ্টা করি... তাহলে আমরা এটা জানতে পারব যে, যে কোন কাজ করার জন্য ব্যক্তির নৈতিকতার গণ্ডীর বাইরে বার হওয়া উচিত নয়। যখন কোন ব্যক্তি নৈতিক কার্য করেন... তখন সেটার দ্বারা না তো অন্যদের কোন ক্ষতি হওয়ার সম্ভাবনা থাকে আর না-ই সেই ব্যক্তির নিজের কোন প্রকারের ক্ষতি হয়।

এবার এই জিনিষটাকে আমরা যদি কর্পোরেট জগতের পরিপ্রেক্ষিতে রেখে দেখি... তাহলে বেশ কিছু জিনিষ অত্যন্ত স্পষ্ট হয়ে ওঠে। কর্পোরেট জগতে সবাই কোন-না-কোন প্রকারের ব্যবসা করছেন আর ব্যবসার সফলতার জন্য সেটার মধ্যে নৈতিকতা থাকাটা অত্যন্ত জরুরী হয়... কারণ যে আদর্শ, সিদ্ধান্ত বা নৈতিক মূল্যবোধ কোন কোম্পানী বা সংগঠন শুরু করার সময় নির্দিষ্ট করা হয়, সেটা লম্বা সময় পর্যন্ত সম্বন্ধিত কোম্পানী বা সংগঠনের পথ প্রদর্শন করার কাজ করে চলে। নৈতিকতার কারণে কোম্পানী বা সংগঠন সফলতার জন্য বা এমনটা বলা যেতে পারে যে, লাভ উপার্জন করার জন্য ভুল পথ গ্রহণ করা থেকে রক্ষা পেয়ে যায়। কারণ তার সামনে এমন নৈতিক মূল্যবোধ থাকে.. যেটার মাধ্যমে সে এটা জানতে পেরে যায় যে, সফলতা হাসিল করার যে শর্টকাট রাস্তা রয়েছে... সেটা গ্রহণ করলে লাভ তো বৃদ্ধি পাবে, কিন্তু সেটার কারণে শেষ পর্যন্ত কোম্পানী বা সংগঠনের প্রতিষ্ঠা নস্ট হয়ে পড়বে আর কোম্পানী বা সংগঠনের ওপরে ভরসা করা উপভোক্তাদের বিশ্বাসও ভেঙে পড়বে। এটা অত্যন্ত স্বাভাবিক হয় যে, সেটার প্রত্যক্ষ প্রভাব কোম্পানী বা সংগঠনের লাভের ওপরেও পড়বে।

যখন ম্যানেজমেন্ট গুরু চাণক্য নীতি আর নৈতিকতার কথা বলেন... তখন সেটার মাধ্যমে কর্পোরেট জগতের লোকেদের এটাও বুঝে নেওয়া উচিত যে, ব্যবসা করার সময় দেশের আইন-কানুনের ওপরে দৃষ্টি রেখেই ব্যবসা করা উচিত। যে ব্যবসায়ী বেশী লাভ করার জন্য আইন লঙ্ঘন করেন... তাঁকে এক-না-একদিন সেটার ফল ঠিকই ভোগ করতে হয়। আইনে কিছু ত্রুটি-বিচ্যুতিও রয়েছে... এই ব্যাপারে সরকার চালাতে থাকা ব্যক্তিরাও একমত। কিন্তু সেটার অর্থ এই নয় যে, আইনের সম্মানই করা হবে না। আইন বানানো হয়েছে এক সুস্থ আর গণতান্ত্রিক ব্যবস্থার সঞ্চালন করার জন্য – এজন্য সকল পরিস্থিতিতেই আইনের সম্মান করা উচিত। যদি সবাই আইন ভাঙতে শুরু করে দেন...

তাহলে দেশে অরাজকতার সৃষ্টি হয়ে পড়বে এবং তাহলে আর পরিস্থিতিকে নিয়ন্ত্রণে নিয়ে আসা সম্ভবপর হবে না। ব্যবসায়িক লাভের জন্য যেসব লোক আইন ভাঙেন বা আইনী ক্রটি-বিচ্যুতির লাভ ওঠাতে থাকেন... তাঁদের এক-না-একদিন এর ফল অবশ্যই ভোগ করতে হয়।

রিলায়েন্সের মত কোম্পানীকেও দূরসঞ্চার ক্ষেত্রের এক আইন উল্লংঘন করার জন্য জরিমানা দিতে হয়েছে। অন্য দিকে 2-জি স্পেক্ট্রম কেলেংকারীতে প্রাক্তণ কেন্দ্রীয় দূরসঞ্চার মন্ত্রী এ. রাজা-র জেলে যাওয়ার পরে এখন সেই সব দূরসঞ্চার কোম্পানীগুলোর লাইসেন্সের ওপরে সংকট ঘনিয়ে এসেছে... যাদের এ. রাজা ভুল পদ্ধতিতে লাইসেন্স বিতরণ করেছিলেন। কেন্দ্রীয় সরকার এই সব দূরসঞ্চার কোম্পানীগুলোর লাইসেন্স বাতিল করার ব্যাপারে ভাবনা-চিন্তা করছে। এমনটা করার জন্য সরকারের ওপরে বিপক্ষী দল, আদালত এবং অন্যান্য তদন্ত এজেন্সীগুলোর তরফ থেকে চাপের সৃষ্টি করা হয়েছে। এখন যদি এই সব দূরসঞ্চার কোম্পানীগুলোর লাইসেন্স বাতিল হয়ে পড়ে... তাহলে স্বাভাবিক রূপে সেই সব কোম্পানীর প্রতিষ্ঠা ধূলোয় মিশে যাবে। যেসব লোক এই সব কোম্পানীর পরিষেবা গ্রহণ করছেন... তাঁদের মনের মধ্যেও এই সব কোম্পানীর প্রতি এক নেতিবাচক ধারণার সৃষ্টি হয়ে পড়বে। এমন অবস্থায় ভবিষ্যতে এই সব কোম্পানীর পক্ষে ব্যবসা করাটা সহজ হবে না। এক কেন্দ্রীয় মন্ত্রীর ভুল পরামর্শে এই সব কোম্পানীগুলো ভুল কাজ করার সময় এটা হয়তো ভেবে দেখেনি যে, এক দিন তাদের মুখোশ ঠিকই খুলে যাবে। তারা তো সেই সময় এমনটাই চিন্তা করেছিল যে, ভ্রষ্ট পদ্ধতিতে কম পয়সায় লাইসেন্স হাসিল করার পরে তারা প্রচুর মুনাফা কামাতে পারবে... কিন্তু তাদের সেই আশা পূরণ হতে পারল না আর তাদের মুখোশ খুলে গেল। এবার এই সব কোম্পানীর পক্ষে নিজেদের ব্যবসায়িক প্রতিষ্ঠা রক্ষা করাটা খুব একটা সহজ হবে না। এমনটাও হতে পারে যে, এই সব কোম্পানীর ওপরে থেকে লোকেদের ভরসাই শেষ হয়ে পড়বে আর কেবল কর্পোরেট জগতেই নয়... জীবনের যে কোন ক্ষেত্রে লোকেদের বিশ্বাস শেষ হয়ে পড়াটা সব থেকে বেশী বিপজ্জনক হয়।

কর্পোরেট জগতে লোকেরা ব্যবসা শুরু করার সময় যথেস্ট ভয়ভীত হয়ে থাকেন। তাঁরা সব কিছু বর্দাস্ত করেও অন্যদের চাকরী করে চলতে চান। তাঁদের মধ্যে কিছু লোক এমনও হন... যাঁরা নিজেদের ব্যবসা তো শুরু করতে চান – কিন্তু ঝুঁকি ওঠাতে চান না। আবার অন্য দিকে কিছু লোক এমনও হন... যাঁরা কোন সুবর্ণ সুযোগের অপেক্ষায় বসে থাকেন। এই ব্যাপারে ম্যানেজমেন্ট গুরু চাণক্য বলেছেন – "মনের মধ্যে যদি কিছু

একটা করার চিন্তা এসে থাকে... তাহলে আর একটুও সময় নষ্ট করা উচিত নয়।" এবার আমরা যদি আচার্য চাণক্যের এই বক্তব্যকে গভীরতার সাথে বোঝার চেষ্টা করি... তাহলে এটা জানতে পারা যায় যে, যখন কোন কাজ শুরু করার ব্যাপারে নিশ্চয়তা করে নেওয়া হয়... তখন যে কোন সময় সেই কাজটা শুরু করা যেতে পারে। কোন সুবর্ণ সুযোগ আপনা থেকে এগিয়ে আসে না। যে সময় আপনারা দৃঢ় সংকল্পের সাথে কোন কাজ শুরু করবেন... সেটাই হচেছ সেই কাজটা শুরু করার সব থেকে ভালো সময়। সর্বদা এটা মাথায় রাখা উচিত যে, হাজার-হাজার কিলোমিটারের সফরও প্রথমে একটা পদক্ষেপ ফেলার মাধ্যমেই শুরু হয়। এজন্য কোন কাজ শুরু করার আগে নিজের ওপরে বৃথা ভয়ের চাদর জড়ানোর কোন প্রয়োজন নেই।

কর্পোরেট জগতে কোন নতুন কাজ শুরু করার আগে কিছু জিনিষের ওপরে দৃষ্টি দেওয়া উচিত। সেগুলোর মধ্যে সবার প্রথম হচেছ এটা যে, কাজ শুরু করা ব্যক্তিকে সব থেকে বেশী মেহনত করতে হয়। এক বার কোন কাজ নির্দিষ্ট করে নেওয়ার পরে অলসতা ত্যাগ করে সম্পূর্ণ নিষ্ঠার সাথে সেই কাজ শেষ করার কাজে লেগে পড়াটা সফলতার পথে প্রথম মজবুত পদক্ষেপ ফেলার সমান হয়। যে কোন কাজ শেষ করার জন্য এক সমগ্র পরিকল্পনার আবশ্যকতা হয়। এই জিনিষটা ব্যবসার ক্ষেত্রেও প্রযোজ্য হয়। কোন ব্যবসা শুরু করার আগে সেটার জন্য সম্পূর্ণ পরিকল্পনা তৈরী করে নেওয়া উচিত আর তারপর সেই পরিকল্পনা অনুসারে কাজ শুরু করে দেওয়া উচিত। পরিকল্পনা এমন হওয়া উচিত আর সেটার ওপরে এমন ভাবে কাজ করা উচিত... যাতে সেটার ওপরে সঠিক ভাবে ক্রিয়ান্বয়ন করা যেতে পারে। এমন অবস্থায় সঠিক সময়ে প্রতিটি কাজ শেষ হওয়ার সম্ভাবনা বেড়ে ওঠে। পরিকল্পনা তৈরী করার কাজে আপনারা কোন বিশেষজ্ঞের সহায়তা গ্রহণ করতে পারেন। এখানে বিশেষজ্ঞের অর্থ হচেছ এমন কোন বিশ্বস্ত ব্যক্তি... যাঁর সেই ক্ষেত্রে অভিজ্ঞতা রয়েছে, যে ক্ষেত্রে আপনারা কাজ শুরু করতে চলেছেন। এমন কোন ব্যক্তির সাথে শলা-পরামর্শ করার ফলাফল এটা হয় যে, সেই ব্যক্তির বিশেষজ্ঞতার লাভ প্রাপ্ত হয় আর কাজ শুরু করতে চলা ব্যক্তিও বেশ কিছু ভুল করার হাত থেকে বেঁচে যান।

কর্পোরেট জগতে যে কোন পরিকল্পনার ওপরে কাজ শুরু করার পরিস্থিতিতে সব থেকে গুরুত্বপূর্ণ ব্যাপার এটা হয় যে, সেটার পরিণাম কেমন হবে? যে লক্ষ্য নির্দিষ্ট করা হয়েছে, সেটা নির্দিষ্ট সময়ে শেষ করা যাবে কি না... কারণ কর্পোরেট জগতটাই হচেছ লক্ষ্য আধারিত দুনিয়া। এখানে সবাইকেই লক্ষ্য দেওয়া হয়ে থাকে। যে ব্যক্তি লক্ষ্য পূরণ করতে

পারেন... তিনি সফলতার পথে এগিয়ে যান আর যে ব্যক্তি লক্ষ্য হাসিল করতে ব্যর্থ হন... তাঁর পক্ষে এগিয়ে চলার পথ অত্যন্ত কঠিন হয়ে ওঠে। যখন পরিবেশ এমন হয় যে, যে ভাবেই হোক্ লক্ষ্য হাসিল করতে হবে... কিন্তু তার জন্য কোন প্রকারের অনৈতিক আর বে-আইনী কাজ করা চলবে না – তখন তেমন পরিস্থিতিতে নির্ণয় গ্রহণ করার ক্ষমতার গুরুত্ব বেড়ে ওঠে। এই ক্ষমতা ব্যক্তির মধ্যে অভিজ্ঞতার সাথে-সাথে আপনা থেকেই বিকশিত হয়ে ওঠে... কিন্তু এটাকে বিকশিত করাও যেতে পারে। এই পুস্তকে এই বিষয়ের ওপরে আলাদা করে একটা অধ্যায় লেখা হয়েছে। এজন্য পাঠকদের প্রতি অনুরোধ জানানো হচেছ যে, বর্তমান অধ্যায়ে এগোনোর আগে আপনারা সেই অধ্যায়টাকে এক বার দেখে নিন। এর ফলে পরের জিনিষগুলো বুঝতে আপনাদের সুবিধা হবে।

যে কোন কোম্পানী, সংগঠন বা টীমের নেতৃত্ব করতে থাকা ব্যক্তির নির্ণয় গ্রহণ করার ক্ষমতার ওপরে সম্বন্ধিত কোম্পানী, সংগঠন বা টীমের সফলতা অনেকটাই নির্ভর করে থাকে... কারণ নেতৃত্ব প্রদান করা ব্যক্তির এক ভুল ফয়সালা পুরো টীমকে ব্যর্থ করে তুলতে পারে। কর্পোরেট জগতে কাজ করতে থাকা অনেক ব্যক্তি ভুল করে ফেলার ভয়ে কোন নির্ণয় গ্রহণ করা এড়িয়ে চলেন। এই ব্যাপারে ম্যানেজমেন্ট গুরু চাণক্য বলেছেন – "সব কিছু শুনে তারপর ফয়সালা নেওয়া উচিত... কারণ এড়িয়ে যাওয়া সমস্যার সমাধান করা অসম্ভব হয়।" এই বক্তব্যকে আমরা যদি কর্পোরেট জগতের পরিপ্রেক্ষিতে দেখি... তাহলে চাণক্যের এই বক্তব্য শতকরা একশো শতাংশ সত্য বলে মনে হয়... কারণ আপনারা যদি কোন ফয়সালা গ্রহণ করা এড়িয়ে চলেন... তাহলে আপনারা পরোক্ষ রূপে সমস্যা বাড়িয়ে তোলার কাজ করেন। এজন্য আপনারা যদি সেটার ওপরে দ্রুত কোন ফয়সালা নেন... তাহলে সমস্যার সমাধানও দ্রুত হয়ে পড়ে আর আপনারাও এর পরে কোন প্রকারের সমস্যার হাত থেকে স্বাভাবিক রূপে রক্ষা পেয়ে যান।

ফয়সালা নেওয়ার সময় এই জিনিষটার ভয় থাকা উচিত নয় যে, কোথাও কোন ভুল না হয়ে পড়ুক। এমনটা সম্ভব হতে পারে যে, কিছু-কিছু ক্ষেত্রে আপনাদের ফয়সালা হয়তো ভুল প্রমাণিত হবে... কিন্তু এতে ভয় পেয়ে ফয়সালা নেওয়া এড়িয়ে চালাটা আরও বড় ভুল হবে – কারণ আপনারা যদি ফয়সালাই না নেন, তাহলে আপনাদের নির্ণয় গ্রহণ করার ক্ষমতা মজবুত হবে না। এমনটা এজন্য হবে... কারণ আপনারা এটা জানতেই পারবেন না যে, আপনারা ঠিক ফয়সালা নিচেছন... না ভুল ?! ভুল ফয়সালাও ব্যক্তিকে অনেক কিছু বুঝিয়ে

দেয়... যার মাধ্যমে ভবিষ্যতে সঠিক নির্ণয় নিতে সহায়তা প্রাপ্ত হয়। নির্ণয় গ্রহণ করার মামলায় সফলতার হার বৃদ্ধি করার জন্য এক নির্দিষ্ট সময়-সীমা নিশ্চিত করাটা অত্যন্ত উপযোগী প্রমাণিত হয়। কারণ যদি এক নির্দিষ্ট সময়-সীমার মধ্যে নির্ণয় গ্রহণ করার অভ্যাস হয়ে পড়ে... তাহলে সেই নির্ণয় সঠিক হোক্ বা ভুল – সেটা অনেক কিছু শিখিয়ে দেয়। আপনারা যখন কোন নির্ণয় গ্রহণ করার জন্য এক নির্দিষ্ট সময়-সীমা নিশ্চিত করে নেন... তখন আপনাদের কাছে সম্বন্ধিত সমস্যার সমাধানের বিভিন্ন পক্ষের ওপরে ভাবনা-চিন্তা করার মত সময় থাকে। আপনাদের ওপরে এই চাপও থাকে যে, এক নির্দিষ্ট সময়-সীমার মধ্যেই এই কাজ শেষ করতে হবে... এজন্য আপনাদের মস্তিস্কও সেই ভাবে কাজ করা শুরু করে দেয়।

এছাড়া নির্ণয় গ্রহণ করার মামলায় সফলতা হাসিল করার জন্য এটাও অত্যন্ত জরুরী হয় যে, আপনারা নিজেদের সহযোগীদেরও ফয়সালা নেওয়ার অধিকার প্রদান করবেন। বড় কোন মামলায় না হলেও ছোটখাটো মামলায় এমনটা তো করাই উচিত... যাতে তাঁদের ভেতরেও আত্মবিশ্বাসের সৃষ্টি হয় আর তাঁরাও এই ব্যাপারে এগিয়ে আসতে পারেন। অনেক বার এমনটা হয় যে, ছোট পদে কাজ করতে থাকা লোকেরা নিজেদের নির্ণয় গ্রহণ করার ক্ষমতা দ্বারা শীর্ষ পদে বসে থাকা লোকেদের অবাক করে তোলেন। এমনিতেও এমনটা বলা হয়েছে যে, জ্ঞান তো যে কোন ব্যক্তির থেকেই প্রাপ্ত করা যেতে পারে – তা সেই ব্যক্তি ছোট হোন্, বা বড়। কর্পোরেট জগতে নিজেদের সহযোগীদের নির্ণয় গ্রহণ করার অধিকার প্রদান করলে বেশ কয়েক প্রকারের লাভ হয়। সেগুলোর মধ্যে সবার প্রথম হচ্ছে এই যে, বেশ কয়েক প্রকারের বিচারধারা কোন সংগঠনকে এগিয়ে নিয়ে চলার জন্য কাজ করতে লাগে। এর দ্বারা শেষ পর্যন্ত সংগঠনেরই লাভ হয়। এছাড়াও সম্বন্ধিত কর্মচারীর মনে এমন ভাবের সৃষ্টি হয় যে, এই সংগঠন ওনারই। এই কারণেই ওনাকে নির্ণয় গ্রহণ করার জন্য বলা হয়েছে। এমন অবস্থায় উনি সংগঠনের সাথে আরও বেশী ভাবনাত্মক রূপে যুক্ত হয়ে পড়েন আর সংগঠনকে সফলতার পথে এগিয়ে নিয়ে চলার জন্য সম্পূর্ণ নিষ্ঠার সাথে কাজ করতে শুরু করেন।

কর্পোরেট জগতে কোন কোম্পানী, সংগঠন বা টীমের নেতৃত্ব করতে থাকা ব্যক্তির পক্ষে এটা অত্যন্ত জরুরী হয় যে, তিনি নিজের অধীনস্থ কর্মচারীদের দ্বারা করা কাজের ওপরে সজাগ দৃষ্টি রাখবেন। তাঁর এটা জানা উচিত যে, কোন্ ব্যক্তি কি কাজ করছেন আর কোন্ কাজটা কতটা দূর পর্যন্ত এগিয়েছে ? এই আবশ্যকতাকে ম্যানেজমেন্ট গুরু চাণক্য এই

শব্দ দ্বারা রেখাঙ্কিত করেছেন – "কোন রাজার ব্যক্তিগত রূপে এটা জানা উচিত যে, রাজ্যে কতটা ফসলের বীজ বপন করা হয়... কতটা ফসল উৎপন্ন হয়... কতটা বর্বাদ হয় আর কতটা রান্না করা হয়।" এবার আমরা যদি চাণক্যের এই বক্তব্যকে কর্পোরেট জগতের পরিপ্রেক্ষিতে দেখি, তাহলে ওনার এই বক্তব্যের তাৎপর্য বুঝতে পারা যায়।

কোন কোম্পানী বা সংগঠন কেবলমাত্র শুরু করে দিলেই কাজ শেষ হয়ে পড়ে না। বরং সেটার নেতৃত্ব প্রদান করতে থাকা ব্যক্তির নিজের কোম্পানী বা সংগঠনের সাথে সম্বন্ধিত সকল কাজের ব্যাপারে জ্ঞান থাকা উচিত। এর জন্য কিছু ব্যবস্থা নেওয়া যেতে পারে। নিজের সহযোগীদের দ্বারা করা কাজের ওপরে নজর রাখার জন্য এক সিস্টেম বিকশিত করা উচিত। এছাড়া নিজের কোম্পানী বা সংগঠনের মাধ্যমে হতে থাকা ব্যবসার ওপরে নজর রাখার জন্যও এক সিস্টেম বিকশিত করা উচিত। এর অন্তর্গত এমন ব্যবস্থা করা উচিত, যাতে প্রতি দিনের লেন-দেন আর গতিবিধি রেকর্ড করা হবে আর সেই ব্যাপারে তথ্য সরাসরি নেতৃত্ব করতে থাকা ব্যক্তি পর্যন্ত পৌঁছে দেওয়া হবে। নেতৃত্ব প্রদানকারী ব্যক্তির কাছ পর্যন্ত তথ্য পৌঁছে দেওয়ার এই সিস্টেম বিকশিত হয়ে পড়ার পরে সেটার ওপরে রোজ দৃষ্টি রাখা উচিত। এই ভেবে নজর রাখার কাজ বন্ধ করে দেওয়া উচিত নয় যে, সকল রেকর্ড তো আমার কাছে এসে পৌঁছচেছ। এমন চিন্তাধারা বিরাট বড় লোকসানের কারণ হয়ে উঠতে পারে।

অন্য দিকে বেশ কয়েক বার নিরীক্ষণও করা উচিত। আগে থেকে না জানিয়ে এমন নিরীক্ষণ করলে অনেক বার এমন সব তথ্য প্রাপ্ত হয়... যেগুলো দ্বারা ভবিষ্যতে হতে থাকা বড় লোকসান আটকানো যেতে পারে। এমনটা করার দ্বৈত লাভ হয়। প্রথম লাভ এটা হয় যে, কোম্পানী বা সংগঠনের কোন প্রকারের আর্থিক ক্ষতি হওয়ার সম্ভাবনা অনেকটাই কমে আসে। এছাড়া এর আরও একটা লাভ এটা হয় যে, এমনটা করলে অন্যান্য সহযোগীরাও কাজের ব্যাপারে সিরীয়াস হয়ে ওঠেন আর জ্ঞানতঃ বা অজ্ঞানতঃ কাজে ফাঁকি দেন না... কারণ তাঁদের এমন ভয় হতে থাকে যে, শীর্ষে বসে থাকা ব্যক্তি যে কোন সময় নিরীক্ষণ করতে পারেন। সব মিলিয়ে দেখতে গেলে এমনটা করলে কোম্পানী বা সংগঠনের কাজ করার ক্ষমতা অনেকটাই বেড়ে ওঠে।

কর্পোরেট জগতে কোন কোম্পানী বা সংগঠনে সমস্যার সৃষ্টি হওয়াটা অত্যন্ত স্বাভাবিক হয়। সাধারণতঃ এমনটা দেখতে পাওয়া যায় যে, এর জন্য শীর্ষে বসে থাকা ব্যক্তি নিজের সহযোগীদের ওপরে দোষ চাপিয়ে দিয়ে নিজের দায়িত্ব এড়িয়ে যাওয়ার চেষ্টা করেন। কিন্তু এমনটা করা

অত্যন্ত ভুল হয়... কারণ সাধারণতঃ কোন কোম্পানী বা সংগঠনে সৃষ্টি হওয়া বেশীর ভাগ সমস্যার জন্য শীর্ষে বসে থাকা ব্যক্তিই দায়ী হন – কারণ তিনিই পুরো সিস্টেম তৈরী করেছেন আর ওনার দ্বারা তৈরী সিস্টেমেই এমন কোন ত্রুটি-বিচ্যুতি রয়েছে... যেটার কারণে সমস্যার সৃষ্টি হয়েছে। ম্যানেজমেন্ট গুরু চাণক্য এই ব্যাপারে বলেছেন – "আভ্যন্তরীণ সমস্যার জনক মুখ্য ব্যক্তিই হন... যখন কি বাহ্যিক সমস্যা বাইরের শত্রুরা সৃষ্টি করে।"

ওনার এমন বক্তব্যকে যদি কর্পোরেট জগতের পরিপ্রেক্ষিতে রেখে দেখা হয়... তাহলে এটা জানতে পারা যায় যে, প্রতিটি কোম্পানী বা সংগঠনে যেসব সমস্যার সৃষ্টি হয়, সেগুলোর মূলে সেই কোম্পানী বা সংগঠনকে নেতৃত্ব প্রদান করতে থাকা ব্যক্তিই থাকেন... কারণ যে সিস্টেমের মাধ্যমে কোম্পানী বা সংগঠন চালানো হয়, সেটার জনক তিনিই হন। তিনি যদি সকল পরিস্থিতির পরীক্ষা করার জন্য ব্যাপক বন্দোবস্ত করে রাখেন... তাহলে কোন সমস্যাই সৃষ্টি হয় না। কিন্তু এমনটা সম্ভবপর হয় না আর সমস্যা সৃষ্টি হতে থাকে। অন্য দিকে দ্বিতীয় ব্যাপার এটা হয় যে, বেশীর ভাগ নেতৃত্ব প্রদানকারী ব্যক্তির সাথে সমস্যা এটা হয় যে, তাঁরা নিজেদের তুলনায় অন্যদের অত্যন্ত তুচ্ছ বলে মনে করতে থাকেন। তাঁরা এই ভ্রমের মধ্যে থাকেন যে, তাঁরা যেটা করছেন... সেটাই ঠিক আর তাঁদের সহযোগীদের সম্বন্ধিত বিষয়ের ব্যাপারে কোন জ্ঞানই নেই। এমনটা মনে করতে থাকা লোকেরা নিজেদের কোম্পানী বা সংগঠনের মধ্যেই বিরোধীদের একটা শিবির তৈরী করে ফেলেন আর নিজেদের সম্মান হারিয়ে ফেলেন। তারপর এমন একটা পরিস্থিতি আসে... যখন নেতৃত্ব প্রদানকারী ব্যক্তির কোন নির্ণয়কে ভুল হিসেবে জানা সত্ত্বেও কোম্পানী বা সংগঠনের অন্যান্য সহযোগীরা সেই ব্যাপারে কোন আওয়াজ ওঠান না আর সেটার ফল শেষে সম্বন্ধিত কোম্পানী বা সংগঠনকেই ভোগ করতে হয়। এমন অবস্থার আরও একটা ক্ষতি হয়। এমন সংগঠনে ধীরে-ধীরে বিদ্রোহের পরিবেশ তৈরী হয়ে পড়ে... কারণ সেখানে কাজ করতে থাকা লোকেদের এমনটা মনে হতে থাকে যে, তাঁদের কোন কথায় কর্ণপাত করা হচ্ছে না অর্থাৎ সেই সংগঠনে তাঁদের কোন কদর নেই। এমন অবস্থায় এক প্রকারের অসন্তোষের সৃষ্টি হয়ে পড়ে... যেটার প্রভাব কোম্পানী বা সংগঠনের প্রদর্শনের ওপরে পড়ে। এমন অবস্থায় ক্ষমতাশালী লোকেরা সেই কোম্পানী বা সংগঠন ছেড়ে অন্যত্র চলে যান।

এছাড়া কর্পোরেট জগতে প্রায় সকল কোম্পানীকেই বাইরের শত্রুদের দ্বারা সৃষ্ট সমস্যারও মোকাবিলা করতে হয়। কর্পোরেট ভাষায় বলতে

গেলে, এখানে প্রতিযোগীরাই শত্রু হয়। এই সব প্রতিযোগীরা যখন শত্রু হিসেবে কাজ করতে শুরু করে দেন... তখন তাঁরা এমন এক পরিবেশের সৃষ্টি করেন যে, তাঁদের উৎপাদন বা তাঁদের পরিষেবা তাঁদের প্রতিযোগী কোম্পানীর উৎপাদন বা পরিষেবার তুলনায় অনেক ভালো! এজন্য এমন অবস্থার মোকাবিলা করার জন্য বিশেষ রণনীতির আবশ্যকতা হয়। এমন সমস্যার মোকাবিলা করার জন্য আক্রামকতার প্রয়োজন হয়... কারণ এমন হামলার জবাব একমাত্র এই প্রকারেই দেওয়া যেতে পারে। কিন্তু যে কোন বাহ্যিক হামলার মোকাবিলা করার জন্য আভ্যন্তরীণ একতা অত্যন্ত জরুরী হয়। যে কোম্পানী বা সংগঠনে আভ্যন্তরীণ একতা থাকে আর যেখানে প্রতিটি ফয়সালা সর্বসম্মত ভাবে গ্রহণ করা হয়... এমন কোম্পানী বা সংগঠনের পক্ষে বাইরের হামলার মোকাবিলা করাটা অত্যন্ত সহজ হয়। এমন কোম্পানী বিরোধীদের তাদেরই ভাষায় জবাব দেয় আর নিজের বিজয় পতাকা উড়িয়ে দেয়। এজন্য সমস্যার পরিচিতি আর সেগুলোর সমাধানে বিলম্ব করা উচিত নয় এবং প্রতিটি সমস্যার মোকাবিলা এক টীমের রূপে করা উচিত। এর ফলে সমস্যা সমাধান করতে সুবিধা হয়।

কর্পোরেট জগতে নিজেদের কোম্পানী বা সংগঠনকে শত্রু অর্থাৎ প্রতিযোগীদের হামলার থেকে বাঁচিয়ে রাখাটাও এক আর্ট হয়। এর জন্যও কোম্পানীকে নেতৃত্ব প্রদান করতে থাকা ব্যক্তির জরুরী রণনীতি প্রস্তুত করা উচিত। এই ব্যাপারটা ম্যানেজমেন্ট গুরু চাণক্য অত্যন্ত ভালো ভাবে বুঝতেন। এজন্য উনি এই ব্যাপারে বলেছেন – "যে কোন পরিস্থিতিতে নিজেদের দুর্বলতা শত্রুর কাছ পর্যন্ত যেতে দেওয়া উচিত নয়... বরং শত্রুর দুর্বলতার ব্যাপারে জানার চেস্টা করা উচিত। কচ্ছপ যে ভাবে নিজের রক্ষা করে... নিজেদের দুর্বলতা প্রকাশ হয়ে পড়ার অবস্থায় সেই ভাবে নিজেদের রক্ষা করা উচিত।" নিজের এমন বক্তব্যের মাধ্যমে আচার্য চাণক্য আবার এক বার গোপনীয়তার পাঠ পড়িয়েছেন আর তারপর উনি রণনীতির স্তরে মজবুত হয়ে ওঠার পথ দেখিয়েছেন।

কর্পোরেট জগতে সফল হওয়ার জন্য এটা অত্যন্ত জরুরী হয় যে, আপনাদের রণনীতি যেন আপনাদের বিরোধীদের কাছ পর্যন্ত না পৌঁছয়। প্রতিটি কোম্পানী বা সংগঠনের নিজস্ব এক বিশেষত্ব থাকে... যেটাকে সেই কোম্পানী বা সংগঠন মেহনতের জোরে বিকশিত করে। কিন্তু যদি এই ব্যাপারে কোন প্রতিযোগী কোম্পানী বা সংগঠন জানতে পেরে যায়... তাহলে সেই পরিস্থিতিতে কাজ করা অত্যন্ত মুশ্কিল হয়ে ওঠে। এজন্য সর্বদা এটা সুনিশ্চিত করা উচিত যে, নিজেদের কোম্পানী বা সংগঠনের দুর্বলতা সম্বন্ধীয় তথ্য যেন প্রতিযোগী কোম্পানী বা সংগঠনের

কাছে পৌঁছে না যায়। এই জিনিষটাকে এক উদাহরণের মাধ্যমে বোঝাটা বেশী সহজ হবে। আজ থেকে কিছুদিন আগে সংবাদপত্রে একটা খবর ছেপেছিল – "কোকা-কোলা তৈরী করার জন্য কোম্পানী যে পদ্ধতি গ্রহণ করে, সেই ব্যাপারে জানতে পারা গেছে।" বেশ কিছু সংবাদপত্রে সেই পদ্ধতি বিস্তারিত ভাবে প্রকাশও করা হয়। এটা জানানো হয় যে, প্রায় 125 বছর আগে কোকা-কোলা বানানোর সূত্রপাত হয়েছিল। শীর্ষস্থানীয় এক-দুজন অধিকারীদের সেই পদ্ধতির ব্যাপারে জানানো হত। এমনটাও জানানো হয় যে, বিশেষ পদ্ধতিতে তৈরী করার ফলে কোকা-কোলায় এক আলাদা প্রকারের স্বাদ আসে। এমন স্বাদ অন্য কোল্ড ড্রিংক্স কোম্পানীগুলো নিজেদের পানীয়ে নিয়ে আসতে পারেনি। সংবাদপত্রে যে পদ্ধতির ব্যাপারে লেখা হয়েছিল, সেটা যদি সঠিক প্রমাণিত হত... তাহলে সেই অবস্থায় কোকা-কোলা কোম্পানীর বিশেষত্বে আঘাত লাগত আর কোম্পানীর ব্যবসার ওপরেও সেটার প্রভাব পড়ত। এজন্য সর্বদা এটা সুনিশ্চিত করা উচিত যে, নিজেদের কোম্পানী বা সংগঠনের বিশেষত্বের সাথে যুক্ত কোন তথ্য যেন বিরোধীদের কাছ পর্যন্ত না পৌঁছয়।

গলাকাটা প্রতিযোগিতার কর্পোরেট জগতে সফল হওয়ার জন্য নিজেদের প্রতিযোগীদের দুর্বলতার ব্যাপারে জানাটাও অত্যন্ত জরুরী হয়। নিজেদের বিরোধীদের দুর্বলতার ব্যাপারে জানতে পারলে তাদের মোকাবিলা করাটা সহজ হয়ে ওঠে। তখন এটা জানতে পারা যায় যে, আমরা তাদের কোন্ জায়গায় পরাজিত করতে পারি আর কোন্ জায়গায় তাদের কাছে পরাজিত হতে পারি। এমন তথ্য প্রাপ্ত করলে রণনীতি প্রস্তুত করতেও সুবিধা হয়। এই তথ্য হাতে এসে গেলে নিজেদের কোম্পানী বা সংগঠনকে সফলতার পথে এগিয়ে নিয়ে চলাও সহজ হয়ে ওঠে। এছাড়া কর্পোরেট জগতে আরও একটা জিনিষের ওপরে বিশেষ দৃষ্টি দেওয়া আবশ্যক হয়। এমনটা হতে পারে যে, কিছু-কিছু ক্ষেত্রে কোন কারণবশতঃ আপনাদের রণনীতির ব্যাপারে আপনাদের বিরোধীরা জানতে পেরে গেল। তেমন পরিস্থিতিতে তারা আপনাদের পরাজিত করার কোন সুযোগই হাতছাড়া করতে চাইবে না। এমন অবস্থায় জেদ ধরে একই রণনীতি আঁকড়ে থাকলে ক্ষতিই হয়। আপনারা যখন এটা জানতে পেরে যাবেন যে, আপনাদের রণনীতির ব্যাপারে আপনাদের বিরোধীরা জানতে পেরে গেছে... তখন এমন পরিস্থিতিতে হয় নিজেদের রণনীতিতে কিছুটা পরিবর্তন করা উচিত, নয়তো কিছু সময়ের জন্য প্রতিযোগিতার ময়দান থেকে সরে যাওয়া উচিত। বাজারে টিকে থেকে হারার থেকে এটা অনেক ভালো হয় যে, কিছু সময়ের জন্য সেই বাজার থেকে দূরে থাকা হোক্।

এমন পরিস্থিতি সাধারণতঃ সেই সময় সৃষ্টি হয়... যখন কোন কোম্পানী নিজের নতুন কোন উৎপাদন বাজারে নিয়ে আসতে চলে। এতে হয় এটা যে, সেই উৎপাদনের ব্যাপারে তথ্য যদি বিরোধী কোম্পানীর হাতে চলে যায়... তাহলে তারা সেই কোম্পানীর আগেই সেই ধরণের উৎপাদন বাজারে নিয়ে আসার ভরপুর চেষ্টা করতে থাকে। এই ব্যাপারে জানতে পারলে নিজেদের রণনীতির সমীক্ষা করার ব্যাপারে এতটুকু সংকোচ করা উচিত নয়। এমন পরিস্থিতিতে এটা মোটেই বুদ্ধিমানের কাজ হয় না যে, আপনারা জেদ ধরে নিজেদের উৎপাদন বাজারে নিয়ে আসবেন আর কিছু সময়ের মধ্যেই বিরোধীরা আপনাদের ওপরে হামলা করে আপনাদের ঘায়েল করে দেবে। এজন্য এমন পরিস্থিতিতে কোন কোম্পানী, সংগঠন বা টীমের নেতৃত্ব প্রদানকারী ব্যক্তির অত্যন্ত ঠাণ্ডা মাথায় কাজ করা উচিত।

কর্পোরেট জগতে সফলতা অর্জন করার জন্য অন্যদের সহযোগ গ্রহণ করতেও সংকোচ করা উচিত নয়। এটা হচেছ ভূমণ্ডলীকরণের যুগ আর এখানে পারস্পরিক সহযোগের সহায়তায় প্রত্যেকে এগিয়ে চলেছে। ভূমণ্ডলীকরণ তো দুনিয়ায় আধুনিক ঘটনা... কিন্তু আচার্য চাণক্য পারস্পরিক সামঞ্জস্যের গুরুত্ব আজ থেকে বহু যুগ আগেই বুঝতে পেরে গিয়েছিলেন। এই কারণেই উনি বলে গেছেন – "অন্যদের সহযোগে সম্পূর্ণ হওয়া কাজের জন্য বিশেষ নীতি প্রস্তুত করা উচিত।"এবার আমরা যদি এই জিনিষটাকে কর্পোরেট জগতের পরিপ্রেক্ষিতে দেখি... তাহলে এটা জানতে পারা যায় যে, অন্যদের সহযোগে করা কাজে কেমন প্রকারের সামঞ্জস্যের আবশ্যকতা হয় আর এই সামঞ্জস্যের জন্য কেমন প্রকারের আলাদা রণনীতির প্রয়োজন হয় ?

আসলে কোন কোম্পানী, সংগঠন বা টীমের নেতৃত্ব প্রদানকারীর রূপে কোন ব্যক্তি অন্যদের সহযোগে কোন কাজ এগিয়ে নিয়ে চলার ফয়সালা গ্রহণ করলে তাঁর মনের মধ্যে কোথাও-না-কোথাও এই জিনিষটা বাসা বেঁধে থাকে যে, তাঁর ভেতরে এমন কোন গুণ নিশ্চয়ই নেই... যেটা তাঁর সহযোগীর মধ্যে রয়েছে আর এজন্যই তাঁকে কোন সহযোগীর সন্ধান করতে হয়েছে। কিন্তু এর জন্য নিজেকে একেবারে গুণহীন হিসেবে মনে করা উচিত নয়। এমন পরিস্থিতিতে নিজের ব্যবসায়িক পরিকল্পনার ব্যাপারে সজাগ থাকা উচিত। নিজের ব্যবসায়িক পরিকল্পনার ব্যাপারে প্রথম পক্ষ হয় সেটাকে ভালো করে জানা... এজন্য নেতৃত্ব প্রদানকারী ব্যক্তির সর্বদা এই গুণের ব্যাপারে নিজের ওপরে ভরসা রাখা উচিত। এছাড়াও তাঁর এটা বোঝা উচিত যে, প্রতিটি ব্যক্তি বা সংগঠনের নিজস্ব এক প্রবৃত্তি থাকে। এই জিনিষটাকে মাথায় রেখে তাঁর নিজের সহযোগীর

সাথে মিলে নতুন করে এক পরিকল্পনা প্রস্তুত করা উচিত। নতুন পরিকল্পনা তৈরী করার কাজে এদিকে দৃষ্টি দেওয়া উচিত যে, এতে যেন দু পক্ষেরই ভালো হয়। এমনটা করার সময় এদিকে বিশেষ দৃষ্টি দেওয়া আবশ্যক যে, কোথাও যেন পারস্পরিক কল্যাণের মধ্যে সংঘাতের সৃষ্টি না হয়। এমনটা হলে অংশীদারী ভেঙে পড়ার আশংকা থাকে।

যে কোন কাজ পারস্পরিক সহযোগে এগিয়ে নিয়ে চলার জন্য কোন-না-কোন স্তরে একটু-আধটু সমঝোতা করতেই হয়। এর জন্য দু পক্ষেরই প্রস্তুত হয়ে থাকা উচিত। কোন ব্যাপারেই জেদ ধরে থাকা উচিত নয়। এর ফলে পারস্পরিক সম্পর্কের ওপরে নেতিবাচক প্রভাব পড়ে। অন্য দিকে ছোটখাটো ব্যাপারকে অযথা বড় করে তোলাটাও পারস্পরিক সহযোগকে প্রভাবিত করে। এজন্য ছোটখাটো ব্যাপারে যাতে সংঘর্ষের পরিস্থিতি সৃষ্টি না হয়... সেটা সুনিশ্চিত করা উচিত। সংঘর্ষ যাতে কম মাত্রায় হয় আর কাজ যাতে ভালো ভাবে চলতে থাকে – তার জন্য এটা জরুরী হয় যে, সহযোগী হিসেবে নিজের মত চিন্তাধারারই কোন ব্যক্তির সন্ধান করা হোক্। এমন সহযোগীর সন্ধান করলে কাজ করাটা সহজ হয়ে ওঠে আর নির্দিষ্ট করা সময়ে লক্ষ্য প্রাপ্ত করতেও সুবিধা হয়। পারস্পরিক বুদ্ধিমত্তার সাথে কাজ করে চলা অংশীদাররা সফলতার নতুন কাহিনী লেখেন। অন্য দিকে যাঁদের মধ্যে পারস্পরিক সংঘার্ত হতে থাকে... তাঁদের ব্যবসায়িক বন্ধুত্ব এগোতে পারে না।

ম্যানেজমেন্ট গুরু চাণক্য আজ থেকে বহু যুগ আগে যেসব কথা বলে গেছেন... সেগুলো আজও কর্পোরেট জগতে সফলতা হাসিল করার জন্য অত্যন্ত প্রাসঙ্গিক হয়ে রয়েছে। আজ চাণক্যের সেই সব কথাগুলোর অর্থ সঠিক ভাবে বোঝার আর সেগুলোকে নিজেদের কর্পোরেট জীবনে প্রয়োগ করার আবশ্যকতা রয়েছে। আজ গোটা দুনিয়ায় তথাকথিত ম্যানেজমেন্ট বিশেষজ্ঞদের কোন অভাব নেই... কিন্তু আচার্য চাণক্যের কথাগুলোকে গভীর ভাবে বোঝার পরে ম্যানেজমেন্টের আধুনিক তথ্যগুলোর বৈচারিক ফাঁপা ভাব স্পষ্ট রূপে ফুটে উঠেছে। এমন অবস্থায় কর্পোরেট জগতে সফলতা হাসিল করার জন্য এদিক-ওদিক ছুটে বেড়ানোর পরিবর্তে ম্যানেজমেন্ট গুরু চাণক্য দ্বারা বলা পথে চলাটা সফলতার পথে এগিয়ে চলার সমান হয়।

❑❑❑

# BENGALI BOOKS

# BENGALI BOOKS

## SMS BOOKS

01. লজ্জালু শায়রী
02. অনুভূতির শায়রী
03. হৃদয়ের শায়রী
04. আনন্দের শায়রী
05. রসভরা শায়রী
06. প্রিয়জনের শায়রী
07. মজাদার শায়রী
08. রং ভরা শায়রী
09. রসালো শায়রী
10. প্রেমিকের শায়রী
11. প্রণয়ীর শায়রী
12. চট্‌পটা শায়রী
13. প্রেমের শায়রী
14. আনন্দের শায়রী
15. জাদু শায়রী
16. চক্‌মকে শায়রী
17. রসিক শায়রী
18. হৃদয়ের ব্যথার শায়রী
19. বসন্ত বাহার শায়রী
20. মেহফিলের শায়রী
21. দিলদারের শায়রী
22. মুচকি হাসির শায়রী
23. সুগন্ধিত শায়রী
24. গানে-গানে শায়রী

**ডাঃ সুনীল জোগীর**

01. ব্যঙ্গভরা ভরা এস.এম.এস.
02. অভিনন্দন ভরা এস.এম.এস.
03. প্রেমপূর্ণ এস.এম.এস.
04. ভালোবাসার এস.এম.এস.
05. অনুভূতিপূর্ণ এস.এম.এস.
06. অট্টহাসির এস.এম.এস.
07. কামনাভরা এস.এম.এস.
08. শায়রীভরা এস.এম.এস.

**DIAMOND BOOKS** X-30, Okhla Industrial Area, Phase-II New Delhi-110020
Tel : 91+11-40712100, 40716600 Fax : 011-41611866